Jürgen Müller-Hohagen

Geschichte in uns

Psychogramme aus
dem Alltag

KNESEBECK

CIP-Titelaufnahme der Deutschen Bibliothek

Müller-Hohagen, Jürgen:
Geschichte in uns: Psychogramme aus dem Alltag/
Jürgen Müller-Hohagen. –
München: Knesebeck, 1994
ISBN 3-926901-69-1

© 1994 von dem Knesebeck GmbH & Co.
Verlags KG, München
Umschlag: Zembsch' Werkstatt, München
Herstellung: Heidi Kitz, München
Satz: Satz & Repro Grieb, München
Druck und Bindung: Pustet, Regensburg
Printed in Germany

Inhalt

Einleitung

Einen argentinischen Freund, der sich in Deutschland sehr gut auskennt, fragte ich nach typischen Eindrücken hier. Ihm fiel spontan ein Satz ein, der ihm bei uns immer wieder begegnet war: »Das lasse ich mir doch nicht gefallen!« Er habe ihn auf der Straße gehört oder in anderen ganz alltäglichen Zusammenhängen. Bei ihnen dagegen sage man »so etwas« nicht. Ich kann das bestätigen aus zwei längeren Aufenthalten dort.

Dieser Hinweis meines Freundes hat großes Gewicht. Er zeigt etwas von dem, was wir in Deutschland seit 1945 dazugelernt haben. Denn Widersprechen galt nur selten als Tugend in der deutschen Geschichte und erst recht nicht im »Tausendjährigen Reich«: »Seinen Eltern widerspricht man nicht!« Auch das löste sich 1945 nicht einfach auf, weder im Osten noch im Westen. Und es steht außer Frage, daß es weiterhin vieler Anstrengungen bedarf, mit dieser Erziehungstradition umzugehen.

Diese Beobachtung aus dem Alltag beleuchtet schlaglichtartig den Bereich dessen, was ich hier als *Geschichte in uns* beschreibe. Und dabei ist Widersprechen immer wieder Inhalt dieses Buches. Das war und ist nötig etwa angesichts der Nebelmythen, die Alltag, Politik und Kultur in Deutschland reichlich bestimmt haben, vom Nibelungenlied über die Kyffhäusersage bis zu Ernst Jüngers *In Stahlgewittern* – Verherrlichung von Macht, Krieg, deutscher Stärke. »Hitler war kein Betriebsunfall«, so hat der bedeutende Historiker Fritz Fischer einen Artikel überschrieben, in dem es um solche Kontinuitäten geht.[1]

In diesem Licht betrachte ich auch mich selber. Hierher gehört zum Beispiel, daß einer meiner Helden im Alter von zehn oder zwölf Jahren neben Old Shatterhand und Winnetou jener Friedrich Barbarossa war, von dessen Rückkehr aus besagtem Kyffhäuser jahrhundertelang geträumt wurde, bis die Nazis kamen. Dieses erste Geschichtswissen bezog ich, 1946 im Westen

Deutschlands geboren, aus einem bei den Großeltern entdeckten Buch von 1898. Sie ließen es mich gern lesen, hingen sie doch der Kaiserzeit des »Zweiten Reichs« weiterhin an. Karl der Große und Barbarossa waren für mich also zunächst die zentralen Personen der Geschichte, und es ging um das »Heilige Römische Reich Deutscher Nation«. Besonders die Italiener kamen schlecht dabei weg, lehnten sie sich doch in unverständlicher Hartnäckigkeit gegen die berechtigten Ansprüche deutscher Kaiserlichkeit auf.

Deutsche Geschichte hat, auch von 1993 aus betrachtet, ihre extreme Zuspitzung im Nazi-Reich. Das ändern weder die im »Historikerstreit« allgemeiner bekannt gewordenen Relativierungsversuche aus dem wissenschaftlichen Bereich, noch die Leugnungen auf seiten Rechtsradikaler in Deutschland und anderswo, noch die Einblicke in die Stasi-Verbrechen. Industrieller Massenmord, Vernichtungskrieg, Welteroberung, systematische Liquidierung politischer Gegner, subtil durchdachte Propaganda, Totalitarismus und ganz überwiegend begeistertes Mitmachen der Bevölkerung: Das ist beispiellos in der Geschichte.

Wir verfügen inzwischen über vielfältige Kenntnisse hinsichtlich dieser Vergangenheit. Doch was mögliche Fortwirkungen bis zur Gegenwart betrifft, herrscht allgemeine Unsicherheit. Aber Rechtsradikalismus, tätlicher Fremdenhaß und neue »Euthanasie«-Bestrebungen beleuchten die Dringlichkeit, sich diesen Fragen vermehrt zuzuwenden. Treten die Enkel das »Erbe« der Nazis an? Oder wenden sie sich Rechtstendenzen nur aus Gründen des Protestes gegen eine immer undurchschaubarere Welt zu? Sind nicht Arbeitslosigkeit, Auflösung der traditionellen Familienstruktur, Zweidrittelgesellschaft und deutsche Vereinigung die eigentlichen Gründe? Und gibt es nicht in zahlreichen anderen Ländern eine ähnliche Zunahme von rechtsgerichteter Gewalt und Ideologie? Diese Fragen deuten die Komplexität des Problems an. Einfache Antworten sind da nicht möglich. Nur im Zusammenwirken von den verschiedensten Blickwinkeln her lassen sich diese neuen und doch wieder gar nicht so neuen Entwicklungen begreifen.

Dabei ist sehr wesentlich die Psychologie gefordert. Doch sie hat nur wenig anzubieten, und zwar, wie mir scheint, um so weniger, je praktisch bedeutsamer es wäre. Ich beziehe mich auf mein eigenes Fachgebiet, Psychotherapie und Erziehungsberatung. Hier klaffen empfindliche Lücken, wenn Antworten auf jene drängenden Fragen gesucht werden. Theoretische Ableitungen können die Unsicherheit nicht kaschieren. Gegenidentifikation der Enkel im Hinblick auf ihre »achtundsechziger« Eltern? Folgen allgemeiner Verdrängung? Unfähigkeit zu trauern? Gerade die letztere Denkfigur, Titel des klassischen Buches von Alexander und Margarete Mitscherlich, zeigt inzwischen die Problematik solch allgemeiner Erklärungsansätze. Der Begriff »Trauerarbeit« ist längst verkommen zum Modewort, mit dem mehr verborgen als aufgeklärt wird. Ist es denn überhaupt möglich zu trauern angesichts dessen, was Menschen damals Menschen angetan haben? Und wer hat welches Recht zu trauern? Was macht die »Trauer« der Täter und ihrer Nachkommen mit den Verfolgten und ihren Nachkommen?

Das sind für mich sehr konkrete Fragen. Denn ich habe konkrete Menschen vor Augen – auf beiden Seiten. Von einigen zu berichten, darum geht es in diesem Buch. Ich mache dies so anschaulich wie möglich. Denn es ist unerläßlich angesichts jener drängenden Fragen, mehr zu wissen über konkrete Verknüpfungen zwischen den Generationen. Wir stehen hier weitgehend am Anfang. Deshalb ist dieses Buch keine Präsentation von Rezepten, sondern eher der Bericht von einer langdauernden Suche.

Diese Suche gestaltet sich immer noch sehr mühsam. Die blinden Flecken in der Psychologie scheinen recht genau denen des Alltagslebens zu entsprechen. Beide bilden einen eigentümlichen Kontrast dazu, daß doch wirklich verbreitete Kenntnis besteht über das »Dritte Reich« und seine Verbrechen. Doch das sind, wie ich auch aus eigener Erfahrung weiß, unterschiedliche »Schubladen«. Das vorhandene Wissen wird nicht oder nur sehr wenig in Beziehung gebracht zum eigenen konkreten Leben. Dadurch aber werden viele Diskussionen und Aktionen angesichts von Rechtsradikalismus und Fremdenhaß unklar, wirken verkrampft bemüht, man zeigt gar zu sehr mit dem moralischen Zeigefinger nur auf die »anderen«. Dann ist es nicht möglich, auch eigene mögliche oder tatsächliche Tätertendenzen wahrzunehmen.

Jetzt habe ich zum zweiten Mal ein Wort verwendet, bei dem viele Menschen zusammenzucken, nicht nur in Deutschland, aber hier wohl besonders: Täter. Ich weiß, daß es als furchtbar hart empfunden wird. Der Vorwurf fällt dann leicht auf den, der es verwendet. Aber was soll ich tun? Wir leben nun mal in einer Welt der Täter, in einem Jahrhundert der Täter, in einem Land der furchtbarsten Täter der Geschichte. Ein Land der Täter? Auf der Ebene allgemeiner Kenntnisse ist das den meisten von uns zugänglich, auf der Ebene des alltäglichen Bewußtseins aber nicht – jedenfalls wenn es konkret wird, wenn es sich auf mich selber, meine Herkunftsfamilie, meine Partnerwahl, meinen Beruf bezieht.

Wir weichen zurück vor dieser Konfrontation mit der Wirklichkeit, in Deutschland, aber auch anderswo. Täterbezug, den haben bis heute fast immer nur die anderen. Dabei ist dies eine der brennendsten Fragen bis heute in der Welt: Wie konnten und wie können Menschen anderen Menschen so etwas antun? Vor kurzem war ich in Uruguay und Argentinien, wohin man mich zu Vorträgen auf Tagungen über die Folgen von Gewaltherrschaft eingeladen hatte. Und dort, acht oder zehn Jahre »danach«, wurde diese Frage ebenso gestellt, wie sie vor uns Nachgeborenen des Nazi-Reichs bis heute steht, fast fünfzig Jahre »danach«. Wie konnten und können Menschen, ganz »normale« Menschen offensichtlich, so etwas tun?

Eines ist dabei von vornherein hervorzuheben: Täter im Zu-

10

sammenhang mit dem Nazi-Reich sind nicht nur solche Menschen, die mit eigenen Händen gemordet oder gefoltert haben. Wir folgen bis heute, makaber ausgedrückt, einer »romantisierenden« Sicht der Nazi-Täter, einer Sicht aus längst vergangenen Tagen, stellen sie uns nur nach dem Modell von Einzelverbrechern aus dem Alltag vor. Wenn sie dann betonen, sie hätten doch niemanden umgebracht und nur ihre Pflicht erfüllt, seien bloß kleine Rädchen gewesen, werden wir sprachlos. Gerade darum aber sind Analysen wie die des polnisch-britischen Soziologen Bauman auch für uns Psychologen von größter Bedeutung. Dort wird die zutiefst arbeitsteilige Struktur der Nazi-Verbrechen klargestellt, werden sie begriffen nicht als »Rückfall in die Barbarei«, sondern als ein bestimmender Anteil der Moderne.[2] Und dementsprechend ist es weitaus »normaler« geworden, als wir im allgemeinen denken, Täterbezüge zu haben, in sich selber, in der Familie, in der näheren Umgebung, alles ganz konkret. Wie das im einzelnen aussieht und ab wann mit welcher Berechtigung von Täterhaftigkeit gesprochen werden kann, das ist so verwickelt und zusätzlich noch vernebelt, daß es auch von daher für meine Forschungen am besten ist, möglichst dicht an der täglichen Wirklichkeit zu bleiben. Natürlich ist mir bei meiner Betonung des »Konkreten« gleichzeitig klar, daß es eine »theoriefreie« Wahrnehmung nicht gibt. Wir sind immer von Vorannahmen, Begriffsschemata, Denkfiguren geleitet. Aber das ist eine Schwierigkeit, die im Rahmen dieses Buches einen Widerspruch von eher gut aushaltbaren Dimensionen ausmacht.

Ganz anders ist es beim Blick auf Täterschaft im Deutschland des 20. Jahrhunderts, mit seiner nicht mehr in Worten wirklich ausdrückbaren Zuspitzung im Nazi-Reich. Horizont meiner Forschungen sind die Berichte der Überlebenden wie die Bücher von Kogon, Bettelheim, Frankl, Levi, Langbein, Elias, Klüger und von vielen anderen. Überhaupt bin ich erst auf die Bedeutung der Nazi-Hintergründe für das Feld von Psychologie und Psychotherapie konkreter aufmerksam geworden, seitdem ich 1982 mit meiner Familie von München nach Dachau umgezogen bin. Hier arbeite ich seit Jahren im Vorstand des zeitgeschichtlichen Vereins »Zum Beispiel Dachau« mit. Hier lernte ich anläßlich von Begegnungen mit ehemaligen Häftlingen konkret meine eigene Beklommenheit angesichts der Nazi-Vergangenheit kennen. Dies wiederum wurde zum Motor und Kompaß, mich eingehender persönlich und als Berater und Therapeut damit zu befassen. Daraus entstand 1987, angeregt und gefördert durch Irmin Mantel vom Diakonischen Werk Bayern, mit meiner Beratungsstelle eine Tagung über »Spätfolgen von Krieg, Gewaltherrschaft, Entwurzelung, existentiellen Bedrohungen« sowie 1988 mein Buch *Verleugnet, verdrängt, verschwiegen – die seelischen Auswirkungen der Nazizeit.* Und daraus wiederum kam es zu vielfältigen weiteren Kontakten bei Vorträgen, Tagungen, in Briefen oder in Therapien und Beratungen, erst recht, wenn Menschen sich gerade deswegen an mich gewandt hatten.

Auch wenn ich mittlerweile über erheblich mehr Erfahrungen verfüge als 1988, so habe ich nicht deshalb seit Jahren an diesem neuen Buch gearbeitet, um sie den bereits mitgeteilten nur anzufügen. Vielmehr hat sich meine Perspektive erheblich gewandelt. Insbesondere blicke ich heute genauer auf die Tradierung von Täteranteilen in der deutschen Geschichte des 20. Jahrhunderts, und dabei zentral zwischen den Generationen, welche das Nazi-Reich trugen, und uns Nachkommen. Es geht um eine *Geschichte in uns,* in deren Zentrum nun einmal Täterhaftigkeit steht.

Es ist ein schwieriger Weg, sich an diese Seite heranzutasten. Das eigene Unbehagen angesichts der möglichen Entdeckung von »Nazi-Anteilen« steht dem ebenso entgegen wie die Vorhaltungen der älteren Generation und die Vorliebe des »Zeitgeists« im Westen für die »Vergangenheitsbewältigung« im Osten. Es ist eine Gratwanderung, genügend Abstand zu gewinnen, um das näher wahrnehmen zu können, was Menschen als Täter mit

Menschen als Opfern gemacht haben, und es zugleich doch noch nah genug zu halten, damit der Bezug zu uns als deren Nachkommen sich nicht in Abstraktionen verliert. Mängel in diesem Buch sind von daher unvermeidlich trotz vielfacher Überarbeitungen.

Es waren unsere Eltern, Großeltern, Tanten, Onkel, Nachbarn, Lehrer, die mitgemacht haben. Selbst wenn sie keine Täter im engeren Sinne gewesen sein sollten, wie sie ja bis heute meist beteuern, so hätte ohne ihr Mittun das extrem auf Arbeitsteilung angewiesene Nazi-Reich nicht bestehen und dermaßen durchschlagenden Erfolg haben können. Die Frage nach dem, was zur »Normalität« gehört und was nicht, erhebt sich seitdem in beklemmender Weise.

Von Menschen aus den damals im aktiven Leben stehenden Generationen habe ich nur selten eine wirkliche Einsicht in diese Zusammenhänge erfahren, in den Zusammenhang ihres persönlichen Lebens und Handelns mit den Nazi-Verbrechen. Es heißt stereotyp, wir Jüngeren könnten »das nicht verstehen« und würden ihnen nur Schuldvorwürfe machen. Ich halte dem entgegen: In Wirklichkeit haben wir Nachgeborenen eher viel zu viel »verstanden«! Dazu nämlich wurden wir in großer Zahl von früh an gebraucht. Doch das »Verstehen« durfte sich bei den allermeisten nur darauf richten, wie unsere Erzieher gelitten hatten unter Inflation, Weltwirtschaftskrise, Bombenkrieg, Front, Flucht und Vertreibung, Währungsreform. Ausgespart blieb dabei, oftmals bis heute, die andere Seite der Wirklichkeit, nämlich wie sie hatten *leiden lassen* oder wie sie daran beteiligt waren. Durch die Verleugnung dieses entscheidenden Teils der Wahrheit aber werden ihre Berichte über das eigene Leiden unglaubwürdig.

Diese Verzerrung der Wirklichkeit, die Täter-Opfer-Umkehrung, hat tiefe Spuren auch in uns hinterlassen. Wir sind mißbraucht worden und haben uns zugleich von Anfang an Einstellungen unserer Mißbraucher zu eigen gemacht, haben das aber in Kindheit und Jugend mit vollem Bewußtsein kaum merken können, entdecken es allenfalls erst nach vielen Jahren. Auch hier sind wir die Erben unserer Eltern, passiv einerseits, aber doch nicht ohne aktive Beteiligung. Diese widersprüchlichen Zusammenhänge genauer aufklären zu helfen, ist Ziel des Buches.

Wir haben von Leid und tiefer Verwirrung auf unserer Seite zu berichten – ohne jedoch in verzerrtes Selbstmitleid zu verfallen. »Wir sind die Juden unserer Eltern«, so hat es des öfteren geheißen, wenn von Kindheit nach 1945 die Rede war. Ich halte das für eine äußerst problematische Sicht, so sehr sie in Teilaspekten auch zutreffen mag. Sie relativiert das Schicksal der Nazi-Opfer, nimmt also unbewußt teil an der Täter-Opfer-Umkehrung der Eltern und verleugnet die eigenen Täteridentifikationen, die eigenen Anteile in dieser Richtung. Damit aber setzt sich dann ein Zug fort, der relativ typisch zu sein scheint für Deutsche im Laufe der Geschichte, von jenem Mittelalter Kaiser Barbarossas über den Umzingelungswahn breiter Schichten in diesem Jahrhundert bis hin zum unverantwortlichen Gerede von den »Asylantenfluten«, nämlich sich als angegriffen zu empfinden und die eigene Aggressivität zu verdecken.[3]

Diese Haltung ist auch unter uns Nachgeborenen verbreiteter, als wir meinen. Wir rücken allmählich aber in die bestimmenden Positionen der Gesellschaft vor – in einem vereinigten Deutschland in voller Souveränität und mit enormem Gewicht in Europa und der Welt. Da ist es wichtig, genauer hinzuschauen, besonders auch auf die seelischen Untergründe.

Selbstreflexion ist nicht unbedingt eine »typisch deutsche Tugend«. Doch gerade der Mensch, der sie in diesem Jahrhundert wohl weltweit am entschiedensten vorangebracht hat, gehörte eben diesem deutschen Kulturkreis an: Sigmund Freud. Deshalb wurde er mißachtet und verleumdet – und auch weil er Jude war. Die Nazis im jubelnd »angeschlossenen« Wien drangsalierten ihn, und er mußte noch als alter Mann nach London emigrieren.

Davon allerdings erfuhr ich als Jugendlicher nichts in meiner

Familie und in der westfälischen Kleinstadt, die seinerzeit stolz darauf gewesen war, der Ort mit den meisten »Goldenen Parteiabzeichen« zu sein.[4] Stattdessen hörte ich hinter vorgehaltener Hand: »Freud, das ist doch der, bei dem alles nur Sexualität ist.« Es ist kein Zufall, daß ich in meiner Jugendzeit erst im Ausland, durch meinen Freund Henri Gobard in Paris, einen Bezug zum Begründer der Psychoanalyse erhielt, der dessen wirklicher Bedeutung entsprach.

Selbstreflexion und Dialog bedingen einander, sind zwei Seiten einer Medaille. Um über mich nachdenken zu können, brauche ich den anderen. Um ihn wahrnehmen zu können, muß ich ihn von mir zu unterscheiden gelernt haben, muß ich mich selber einigermaßen kennen. Das sind Grundthemen des menschlichen Lebens.[5] Dazu gehören von Anfang an die Klippen des gestörten Dialogs.[6] Der Dialog zwischen den Generationen ist immer noch in tiefer Weise gestört.[7]

Diese verbreitete Sprachlosigkeit macht einen weiteren Grund aus, warum ich in diesem Buch möglichst konkret schreibe. Das läßt besser einschätzen, aus welchen Zusammenhängen heraus ich selber meine Beobachtungen mache und Schlüsse ziehe. Und es kann beim Lesen eher Raum geben, Vergleiche mit eigenen Bezügen anzustellen. Der Pluralismus von Meinungen und Sichtweisen ist immerhin eine der größten Errungenschaften der letzten Jahrzehnte, dies gerade angesichts der deutschen Geschichte mit ihrer Betonung von Herrschaft und »Führerprinzip«. Vor diesem Hintergrund ist es zu sehen, wenn ich zwar verschiedene Theoriestücke anführe, sie manchmal auch etwas ausführlicher zitiere, mir aber eine »Zusammenschau« vorerst versage, statt einer »ordentlichen« Zusammenfassung vielmehr am Ende einige Widersprüche ausbreite.

Vielleicht hätte ich die schwierige Arbeit an diesem Buch aufgegeben, wären nicht Rechtsradikalismus und Fremdenfeindlichkeit so weit vorangekommen. Zur Einsicht in deren Quellen habe ich einiges beizutragen – vor allem indem ich den

Zeigefinger eher auf uns selber richte, auf uns konservative oder liberale oder linke oder grüne, auf jeden Fall nicht offen gewalttätige Bürger. Es geht um untergründige Programmierungen, um den Eisberg unter dem Wasser. Es gibt viele solche Verbindungen zwischen »ordentlichen« Leuten und gewalttätigen Jugendlichen. Dieses Thema zieht sich als ein roter Faden durch das Buch. Psychologisches Verstehen schließt dabei aber das Verurteilen der Täter keineswegs aus.

Allein auf mich gestellt, hätte ich erst recht aufgegeben. Der Rückhalt in meiner Familie war unerläßlich, die Vertrauensbasis in der Beratungsstelle und im Vorstand von »Zum Beispiel Dachau« half wesentlich, ähnlich der Austausch mit Fachleuten verschiedener Disziplinen bei Vorträgen und Tagungen, die Begegnung mit anderen durch ihre Bücher, von denen ich gar nicht alle näher zitieren kann, manche aber im Literaturverzeichnis nenne. Der Verlag, besonders in Person der Verlegerin, Dr. Rosemarie von dem Knesebeck, und der Lektorin, Ingrid Veblé-Weigel, hat sich in sehr wohltuender Weise als aufgeschlossen und kompetent gezeigt. Von herausgehobener Bedeutung war und ist der Bezug zu ehemaligen Häftlingen, über ihre Berichte und noch dichter, wenn ein näherer persönlicher Kontakt möglich wurde. Besonders verbunden fühle ich mich den drei ehemaligen Dachau-Häftlingen Eugen Kessler, Dr. Heinz Feldheim, Richard Titze und ihren Angehörigen. Ihre Zeugnisse sind eine wesentliche Orientierung für dieses Buch und für mein Leben.

Und dann sind da die Menschen, über die ich berichte. Es ist alles andere als selbstverständlich, daß sie sich getraut haben, ihre eigenen oder familiären Bezüge zu den Abgründen deutscher Geschichte, insbesondere zum Nazi-Reich, in Therapie oder Beratung oder in Form von Briefen oder Gesprächen sichtbarer werden zu lassen – und dann auch noch einer Veröffentlichung zuzustimmen. Wir haben uns gegenseitig weitergeholfen.

16

Diese Verbundenheit auf verschiedenen Ebenen war Voraussetzung, um die Auseinandersetzung mit der deutschen Geschichte und ihren psychologischen Folgen durchzuhalten. Ich betone dies, weil im Verlauf dieses Buches immer wieder das Zerstören solcher Verbundenheit Thema ist. Gerade das war ein wesentliches Ziel der Nazis und zieht sich als ein gewichtiger Strang durch die deutsche Geschichte. Dagegen Verbundenheit zwischen Menschen aufzubauen und zu verteidigen, ist die grundlegende Form eines Widersprechens gegen die schlimmsten Traditionen deutscher Geschichte.

Noch eine Vorbemerkung: Wenn in diesem Buch von deutscher Geschichte die Rede ist und insbesondere von der des Nazi-Reichs, dann weiß ich natürlich sehr wohl, daß sie zugleich Teil der europäischen und der Weltgeschichte ist. Und Deutsche sind nicht die einzigen gewesen, die Verbrechen riesigen Ausmaßes begangen haben. Und es hat darüber hinaus ein besonderes Gewicht, daß nach 1945 in weiten Teilen der Erde weitergemordet wurde und wird und daß für gar so viele Gewaltige dieser Welt nicht einmal die beispiellosen Nazi-Verbrechen eine Mahnung bedeuten, eher oft das Gegenteil. Doch das alles ändert nichts Entscheidendes an der Stellung des Nazi-Reichs in der Geschichte. Und außerdem: Selbstreflexion fängt nun einmal bei einem selbst an. Dies gilt in Deutschland ebenso wie anderswo.

Zu bedenken ist in diesem Zusammenhang, ob wir nicht hierzulande bis heute in besonderem Maße durch Traditionen gefährdet sind, laut denen Eindeutigkeit die oberste Pflicht wäre, Widersprüchlichkeit dagegen zu verwerfen. Mit Blick auf diese »Haltung« zitiere ich einige Sätze des bedeutenden schweizerisch-nordamerikanischen Psychoanalytikers Léon Wurmser: »Beläßt uns diese Grundsätzlichkeit, diese Unauflösbarkeit der Konfliktnatur des Menschen nicht in einem Zustand der Ungewißheit und der unheilbaren Spaltung? Weshalb denn nicht? Sollen wir des Mutes ermangeln, diese innere Gegensätzlichkeit auszuhalten und den Widersprüchen in Erleben und Verständnis die Stirn zu bieten? Nur das Zusammengesetzte, Widersprüchliche ist wahr, lasen wir bei Lagerquist; einfach und einheitlich sind ja eigentlich bloß die Lüge und die Täuschung.«[8]

Psychotherapie kann einer der wichtigsten Bereiche des Lebens sein, wo solche Wahrheit und solcher Mut sich entwickkeln. Das setzt eines voraus: die Wahrnehmung unserer Wirklichkeit auch in ihren Widersprüchen und Abgründen. Ich weiß, wie schwer das oftmals fällt. Aber es ist möglich. Frau Gerlicher, von der ich später berichte,[9] hat das Manuskript dieses Buches gelesen und unter anderem folgenden Schluß gezogen: »Ich denke schon, alles Böse und damit das Nazihafte entsteht aus dem Nichtaushalten, dem Kappen der Verbindung, wie Sie auch schreiben, aber auch der Verbindung zu sich selber. Wo ich den Kontakt zu mir selbst verloren habe, zerstöre ich den zu und von anderen, zerstöre das Mitleid mit einem weinenden Kind, die Fröhlichkeit mit einem lachenden, die Liebe. Nationalsozialismus funktionierte nur auf der Basis des Abtötens eigener Gefühle, siehe die Alkoholrationen für Erschießungskommandos. Und das hat mir übrigens in Ihrem Manuskript sehr gut gefallen, dieses Betonen der Psychotherapie als Möglichkeit, als Chance, diesen Kontakt zu sich wieder zu finden, zu entwickeln.«

Und sie hat betont, wie das Lesen des Manuskripts ihren Mut gestärkt hat. Die dunklen Seiten der Geschichte und dabei auch der Geschichte in uns selber näher anzuschauen, fällt nicht leicht. Aber nur wenn wir sie genauer wahrnehmen, können wir auf der anderen Seite uns wirklich freuen über solche Fortschritte, wie sie Carlos Wernicke, mein argentinischer Freund, bemerkt hat. Und davon gibt es doch eine ganze Menge, auch bei uns in Deutschland. Sie sind errungen in vielen kleinen Schritten, von vielen einzelnen Menschen, an vielen Orten, oft im Stillen. Die innere und die äußere Wirklichkeit in diesem Sinne differenziert zu betrachten, also um ihre Abgründe zu wissen, ohne andererseits vorhandene gute Anteile zu übersehen, das ist der Weg, den ich in diesem Buch zu gehen versuche.

Ideologien haben viel von ihrer vermeintlichen Zauberkraft verloren, Orientierung aber wird weiterhin dringend gebraucht. Sie kann jedoch in einer immer komplexeren Welt zum Glück nicht mehr so leicht von »oben« verordnet werden. Der Blick auf unsere konkreten Lebensverhältnisse wird immer wichtiger. Dazu gehört, daß wir nicht nur allgemein über Geschichte Bescheid wissen, sondern auch mehr begreifen von der *Geschichte in uns.*

I Zur Übermittlung der Geschichte zwischen den Generationen

In einer Umgebung von Mördern und Mordbeteiligten aufgewachsen zu sein, in einer Welt des Nebels zugleich, was hat dies bei uns Nachgeborenen des »Tausendjährigen Reichs« bewirkt? Was haben wir mitbekommen? Auf welchen Wegen wurde das schreckliche Wissen weitergegeben?

Zu einem Abgrund gehört untrennbar das flache Land, aus dem er abfällt. Ähnlich geht es mir in dieser Arbeit. Wir sind bei ganz normalen Problemen, und dann plötzlich ist die »Normalität« völlig in Frage gestellt.

1 Was wir als Kinder alles mitbekommen haben

In diesem Kapitel gebe ich einige grundlegende Erfahrungen wieder. Sie können demonstrieren, wie sehr Kinder gerade auch Verborgenes aus ihrer Umgebung mitbekommen.

Ein heute 80jähriger Mann hatte zu Anfang der dreißiger Jahre einen Mord begangen. Er gehörte damals zu einer Gruppe junger Leute, von denen einer sich mit einer Jüdin verlobte. Trotz Vorhaltungen der anderen trat dieser nicht von der Verlobung zurück. Da griff man zur Gewalt und brachte – Genaueres ist darüber nicht zu erfahren – entweder den Kameraden oder die Frau um. Der besagte Mann wurde 1932 zu Gefängnis verurteilt, aus dem er 1933 wohl »als Held befreit« wurde. Wahrscheinlich war er im folgenden an weiteren Verbrechen beteiligt. Seine Enkelin, Tochter des im Krieg gefallenen Sohnes, hatte sich unlängst, nachdem sie diese Hintergründe erstmals erfahren hatte, einer Verwandten anvertraut: Nun verstehe sie schlagartig, warum sie sich von früh an wie unter einem Zwang dunkel schminken und die Haare färben mußte. Das sei nämlich nach dem Bild geschehen, wie sie sich eine Jüdin vorstellte! Und von ihrem ersten selbstverdienten Geld sei sie nach London gefahren, und als erstes wiederum hätte sie dort auf der Straße einen Juden kennengelernt und sei sofort mit ihm ins Bett gegangen. Und dabei hätte sie damals nicht das Geringste von der Vorgeschichte ihres Großvaters gewußt, den sie außerdem schon immer eher gemieden hatte!

Kinder merken enorm viel. Aber wenn dieses Wissen im Untergrund bleiben muß wie hier bei der jungen Frau, dann bewegt sich dieser Mensch auf den dunklen Schienen eines unerkannten Wiederholungszwangs durch sein Leben.

Ein heute 25jähriger: »Als kleines Kind habe ich ein Bild gemalt, ein Gesicht mit einer Riesenhakennase, und habe daruntergeschrieben: Jude. Woher ich das hatte? Keine Ahnung. Meine Eltern waren überzeugte SPD-Leute. Sie hätten sich nie negativ über Juden geäußert. Ob da doch irgendetwas war? Das ist nie klargeworden. Auf jeden Fall bin ich es, der bis heute Schuldgefühle behalten hat deshalb.«

Eine Frau der gleichen Altersgruppe hatte mit etwa vier Jahren nach der Vorlage einer Kameradin ein Hakenkreuz gemalt und war stolz darauf, es so gut »hingekriegt« zu haben. Ihre Großmutter hätte sie daraufhin in ungewohnter Schroffheit angefahren, das sei etwas ganz Böses. Ihr sei nichts erklärt worden. »Es« sei seitdem in ihr sitzen geblieben.

Kinder bekamen aber auch die andere Seite mit. Eine Kollegin berichtete mir auf einer Tagung, wie sie als Kind die Nazizeit erlebte. Ihre Eltern waren gegen die Nazis und redeten deshalb in der Familie gar nicht über Politik, zum Schutz der Kinder und ihrer selbst. Ihre früheste Erinnerung aber war die an die Novemberpogrome von 1938. Als sie all die Scherben und Trümmer auf den Straßen gesehen habe, sei sie völlig erschüttert gewesen. Mit fünf Jahren wurde sie dann »Widerstandskämpferin«, lief oder fuhr weit bis zu einem bestimmten Platz in Berlin, auf dem es viele Juden gab, und lächelte diese dort so lange an, bis jemand zurücklächelte. Damit also setzte sie sich bereits als kleines Mädchen gegen das ab, was sie so genau mitbekommen hatte, nämlich die Verfolgung der Juden. Und zugleich hatte sie offensichtlich, auch wenn darüber nie gesprochen wurde, die Anti-Nazi-Haltung ihrer Eltern intuitiv erfaßt. Kinder nehmen nicht nur die verborgenen bösen Seiten ihrer Umgebung auf, sondern auch die positiven. In diesem Fall hatten die Eltern mit Rücksicht auf die fünf Kinder geschwiegen, eine Verantwortung, zu der sie sich nach 1945 in der Auseinandersetzung mit meiner Kollegin offen bekannten, selbst als diese ein Jahr lang aus diesen Gründen nicht mit ihnen sprach. Wie schwer aber die übermäßige Last dessen war, was sie als kleines Mädchen übernommen hatte, steckte in ihrer knappen Mitteilung, diese Erlebnisse hätten sie nach der Nazizeit viele Jahre massiv beschäftigt und seien letztlich erst in ihrer Analyse zu einer gewissen Entspannung gekommen. Die Grundhaltung aber, die sie seit damals entwickelt hatte, war offensichtlich tragend geblieben für ihr ganzes weiteres Leben. Ich wurde selbst Zeuge davon, wie sie in einer extrem destruktiven Kongreßsituation noch klar wahrnehmen und sich entsprechend äußern konnte.

Nach einem Vortrag kam eine Frau auf mich zu und berichtete mir Folgendes: Ihr Vater wurde von den Nazis aus politischen Gründen verhaftet und hingerichtet. Sie selber war damals ein Jahr alt. Etwa mit beginnender Pubertät hätte sie einige Verhaltensweisen gezeigt, die zur größten Verblüffung ihrer Familie solchen des Vaters täuschend ähnelten. Man war fest davon überzeugt, nie vor ihr so detailliert über ihn gesprochen zu haben aus Angst vor möglichen Repressalien. Sie aber hatte auf unerklärlich wirkende Weise vieles doch mitbekommen und sich zu eigen gemacht!

Daß extrem belastende Hintergründe der Eltern oft nicht mit den Kindern geteilt werden können, diese aber sehr viel davon spüren, ist in den Familien von Holocaust-Überlebenden in besonderem Maß Realität.[1] Es ist eigentlich nicht Thema dieses Buches und gehört doch erst recht hierher, macht jedenfalls so etwas wie seinen Horizont aus. Deshalb zitiere ich kurz aus dem Buch der nordamerikanischen Journalistin Helen Epstein *Die Kinder des Holocaust*. Die Autorin, selber Tochter von Überlebenden, hat zahlreiche Interviews mit Menschen des gleichen Hintergrunds durchgeführt und dabei große Ähnlichkeiten zwischen ihnen festgestellt. In der Einleitung beschreibt sie, wie es über drei Jahrzehnte in ihr selber aussah: »Lange Jahre war es in einer Art Kasten tief in mir vergraben. Ich wußte, daß ich – verborgen in diesem Kasten – schwer zu erfassende Dinge mit mir herumtrug. Sie waren feuergefährlich, sie waren intimer als die Liebe, bedrohlicher als jede Chimäre, jedes Gespenst… So entwickelte ich Strategien, um an das tief Verborgene zu gelangen… Ich brauchte Gefährten, Menschen, die das gemeinsam mit mir zu unternehmen bereit waren, brauchte Stimmen, die mir sagten, all das, was ich da mit mir trage, sei Wirklichkeit, nicht grausige Phantasie. Meine Eltern konnten mir nicht helfen, sie waren ja selbst ein Teil davon. Zu Psychiatern hatte ich kein Vertrauen, sie verfügten über noch mehr Namen für all das, als ich selbst schon ausprobiert hatte, um die Dinge zu umschreiben, zu verhüllen. Es mußte Menschen geben wie mich, die ebenfalls einen eisernen Kasten, ähnlich dem meinen, in sich herumtrugen.

So machte ich mich auf …, um Menschen zu finden, die wie ich im Bann einer Geschichte lebten, die sie nicht selbst erlebt hatten. Ihnen wollte ich Fragen stellen. Vielleicht konnte ich so jenen Teil von mir erreichen, der sich mir selbst am beharrlichsten entzog.«[2]

Epsteins Buch enthält die Interviews mit zahlreichen Nachkommen von Holocaust-Überlebenden. Und immer wieder stellte sich dasselbe heraus: Der Austausch hatte nicht stattfinden können, zu furchtbar war das Erlebte gewesen. Und doch hatten die Kinder es gespürt, aber nur tief im Verborgenen.

Manches Mal wird angesichts solchen Verdrängens von Ähnlichkeiten zwischen den Nachkommen der Opfer und der Täter gesprochen. Ich stehe dem sehr skeptisch gegenüber, zumal wenn das von deutschen Autoren geäußert wird. Denn man übersieht, daß Verleugnen, Verdrängen und Verschweigen hier in sehr verschiedenen Zusammenhängen stehen. Es ist nicht dasselbe, ob der Austausch zwischen den Generationen unterbrochen ist angesichts des Übermaßes an Erlittenem oder an Begangenem. Aus dieser Einsicht heraus beschränke ich mich in diesem Buch, anders als in meinem früheren, ganz bewußt auf eine der beiden Seiten, auf die der Täter, Mitmacher, Zuschauer und ihrer Nachkommen. Und ich stelle konkrete Beschreibungen in den Vordergrund. Dabei geht es immer wieder um den ganz spezifischen »Nebel« in diesen Familien.[3]

So denke ich an die dramatische Arbeit mit einem schwer gestörten siebenjährigen Jungen, der sich ernsthaft hatte umbringen wollen. Erst im Rahmen einer bewegenden Familientherapie[4] stellte sich heraus, welch enge Beziehung das alles zum Selbstmord seines Großvaters vor vielen Jahre hatte. Davon hatte er überhaupt nichts gewußt, und auch seine Eltern erfuhren es erst zu dem Zeitpunkt, als er, der Enkel, so schwer suizidal wurde. Der Großvater hatte sich umgebracht wegen Erlebnissen im Krieg, von denen die Familie bis heute nichts Genaueres in Erfahrung gebracht hat. Was aber wird gerade diese Unklarheit bedeutet haben? Was hat dieses hochsensible Kind davon »mitbekommen«?

Die Gestalttherapeutin Hildegund Heinl berichtete mir, wie sie in ihrer Arbeit immer wieder auf geronnene Erinnerungsstücke bei Erwachsenen stößt, die auf Flucht, Krieg, Nazizeit verweisen, den betreffenden Personen in diesem Zusammenhang aber gar nicht bewußt sind. Es handele sich um spezielle Gesten, Abneigungen, Blockierungen, unerklärliche Schmerzen in bestimmten Körperteilen. Und es kämen verblüffende Aha-Erlebnisse zustande, wenn der Bezug hergestellt wird. Es ist sehr bedauerlich, daß diese Kollegin darüber nicht veröffentlicht hat, denn solche Erfahrungen in ihrer Unmittelbarkeit und Dichtheit sind eine wesentliche Grundlage, um unseren verschleierten Blick ein wenig zu klären, mit dem wir ansonsten über die Spuren der Geschichte in unserem individuellen Leben hinwegschauen.

Du sollst nicht merken, so lautet der Titel eines Buches von Alice Miller. Auch wenn ich meine, daß sie sich gar zu sehr mit der Position des traumatisierten Kindes identifiziert und Eltern zu ausschließlich in der Rolle Schwarzer Pädagogen sieht, so finde ich es doch bemerkenswert, daß sie die Bedeutung auch von Nazi-Hintergründen nicht ausläßt. Sie – als Schweizerin weniger direkt »belastet« – hatte beim Versuch, mit deutschen Psychoanalytikern über die psychischen Hintergründe von Hitlers Haßbesessenheit zu sprechen, Schiffbruch erlitten und suchte dies anschließend zu begreifen.

»Ich bin froh, daß ich dank dieser Diskussion in Deutschland eine Erfahrung gemacht habe, die mich dem Verständnis der jüngeren deutschen Generation näherbrachte. Meine Kollegen vermittelten mir das Erlebnis der Wand, vor der sie selber einst gestanden waren, als sie in ihrer Kindheit Fragen stellen wollten, die an die tiefste Abwehr ihrer Eltern rührten. Sie hätten dann hören oder spüren müssen: ›Solche Fragen stellt man gar nicht, sie sind dumm, und wenn Du meinst, Du wüßtest etwas, Du kannst es doch nicht begreifen. Und im Grunde war alles ganz anders, als Du jetzt meinst. Und weißt Du überhaupt, was Hitler für uns getan hat? Und kannst Du Dir überhaupt ein Urteil anmaßen? Es ist eine Anmaßung, über Dinge zu sprechen, die Du nie gesehen und nie gekannt hast. Das kannst Du nicht verstehen.‹«[5]

Dies entspricht auch meiner nachträglichen Einschätzung der Atmosphäre, in der wir Nachgeborenen aufgewachsen sind. Und davon hält sich bis auf den heutigen Tag noch erheblich mehr, als wir uns üblicherweise vorstellen, bei Älteren und Jüngeren. Die Spuren der Geschichte, insbesondere aus der Nazizeit, aber auch aus den Jahren danach und davor, vom Kaiserreich bis zum Kalten Krieg, wirken sehr konkret in uns. Wenn wir die Beschäftigung mit ihnen nur den Fachleuten aus Geschichts- und Politikwissenschaften überlassen, stehen wir immer wieder fassungslos vor der Wiederkehr von Verhaltensweisen, die doch eigentlich längst Vergangenheit sein sollten.

Familie Weyrich ist hierfür ein Beispiel. »Wie kann das nur möglich sein? Ich bin völlig aufgelöst. Jens hat heimlich aufgeschrieben, er wolle weglaufen, weil es ihm nicht gelinge, Ordnung zu halten. Genau solche Zettel fand ich immer bei meinem verstorbenen Mann. Jens hat ihn doch überhaupt nicht bewußt miterlebt. Wie kommt es dann nur, daß er genau dasselbe macht? Das ist mir einfach zu unheimlich! Ich kann nicht mehr!«

Was eine Mutter hier voller Bestürzung berichtete, bezog sich auf den 13jährigen Jens, der mir einige Zeit zuvor vom Kinder- und Jugendpsychiater überwiesen worden war. Er litt unter plötzlich auftretenden Angst- und Übelkeitsanfällen. Die alleinerziehende Mutter hatte dafür keine Erklärung. Zu ihrer Überraschung sei allerdings im gemeinsamen Gespräch beim Psychiater aus dem Jungen herausgebrochen, wie sehr er unter dem Tod des Vaters leide. Dieser war mit dem Auto verunglückt, kurz bevor Jens zwei Jahre alt geworden war. Im Erstgespräch bei mir war sein eigenes Nachdenken schon so weit vorangeschritten, daß er sagen konnte, jene Attacken von Übelkeit seien mehrfach dann aufgetreten, wenn er intensiv an den Vater gedacht, ihn sich vorzustellen versucht hatte. Über bewußte Erinnerungen an ihn verfügte er nicht. Am Verhalten des Jungen fiel mir wiederholt eine kindisch wirkende Albernheit auf, die weder zum ernsten Thema noch zu seiner sonstigen Art zu passen schien. Er klebte dann geradezu an der Mutter, die sich nach meinem ersten Eindruck überbesorgt mit ihm abgab. Auch wenn die Familienkonstellation – Alleinerziehende und Einzelkind – dafür einen Erklärungsgrund abgeben mochte, so blieb doch etwas Unklares. Unsere Arbeit über zwei Jahre hinweg bestand in Gesprächen mit ihnen einzeln und gemeinsam, letzteres überwiegend.

Eine tiefe Traurigkeit über das Nichtvorhandensein des Vaters zeigte sich schon in den ersten Stunden als ein wesentlicher Hintergrund für einige Auffälligkeiten in Jens' Verhalten, so wenn er mimosenhaft auf Kritik reagierte, abends die Mutter drangsalierte, weil er nicht zur Ruhe finden konnte, oder sich von Kameraden gar zu viel gefallen ließ. Es stellte sich heraus, daß er kaum etwas an konkreten Informationen über seinen Vater hatte und gar nichts über die genaueren Umstände seines Todes wußte.

Im Einzelgespräch gab Frau Weyrich sich einen Ruck: Ihr Mann sei selber schuld an dem Unfall gewesen, hätte auf einer Dienstreise wie so oft eine große Menge Alkohol getrunken, war eigentlich bei weitem nicht mehr fahrtüchtig gewesen, hatte sich trotzdem ans Steuer gesetzt und war auf der Autobahn gegen einen Brückenpfeiler gefahren. Er war sofort tot gewesen. Jens hatte sie von dem Alkoholproblem seines Vaters bisher nichts erzählt.

»Er war der liebste Mensch, aber unter Alkohol – furchtbar.« Dann sei er regelmäßig entweder suizidal geworden, habe sie aus Telefonzellen angerufen, er werde sich jetzt vor die Straßenbahn werfen, oder er wurde mörderisch, ging auf sie los, würgte sie, drohte ständig, sie und den Jungen umzubringen. »Natürlich habe ich an Scheidung gedacht, aber mir war ganz klar: Dann ermordet er uns.« Einmal wollte er schon – wieder in stark alkoholisiertem Zustand – sie alle mit dem Auto einen steilen Abhang hinunterstürzen. Sie konnte gerade noch die Bremse erreichen! Er besaß einen Revolver, den sie heimlich in so viele Einzelteile zerlegte, daß sie nach seinem Tod nicht mehr auffindbar waren.

Was waren die Hintergründe für diese erschreckende Kehrseite eines ansonsten liebevollen Familienvaters? In seiner Herkunftsfamilie sei es außerordentlich brutal zugegangen. Der Vater habe seine Frau mit tiefer Mißachtung behandelt, die zehn Kinder waren sich selbst überlassen gewesen, der älteste Sohn wurde zu einem stadtbekannten Schläger, wütete aber noch weit schlimmer innerhalb der Familie. Herr Weyrich, als Jüngster, hatte besonders viel Angst vor ihm gehabt. Seinen Revolver hatte er sich als junger Erwachsener wegen dieses Bruders besorgt und ernsthaft ein Komplott mit Kameraden geschmiedet, wie sie diesen furchtbaren Menschen (der bis heute ein Schrecken der ganzen Familie sei) beseitigen könnten. Noch oft hätte er zu ihr von diesen Plänen gesprochen. Und sein Vater hätte ständig damit gedroht, sich aufzuhängen. Genau dasselbe aber hätte ihr Mann unter Alkohol immer wieder versucht, »wenn er nur irgendwo ein Seil herabhängen sah«. Das sei grauenhaft gewesen. Er suchte dann also zwanghaft das zu wiederholen, was er beim eigenen Vater von klein auf so schrecklich mitbekommen hatte. Er konnte sich nicht davon lösen.

Woher stammte dieses extreme Potential an Destruktivität in der Familie von Herrn Weyrich? Auf jeden Fall sei ein Grund darin zu sehen, daß sie Flüchtlinge aus dem späteren Jugoslawien waren. Anschließend, in ihrer abgeschiedenen hessischen Kleinstadt, hätten sie sich ihrer Armut und wohl auch der zehn Kinder geschämt. Das Schlimmste für ihren Mann aber sei in dieser Hinsicht gewesen, daß jener älteste Bruder erst recht den Ruf der Familie ruinierte. Dies müsse ihn zutiefst getroffen haben. Wahrscheinlich sei das der Hauptgrund gewesen, warum er sich zeitlebens außerordentlich scheute, an offiziellen Veranstaltungen oder auch nur an Familienfesten teilzunehmen. Wenn er sich doch einmal überwunden hatte, mußte er bald wieder mit Magenkrämpfen nach Hause. Und er hätte sich so sehr seiner mit Sommersprossen übersäten Haut geschämt, daß er nur sorgfältig geschminkt das Haus verließ. Kein Mensch außer ihr hätte das

28

gewußt. Die Vermutung lag nicht weit, daß seine eigentliche Scham nicht der Haut, sondern der Herkunft galt, dem, was er dunkel mitbekommen hatte. Er wollte ein anderer sein, wollte ein fehlerfreies Äußeres vorweisen können, gerade weil seine Familie so grauenhaft war. Das waren weitgehend hilflose Versuche der Distanzierung.

Nach meiner Erfahrung können massive Entwurzelungen angesichts der damit verbundenen traumatischen Erlebnisse solche Verhaltensweisen begründen. Ich habe darüber hinaus bei Frau Weyrich nachgefragt, ob auch spezifische Nazi-Bezüge vorliegen könnten, besonders beim Großvater. Sie wußte aber nicht viel über die Familiengeschichte. Von ihrem Mann hätte sie so gut wie nichts darüber gehört. Ihr sei nur bekannt, daß der Schwiegervater früh die Mutter verloren hatte und unter erbärmlichen Umständen aufgewachsen war. Dies war die einzige Information, die sie über ihn hatte, sozusagen ein »offizielles« Bild von ihm als jemandem, der es »im Leben schwer hatte«, der also zu leiden gehabt hatte. Doch dann kam ihr eine sicherlich bedeutsame Erinnerung. Als er sich bei seinem künftigen Schwiegervater vorstellte, hätte dieser gesagt: »Na, so schlimm wie dein Ruf bist du ja wohl doch nicht.« Frau Weyrich meinte von selbst, dann müsse er einiges auf dem Kerbholz gehabt haben, über das später nie mehr gesprochen wurde.

Vieles liegt im Dunkeln bei dieser Familie. Wie so oft in solchen Fällen tragen dann die Nachgeborenen das Verborgene aus. Jens ist darin nicht der einzige. Die allgemeine Verleugnung geht sogar so weit, daß fast alle Geschwister felsenfest behaupten, eine schöne Kindheit gehabt zu haben, obwohl der Älteste ihnen bei Familienfeiern bis heute handgreiflich das Gegenteil vorführt – und eine Schwester schon viele Monate in der Psychiatrie zugebracht hat. Für Frau Weyrich ist klar, daß für deren Schwierigkeiten die Schrecken der Kindheit und die heutigen Brutalitäten in der Familie die entscheidenden Gründe darstellen. Mir scheint, diese ausgeprägte Delegation eines »Opfers« ist ein zusätzliches Indiz für eine wie auch immer geartete Täterdynamik in dieser Familie.

Ich komme zurück zu dem, was Jens aus dieser Vorgeschichte offensichtlich unbewußt mitbekommen hat und wie es sich in konkreten Verhaltensweisen manifestiert. Der Junge wies frappierende Ähnlichkeiten mit dem Vater auf, ohne diesen bewußt als Vorbild erlebt zu haben. Er hatte Angstanfälle auf dem Weg zur Schule, stieg aus der Straßenbahn, rief, anstatt doch schnellstens umzukehren, von einer Telefonzelle die Mutter an, und diese erschrak zutiefst, hatte doch genau das gleiche ihr verstorbener Mann getan, wenn er sich wieder umbringen wollte. Und nie hatte sie darüber mit Jens gesprochen! Könne das denn Vererbung sein? Oder er entdeckte auf dem Speicher Bücher des Vaters und schmökerte – ausgerechnet auch noch heimlich – gerade in denjenigen, die mit dessen vor dem Jungen bis heute verborgen gehaltenen Problemen zu tun hatten. Jens erteilte seiner Mutter immer wieder Lektionen, wie sinnlos es war, ihn »schonen« zu wollen. Er hat in Wirklichkeit so vieles mitbekommen, zu Lebzeiten des Vaters oder später.

Allmählich ließen sich auch weitere eigenartige Verhaltensweisen verstehen, etwa daß er Tapetenstücke in seinem Zimmer »sinnlos« herunterriß, den Teppichboden im Wohnungsflur auftrennte, um, wie er auf ihr Nachfragen angab, »zu schauen, was darunter sei«, für einen Dreizehnjährigen ein doch recht auffälliges Verhalten. Uns wurde deutlich, daß sich hier so etwas wie ein Wunsch ausdrückte, »unter den Teppich zu schauen«, das dort Verborgene aufzuspüren.

Bereits in einer der ersten Einzelstunden hatte er mir von wiederkehrenden Angstträumen erzählt – wovon ich aber nichts der Mutter sagen sollte. Beide »schonten« sich offensichtlich gegenseitig. Über »Geheimnisse« sprechen zu können, wurde zu einem wichtigen Entwicklungsschritt für beide. Auf dem Weg zu einer gemeinsamen Stunde konnte Jens sich trauen,

Näheres über den Tod des Vaters zu erfragen – und er bekam Antwort.

Es wurde ihm auch möglich, noch mehr über seine Angstanfälle auf dem Schulweg herauszuarbeiten: Da empfinde er in sich »so einen Nebel«, und »Geister seien um ihn herum«. Lag nicht die Vermutung nahe, daß er damit etwas in sich entdeckte, was ganz dem entsprach, wie sich der Vater gefühlt haben mochte und weshalb er zum Alkohol gegriffen hatte? Bewegte er sich hier nicht genau in den Schienen des Vaters? Und gehörte der Vater nicht auch zu diesen »Geistern«?

Diese Fortschritte im Sinne einer allmählichen Ablösung vom namenlosen »Schicksal« wiederum waren nicht möglich ohne Hilfen für die Mutter. Für ihre Situation war ein Traum bezeichnend, den sie zweimal hintereinander nach Entspannungsübungen in einer Mutter-Kind-Kur hatte: In einer Landschaft ohne Schnee zog sie ganz allein einen Schlitten, auf dem ein Toter lag, brachte ihn mit letzter Kraft bis zum Leichenhaus. Dies drückte so sehr ihre Situation mit dem verstorbenen Mann aus, und sie sah sich dieser Thematik so hilflos gegenüber, daß es ihr als der einzige Ausweg erschienen war, die Entspannungsübungen abzubrechen. Unsere gemeinsame Arbeit bestand sehr wesentlich darin, ihr allmählich Zuversicht zu vermitteln, das in ihr Verborgene – in bezug auf ihren Mann, aber auch auf die eigene Kindheit – mitteilen und seine Wahrnehmung aushalten zu können. Dann wurde auch eine Lösung der Verklammerung mit ihrem Sohn möglich. Es war eine uns alle sehr bewegende Therapie. Allmählich ließ sich unterscheiden: Was hat sie selber von klein auf mitbekommen? Wie sah es bei ihrem Mann aus? Und was hat Jens von alledem in sich aufgenommen und als »Nebel«, als »Gespenster« in sich getragen?

Vielleicht wird Jens seiner Mutter auch später noch manchen Grund geben, angesichts von Kontinuitäten zwischen Vater und Sohn zu erschrecken. Besondere Vorsicht gilt gegenüber möglichen Fortführungen auf der Täterseite, zumal solche Zusammenhänge auch außerhalb von Familie Weyrich so hartnäckig geleugnet werden. Doch lassen die Fortschritte im Rahmen unserer gemeinsamen Arbeit hoffen, daß sie beide auch mit diesen Tendenzen umgehen können.

Ich fasse zusammen. Wir haben viel »mitbekommen« von den Abgründen deutscher Geschichte, insbesondere aus dem Nazi-Reich. Dafür stehen die Beispiele. Der Ausdruck »mitbekommen« hat dabei mehrere Bedeutungen. Wir haben Lasten aufgebürdet bekommen; und wir haben wahrgenommen, wir haben »es« mitbekommen, nämlich viel Verborgenes, Geheimes; und wir haben manches davon mit auf den Weg bekommen, haben es uns »zu eigen« gemacht, sind die Erben und tragen es weiter. Über das erstere habe ich in meinem früheren Buch schon ausführlicher geschrieben und behandle es deshalb hier eher beiläufig. Hauptsächlich geht es mir im Folgenden um die beiden anderen Formen des Mitbekommens. »Es« wahrgenommen zu haben, darin steckt als Zentrum der heimliche Blick auf die Eltern als wie auch immer Verbrechensbeteiligte. Und mit dem dritten Punkt spreche ich an, daß wir davon manches in uns tragen und es fortsetzen könnten, selbst wenn wir weit vom Rechtsradikalismus entfernt sind.

2   In fremden Schienen

»Wir merken bald, die Übertragung ist selbst nur ein Stück Wiederholung, und die Wiederholung ist die Übertragung der vergessenen Vergangenheit nicht nur auf den Arzt, sondern auch auf alle anderen Gebiete der gegenwärtigen Situation.«
Sigmund Freud in *Erinnern, Wiederholen, Durcharbeiten*[1]

Ich habe im vorhergehenden Kapitel einige Beispiele dafür zusammengetragen, wie viel wir als Kinder an untergründigen

Themen unserer Umgebung mitbekommen haben, auch wenn uns das vielfach nicht bewußt ist. Diese Einsicht kann erschrecken. Sind wir wirklich dermaßen abhängig von unserer Familie und deren Umfeld? Sind wir überhaupt nicht »Herr im eigenen Haus«? Bewegen wir uns unser Leben lang in den Schienen anderer? Sind unsere Vorstellungen von Identität und Handlungsfreiheit nur Illusionen? Diese Fragen stellen sich in Deutschland nicht nur »allgemeinmenschlich«, sondern im konkreten Zusammenhang mit deutscher Geschichte während des 20. Jahrhunderts, insbesondere in der Nazizeit.

Desillusioniert werden kann man nur, wenn man sich zuvor Illusionen gemacht hat. Ob wir nun psychologisch fortgebildet sind oder nicht, mir scheint, wir Menschen der »modernen Zeiten« neigen zu erheblicher Selbstüberschätzung unserer persönlichen Autonomie. Ich bin mir nicht sicher, ob wir in Deutschland uns nicht sogar noch etwas stärker als anderswo an solchen Vorstellungen besonderer Eigenständigkeit festhalten und dann natürlich erst recht bedroht sind von deren Infragestellung.

Zum Thema unserer menschlichen Identität haben mich vor Jahren schon die Ausführungen des nordamerikanischen Psychoanalytikers Heinz Lichtenstein beeindruckt. Sie halfen mir, mich von solchen Illusionen zu lösen. »Ich bin der ich bin« gebe es nämlich für uns Menschen überhaupt nicht, sondern das gelte allein für Gott.[2] Der Mensch sei vielmehr in seiner Identität grundlegend auf andere hin ausgerichtet. Er komme nicht mit einer feststehenden Identität auf die Welt, er übernehme sie aber auch nicht direkt von der Mutter oder seiner Umgebung insgesamt. Denn dafür müßte er diese ja abgegrenzt wahrnehmen können, und dies würde bereits die Ausbildung seiner Identität, seiner Abgegrenztheit, voraussetzen. Das ist etwas, füge ich hinzu, das wir uns meist nicht klarmachen, so sehr und so selbstverständlich interpretieren wir uns als »von allem Anfang an wir selber«. Das geht bis in unser Verständnis von Fachbegriffen. Narzißmus heißt dann Bezogenheit auf sich selber. Das stimmt aber so nicht, wie Lichtenstein klarstellt: Narziß in der griechischen Sage verliebte sich nicht in einen anderen und auch nicht in sich selber, sondern in sein Spiegelbild. »Der Spiegel bedeutet ein drittes Element zwischen dem Liebenden und seinem Objekt.«[3]

Was mag nun dieser Spiegel zwischen dem kleinen Kind und seiner Umgebung sein? In welchem Medium kommt es in Kontakt mit dem, was einmal »es selber« werden soll? Lichtensteins Antwort hört sich auf den ersten Blick hin kompliziert an: Er ist »das sensorische Ansprechen des Säuglings auf die mütterliche libidinöse Bezugnahme« (»the sensory responsiveness on the part of the infant to the mother's libidinal attachment«).[4] Kind und Mutter (menschliche Umgebung), »Innen« und »Außen« sind völlig ineinander verschränkt. Das Kind erlebt sich und die Welt anfänglich in einem Medium, das aus der Verschränkung von mütterlicher Bezugnahme und seiner »eigenen« Aufnahme von Sinnesdaten (aus allen Richtungen, auch von »innen« her) gebildet wird. Sich solch ein ungetrenntes und dennoch strukturiertes Geflecht vorzustellen, dessen »Bestandteile« sich letztlich nicht auseinanderlösen, sondern allenfalls ahnen lassen, und das auch nur annähernd in Begriffe zu fassen, wie es Lichtenstein versucht hat, das fällt uns außerordentlich schwer.

Und doch liegt hier meines Erachtens der Kernpunkt, um solche Zusammenhänge wie die im vorigen Kapitel dargestellten besser zu begreifen. Es ist nämlich in Wirklichkeit etwas völlig Natürliches, gehört zu unserer Grundbeschaffenheit als Menschen, daß wir so unfaßbar viel mitbekommen, und dies im mehrfachen Wortsinn von »mitbekommen«, nämlich als Tragen, als Wahrnehmen und als Fortführen.

Wir Menschen sind in der Hilflosigkeit und Abhängigkeit der ersten Lebensjahre so sehr auf soziale Zuwendung, auf Sicherheit und Verläßlichkeit angewiesen, daß wir von ganz früh an mit einem sensiblen Sensorium für die Signale aus diesem

Bereich ausgestattet sind. Neuere Untersuchungen[5] haben genau das Gegenteil der lange Zeit für wissenschaftlich gesichert geltenden Auffassungen ergeben, denen zufolge der Mensch in den ersten Monaten seines Lebens in einer selbstgenügsamen, nach außen hin abgeschirmten Welt existieren würde. In Wirklichkeit sichert es von vornherein unser Überleben, wenn wir die soziale Umwelt in feinster Weise wahrnehmen und mit ihr in Kontakt sind. Hier liegen wohl weit mehr noch als in der Sexualität die Quellen unseres Sozialbezugs – einschließlich unserer möglichen Manipulierbarkeit bis hin zur Selbstaufgabe, um nur ja nicht die soziale Absicherung zu verlieren, ganz real oder auf der unbewußt gewordenen, in frühe Kindheitszeiten verweisenden Ebene.

Von der Vielfalt und der Überzeugungskraft entsprechender Erfahrungen her bin ich nicht so sehr auf theoretische Begründungen angewiesen, die mir diese Zusammenhänge »beweisen« würden. Eher kann ich im Gegenteil den Wert von psychologischen Theorien daran messen, ob sie dem tiefreichenden Sozialbezug den gebührenden Platz einräumen. Das ist auch innerhalb der Psychoanalyse durchaus nicht selbstverständlich. Einer ihrer Theoretiker, der dies in besonderer Klarheit getan hat, ist Alfed Lorenzer. Deshalb gehe ich hier noch kurz auf ihn ein.

Lorenzer hat davon gesprochen, daß zunächst »nicht Einzelobjekte wahrgenommen werden, sondern Ensembles, Situationskomplexe.«[6] Von Anfang an befinden wir uns in »Situationen«, und aus diesen frühen Erfahrungen werden allmählich »Szenen in ihrer Eigengestalt ausdifferenziert.«[7] – »Nicht Sachen werden wahrgenommen, sondern Szenen. Die Abgrenzung von Sachen aus dem szenischen Zusammenhang heraus geschieht erst spät.«[8] – »Alledem liegt die szenische Einheit zwischen ›Innen‹ und ›Außen‹, zwischen dem Organismus und seiner Umwelt... zugrunde. Dieses Zusammenspiel begründet alles. Es bleibt auch später das Grundmodell, von dem wir ausgehen müssen.«[9] Auch unsere Erinnerungen haben dies zur

Grundlage. Und »sie sind als Niederschläge... zugleich Entwürfe, Schemata des zukünftigen Verhaltens.«[10] Die Verbindung – oder auch Verkettung – von Vergangenheit, Gegenwart und Zukunft ist hier angesprochen. Und dies weist über den engen Bereich der Familie in den der Gesellschaft hinaus.[11]

Wir Menschen sind also ganz grundsätzlich in unserer »tiefsten Identität« wie auch in unseren Verhaltensweisen vielfältigen Szenen unserer Vergangenheit und damit unseren damaligen Bezugspersonen verbunden. Unsere Persönlichkeit ist aus solchen Szenen, wie immer wir diese im einzelnen verstehen wollen, hervorgegangen. Unser Leben besteht wesentlich aus Wiederholungen solcher Szenen, aus immer neuen Inszenierungen. Pointiert läßt sich das mit einem Hegel-Zitat, das zu einem bekannten Buchtitel wurde, zusammenfassen: »Das Tun des Einen ist das Tun des Anderen.«[12]

Es ist nicht verwunderlich, daß die Forschung so lange gebraucht hat, diese Erkenntnisse fundierter zu belegen, bedeutet doch dieser Sozialbezug die Grundlage unseres ganzen Lebens in einer völlig umfassenden und von vornherein für uns vorhandenen Weise. Solche Wirklichkeitsbereiche nehmen wir in aller Regel nicht wahr, uns fehlt der Abstand. Eine Notwendigkeit dazu tritt erst dann auf, wenn es zu Störungen gekommen ist. Eine derartige »Störung« extremen Ausmaßes aber ist das, was in der Nazizeit Menschen anderen Menschen angetan haben. Es war eine systematische Aufkündigung des grundlegenden Sozialbezugs menschlichen Lebens. Um so wichtiger ist es, ihn uns vor Augen zu halten.

Hier, auf dieser tiefen Ebene, sind wir anderen Menschen entscheidend verbunden. Das gehört zu den Grundbedingungen menschlichen Lebens. Die Einsicht in diesen Zusammenhang, wie sie uns, auf Freud fußend, etwa Lichtenstein, Lorenzer, Stern und Lichtenberg vermitteln, macht uns unsere Grenzen als Individuen sichtbar und zeigt uns, daß unsere Zusammengehörigkeit mit anderen Menschen grundsätzlich gerade nicht etwas

»Fremdes« ist. Im Gegenteil, wenn wir uns »in fremden Schienen« festgefahren fühlen, muß eine Störung vorliegen in unserem Sozialbezug. Zunächst einmal also ist es völlig »normal«, wenn die Menschen, über die ich im ersten Kapitel beispielhaft berichtet habe, so viel von ihren Vorfahren mitbekommen haben.

Doch zugleich trugen sie ja deren ungelöste Probleme aus, ohne daß sie sich oder daß sonst jemand sich dessen bewußt gewesen wäre. So etwas wirkt immer wieder gespenstisch. Und das ist es auch. Während das Herausfinden unserer grundlegenden Sozialbezüge eher etwas Beruhigendes mit sich bringt und uns aus der Hektik eines übersteigerten Individualismus lösen kann, sind hier nun wirklich Fragen voller Beklemmung am Platz: Bewegen wir uns nur noch in »fremden Schienen« – die Schienen der Einen auch die der Anderen? Sind die der Eltern auch die der Kinder? Oder noch zugespitzter: Sind die »Nazi-Schienen« der Eltern auch die der Nachkommen?

Das Ich sei »nicht einmal mehr Herr im eigenen Haus, sondern auf kärgliche Nachrichten angewiesen... von dem, was unbewußt in seinem Seelenleben vorgeht«, so hat Freud es 1917 ausgedrückt.[13] Inzwischen haben wir eine Situation, in der wir uns fragen müssen, ob wir vielleicht nicht nur hinsichtlich unseres individuellen Unbewußten, das wir wenigstens noch für unser »eigenes« halten könnten, uns mit unserem Ich in einem fremden Bereich bewegen, sondern insgesamt in einer fremden Welt. Wenn in der Generation unserer Eltern, Großeltern, Lehrer so viele waren, die all das Furchtbare gemacht haben oder haben machen lassen, können wir uns da noch heimisch und sicher fühlen? Und wenn wir selber so sehr in die Verleugnung hineingewachsen sind, bewegen wir uns da nicht erst recht auf den Schienen dieser Vorfahren? Können deren Nazi-Bezüge auch bei uns durchkommen?

Wie sehr wir uns in mehr oder weniger weiten Teilen unseres

Lebens zwanghaft und sehr destruktiv in alten Schienen bewegen und frühere Situationen wiederholen, ohne das zu bemerken, ging mir erstmals in voller Schärfe vor etwa zwanzig Jahren auf. Ich hatte als junger Psychologe in einer psychotherapeutischen Klinik unter anderem die Aufgabe, in möglichst großer Ausführlichkeit die Lebensgeschichte der Patienten aufzunehmen. Außerdem beteiligte ich mich als Cotherapeut an den Gruppensitzungen. Und hier war ich immer wieder verblüfft, wie viel von dem, was die einzelnen mir seinerzeit berichtet hatten, sich später im Beziehungsgeflecht der Gruppen und des ganzen Klinikalltags wiederfand, wie sie völlig unbewußt alte Situationen geradezu inszeniert hatten, dies aber überhaupt nicht von selber wahrnehmen konnten, obwohl sie mir ihre frühen Erfahrungen doch vor wenigen Wochen selber berichtet hatten. Das mit Abstand jüngste Kind der Familie fand sich in der Rolle des »Klinikkükens« wieder, fühlte sich abgewertet, protestierte, wollte die Klinik verlassen – und sträubte sich lange gegen die Einsicht, selber an der Herstellung dieser Situation beteiligt zu sein. Insbesondere Hintergründe eigenen Abgelehntseins, von Mißhandlung und Mißbrauch wurden in die Kliniksituation hineingetragen. Diese war ja mit Bedacht so geschaffen, daß so etwas möglich war, daß derartige Übertragungen erfolgen konnten. Dies geschah in erster Linie nicht über das Medium des Wortes, sondern im »Agieren«, im wiederholenden Herstellen von zwischenmenschlichen Situationen im Medium, im »Spiegel« des Klinikalltags.

Ich möchte ein Beispiel berichten, das mich damals tief beeindruckt hat. In der milieutherapeutischen Gruppe, deren Leitung ich hatte, widmeten wir uns der Aufgabe, unseren Gruppenraum auszubauen. Dazu gehörte das Verputzen einer Wand. Ich selber hatte darin keine Erfahrung, ließ es mir von einem kundigen Patienten zeigen, beteiligte mich an der Arbeit, erhielt ein großes Lob von ihm. Doch als ich am nächsten Tag in die Klinik kam, hörte ich als erstes, daß derselbe Patient noch am späten Abend den von mir aufgetragenen Putz – und nur diesen – wieder heruntergeschlagen hatte, da er uneben gewesen sei. Das Autoritätsproblem mit seinem Vater, das er hinter Alkoholismus und Überanpassung und diese bis dahin auch im Klinikalltag, verborgen hatte, lag offen, konnte endlich Thema einer zwischenmenschlichen Auseinandersetzung werden.

Ungelöste Konflikte einschließlich derer von Eltern und Großeltern immer wieder blind auszuleben, sich selber und/oder anderen dabei zu schaden, aber nicht ablassen zu können, das ist die Kehrseite unseres grundlegenden Sozialbezugs. Wie ich so oft erfahren habe, tragen wir auch die dunklen Seiten unserer Vorfahren in uns und setzen sie in unserem Handeln fort, inszenieren sie neu. Wenn sich solche Wiederholungszwänge, wie das sehr zutreffend in der psychoanalytischen Fachsprache bezeichnet wird, erst einmal etabliert haben, nützen wohlgemeinte Ratschläge kaum etwas, sondern es bedarf oft einer ausgedehnten und intensiven Therapie, um das sichtbar zu machen und – noch schwieriger – um das herauszufinden.

Das gilt in verschärfter Weise, wenn sich dabei auch gesellschaftliche Abgründe auftun, wie sie in der folgenden Darstellung in einigen Grundzügen sichtbar werden. Um diese Zusammenhänge eher verstehen zu können, sind für mich die Erkenntnisse der Mehrgenerationen-Familientherapie hilfreich gewesen, die besonders von Sperling und Mitarbeitern[14] entwickelt und von Massing und Beushagen speziell auf Zusammenhänge mit den Nazi-Hintergründen bezogen wurden. Der folgende knappe Bericht steht für viele andere Lebens-»Schicksale«.

Niemals in ihrem mehr als 40jährigen Leben hat Frau N. über ein eigenes Zimmer verfügt. Dabei stammt sie aus einer wohlhabenden Familie, in der Geld keine Rolle spielte – doch die vier Kinder hatten nur ein Zimmer von etwa 15 Quadratmetern, und sie wurden hart bestraft, wenn die Ordnung zu wünschen übrig ließ. Die Peitsche hing über ihrer Zimmertür. Beide Eltern machten von ihr Gebrauch. Frau N. als die Älteste bekam das besonders oft zu spüren. Mit 12 Jahren lief sie in ein Auto, vermutlich aus suizidalen Tendenzen. Sie trug schwere Verletzungen davon, blieb entstellt, war für ihr Leben gezeichnet. Klaglos nahm sie die schmerzhaften Behandlungen auf sich, richtete ihre ganzen Energien auf den schulischen und später den beruflichen Erfolg, finanzierte ihr Studium ohne eine Mark von seiten der reichen Eltern. Heute ist sie Beamtin in hoher Position.

Und doch lebte sie, als ich sie kennenlernte, in einer kleinen Zweizimmerwohnung, die sie sich mit ihrem alkoholabhängigen Ehemann und dessen Mutter teilte. In drei anderen Partnerschaften während der letzten 15 Jahre hatte sie sich in verblüffend ähnlichen Verhältnissen befunden, hatte die Schulden der Männer übernommen, sich prügeln und betrügen lassen, war voll Angst nur darauf bedacht gewesen, daß an ihrer Arbeitsstelle nichts davon bekannt würde. Schätzungsweise 300 000 Mark hatte sie an Gläubiger gezahlt für Schulden, die nicht die ihren waren, mit dem Ergebnis, daß ihre eigene finanzielle Lage immer verzweifelter wurde. Und diese ist nur ein Symptom für ihre seelische Gesamtverfassung.

Ich hätte Frau N. sehr gewünscht, daß sie sich therapeutisch hätte helfen lassen. Doch wie es geradezu typisch ist für viele Menschen »in fremden Schienen«, konnte sie nur ganz wenig an Veränderung zulassen. Meine Beratungsstelle hatte sie aufgesucht wegen »Anpassungsschwierigkeiten« ihrer vierjährigen Tochter im Kindergarten. In Wirklichkeit ging es um einen dramatischen Trennungskampf mit dem Ehemann, in dem dieser einen Sieg davontrug, wie er vollständiger nicht sein konnte. Sie übernahm wieder einmal die Schulden, und ihm, vorbestraft und Alkoholiker, wurde das Kind zugesprochen. Wie sie dies »geschafft« hatte, erfuhr ich erst später – nachdem sie von München weggezogen war – in einem längerdauernden brieflichen Kontakt. Aus dieser »sicheren« Distanz konnte sie etwas mehr an Einblicken zulassen in ihre sie selbst zutiefst beschämenden Aktionen, Handlungen geradezu zwanghaften Charakters, die von außen her völlig »dumm«, völlig unangemessen ihrem sonstigen Niveau wirkten und die im Ergebnis außerordentlich selbstdestruktiv waren. Ihre überwältigende Scham angesichts derart »verrückter« Verhaltensweisen ist es, was mich von einer ausführlicheren Darstellung oder gar von Zitaten aus ihren Briefen absehen läßt, auch wenn sie dies sicherlich gestatten würde. Ich weiß aber aus vielen Erfahrungen, daß kaum etwas in unserem Leben uns so ins Bodenlose versinken lassen kann wie das konkrete Sichtbarwerden solcher Aktionen. Von daher werte ich es als Zeichen hohen Vertrauens, daß sie überhaupt diese Mitteilungen innerhalb eines Briefwechsels gemacht hat.

Wie kann es sein, daß ein intelligenter Mensch wie Frau N. immer wieder dieselben Fehler begeht, ihre eigenen intensiven Bemühungen zunichtemacht, sich selbst ständig schadet? Wieso lernt sie nichts aus ihren Niederlagen? Mit härtester Selbstdisziplin hatte sie eine anspruchsvolle Ausbildung absolviert – heute aber befindet sie sich in einer noch verzweifelteren Lage als viele Bewohner von Notunterkünften. In nicht ermüdender Hoffnung auf ihr persönliches Glück investierte sie Gefühl, Zeit, Anstrengungen und viel Geld in ihre Partnerbeziehungen – und immer war es dasselbe Muster: Alkohol, Gewalt, Entwürdigungen von seiten des Mannes, duldsames Tragen, illusionäres Verkennen der Wirklichkeit, Aufwachen ganz kurz erst vor ihrem eigenen Untergang, etwa angesichts einer drohenden Gerichtsverhandlung nach mehreren Ladendiebstählen. Letztere beispielsweise hatte sie, von ihrem Mann finanziell ausgeplündert, begangen, um der Tochter ein paar schöne Geschenke wenigstens zum Geburtstag machen zu können. Natürlich wurde sie gefaßt, ein Grund mehr, ihr das Kind zu nehmen und es dem Vater zuzusprechen. Heute ist es längst nicht mehr bei ihm, bleibt dennoch für sie unerreichbar.

41

Ich mache in meiner Arbeit sehr oft Bekanntschaft mit derartig extremen Handlungsweisen. Daß dabei Frau N.s Aktionen zwanghaft auf Situationen in Kindheit und Jugend verweisen dürften, hielt ich grundsätzlich für äußerst wahrscheinlich. Doch was mochte das ganz konkret sein, woher stammte dieses Bestraftsein auf Lebenszeit? Frau N. war viel zu dezent und viel zu sehr verstrickt in ihre Sündenbockhaltung, als daß sie einen gründlicheren Klärungsversuch hätte zulassen können. Sie gab aber einige Hinweise, bei denen ich aufgrund mancher Vorerfahrungen aufhorchte: die Peitsche über der Kinderzimmertür, der bizarre Geiz gegenüber den Kindern bei gleichzeitigem Reichtum der Familie, der nebensächlich wirkende Hinweis auf den Erwerb der elterlichen Firma »so Ende der Dreißigerjahre«, die Klagen des Vaters über seine »ungerechte Kriegsgefangenschaft in Dachau« – das heißt, er war in Wirklichkeit im Internierungslager für Nazis – der Judenhaß der Mutter, sein bloßes grimmiges Lachen bei »solchen Themen«, Frau N.s Alpträume über KZ-Häftlinge, die sie nur als weiteres Zeichen ihrer eigenen »Minderwertigkeit« sah, nicht dagegen als Hinweis auf eine verborgene Realität ihrer Herkunftsfamilie.

Ein genaueres Gespräch darüber war mit ihr nicht möglich. Jede Entlastung hätte ja zugleich die Belastung ihrer Eltern bedeutet. Trotz allem, was diese ihr angetan hatten, oder gerade deshalb war sie zutiefst an sie gebunden. Und doch hatte sie schon genug mitgeteilt, daß ich mir in Grundzügen ein Bild von der wirklichen Schuld in ihrer Familie machen konnte. Der »Erwerb« der Firma beruhte ganz offensichtlich auf »Arisierung jüdischen Eigentums«, ein Thema, das bis heute allgemein verleugnet wird. Die Firma war der Dank für »langjährige Verdienste« beider Eltern als aktive Nazis in herausgehobenen Positionen. Sie blieben der Ideologie zeitlebens verhaftet – und der Praxis auch, wie sich gegenüber ihren Kindern zeigte. Sie hatten viel in jener Zeit »gewonnen«, waren »wer« gewesen, hatten »Verbindungen fürs Leben« aufbauen können, stecken bis heute voller Wut und Ressentiments wegen der verlorenen Machtfülle, und dafür mußten die Kinder büßen.[15]

Entscheidend wichtige Bereiche wie die Herkunft des Vermögens wurden also verschwiegen, doch Frau N. scheint gerade davon unterschwellig viel »mitbekommen« zu haben. Es liegt nahe, in ihren extrem destruktiven Aktionen eine unbewußte Übernahme von etwas »Fremdem« zu vermuten, von etwas, das direkt gar nicht sie selber betrifft, insbesondere von der Schuld ihrer Eltern. Es wäre aber verkürzt, sie nur als das Opfer ihrer Familie zu sehen. Denn indem sie alle Aufmerksamkeit auf sich lenkte, hielt sie sich und andere davon ab, hinter die Fassade von Biederkeit und Gemeinsinn (einschließlich Bundesverdienstkreuz) der Eltern zu schauen. Sie erweist sich auf diese Weise im Ergebnis ihres Handelns auch als eine Komplizin ihrer Eltern.[16]

Es gab und gibt seit 1945 unzählige Menschen wie Frau N. Einige von ihnen finden den Weg in Beratung und Therapie; sie sind meine Hauptzeugen in diesem Buch. Andere haben sich umgebracht oder wurden chronisch krank oder »verrückt«. Ich denke an den Satz von Frau Gerlicher:[17] »Die bundesdeutsche Psychiatrie ist voll mit Menschen, die nicht bereit waren, die ›Ver-rücktheit‹ des dritten Reiches, ihre direkte Vergangenheit und die ihrer Eltern mit dem Deckmantel der Scheinnormalität zu umhüllen.« Viele dieser Menschen agieren fortwährend so, daß sie sich selber schaden in einer Weise, die zutiefst an ihre Existenz rührt. Gesundheit, Sorgerecht für die Kinder, Beruf, Vermögen, soziales Ansehen werden systematisch aufs Spiel gesetzt. Und sie ruinieren ihre eigene Zeugenschaft.

Den eigenen Anteil daran möchte ich noch etwas mehr beleuchten, gerade weil auch wir Nazi-Nachkommen uns häufig als »Opfer der Umstände«, insbesondere als »Opfer unserer Eltern«, sehen. Ich komme auf Lichtenstein zurück. Der Spiegel, von dem er sprach, ist nicht etwas bloß von außen Bestimmtes, besteht nicht allein in der »mütterlichen libidinösen Bezugnahme.« Er ist vielmehr das »sensorische Ansprechen des Säuglings« darauf. Beide Seiten konstituieren den Spiegel. Das ist ein untrennbar ineinander verschränkter Vorgang. Hier liegt der Unterschied zu allen mechanistischen Modellen seelischen »Funktionierens«, die es übrigens auch auf psychoanalytischer Seite gibt. Deshalb ist es so wichtig, sich Lichtensteins Formulierung genau vor Augen zu halten. Und sie deckt sich darin mit den Zitaten von Lorenzer. Auch dieser sieht die tiefe Gemeinsamkeit zwischen Kind und Umgebung, spricht von »Szenen«, »Zusammenspiel von ›Innen‹ und ›Außen‹«, von »Niederschlägen«, die zugleich »Entwürfe« sind, von »Interaktionsformen«. Damit aber geht es entscheidend auch um unseren eigenen Anteil, um unsere Aktivität, um unseren Beitrag, den Bezug zwischen Menschen zu stärken oder zu zerstören, um unsere Entscheidungen hinsichtlich Täterschaft und Komplizenschaft.

Gerade in diesem aktuellen Spannungsfeld hat Psychotherapie, wie ich sie verstehe, ihren Platz. Wären wir Menschen nicht von vornherein auf Interaktion angelegt, auf Dialog, dann könnte nur so etwas wie »Umdressierung« erfolgen. So aber stellt die therapeutische Situation in ihrer auf Zwischenmenschlichkeit angelegten Struktur einen Anklang an die Grundverhältnisse unseres Lebens dar. Auf diesem Boden können frühe Szenen wiederbelebt werden, können »Inszenierungen« zustande kommen, deren eine Seite ihr uns oft erschreckender Wiederholungscharakter ist, deren andere aber in der Möglichkeit zu neuen Wegen besteht. In diesem Spannungsverhältnis verläuft unser ganzer Lebenszyklus. Weder sind wir »grenzenlos frei« und ausschließlich »wir selber« noch aber auf immer »schicksalhaft vorbestimmt«. Unter den Bedingungen von einigermaßen gelingender Interaktion werden wir allenfalls in Teilbereichen unseres Lebens von »Mechanismen« bestimmt sein. Wir haben Platz für Stellungnahmen, für eigene Entscheidungen – und dies auch was unser Nazi-Erbe betrifft. Das zeigen Erfahrungen, über die ich im weiteren berichten werde. Sie zu betonen, ist wichtig, gerade um die Wiederholungszwänge nicht gar zu mächtig erscheinen zu lassen. Sie sind es nur, wenn wir nichts dagegen tun, wenn wir nicht widersprechen.

3   Loyalität lebenslänglich

Was wir als Kinder alles mitbekommen haben und wie wir uns in den Schienen unserer Eltern bewegen, verstehen wir noch genauer mit Hilfe des Konzepts der Loyalität. In sehr fundierter Weise wird diese oft übersehene Thematik im Werk des schweizerisch-nordamerikanischen Psychoanalytikers Léon Wurmser nachvollziehbar.

Tiefe Loyalitätskonflikte gehören für ihn mit zu den entscheidenden Quellen schwerer neurotischer Störungen. Sie machen die Grundlage auch für vielfältige Spaltungsvorgänge aus, die ansonsten oftmals in der Psychoanalyse für so etwas wie die »letzten Ursachen« angesehen werden. »Die Ich- und die Identitätsspaltung sind ein Ergebnis, nicht die Ursache.«[1]

Gemeint sind Konflikte aus Loyalitätsverpflichtungen, die in früheste Entwicklungszeiten zurückreichen und von dementsprechend umfassendem, globalem, gebieterischem Charakter sind, entstanden in einer Zeit, als unsere Persönlichkeit bei weitem noch nicht genügend ausgebildet war, um »Stellung beziehen«, differenzieren, abmildern zu können. Es geht um Verpflichtungen, deren Erfüllung oder Verletzung über Leben und Tod hat entscheiden können. Wie weit dies »nur« im damaligen und sich erst ausbildenden subjektiven Erleben so aussah oder ob nicht doch auch auf einer ganz realen Ebene Grund bestand zur Angst, vernichtet zu werden, ist oftmals schwer zu entscheiden. Die Bedeutung dieser Konflikte jedenfalls, so Wurmser, sei nicht genügend beachtet worden, »nämlich die Einbeziehung des Über-Ich nicht nur als eine strafende Instanz, sondern als eine, die Treue und Gehorsam gegenüber einer äußeren Gestalt verlangt. Dazu kommt... die Verinnerlichung dieser Beziehung – daß man sich selbst, d. h. bestimmten höchst gestellten Werten und Idealen, die Treue wahren muß: Die Treuewahrung bedeutet auch hier Ehre, die Verletzung dieser Selbstloyalität tiefste Scham.«²

Wenn Wurmser mit seinen Erfahrungen aus langdauernden individuellen Psychoanalysen in den USA Loyalität als eines der grundlegendsten Momente unseres Lebens herausarbeitet und dabei von »Treue« spricht, so denke ich sofort an die Inschrift auf den Koppelschlössern der SS-Leute: »Meine Ehre heißt Treue.« Gerade bei der Lektüre des hier nur anzudeutenden Werkes von Wurmser wurde mir deutlich, daß dieser Satz, wie vieles bei den Nazis, keineswegs nur oberflächliche Propaganda war, sondern einem erstaunlichen Gespür für die zentralen Themen menschlichen Lebens entsprang. In vielem verfügten sie über eine weitaus »modernere« Psychologie, als in vielen Lehrbüchern zu finden ist.

Für das Thema der Identität, das eine von mehreren Leitlinien dieses Buches darstellt, führen Wurmsers Erkenntnisse zu Schlußfolgerungen von herausragender Bedeutung. In weiten Teilen der Psychoanalyse, besonders in der Tradition von Melanie Klein, sieht man die Spaltung als einen grundlegenden seelischen Vorgang an. Ich bin nie den Verdacht losgeworden, daß hier voreilig Halt bei einer quasi-biologisch vorgeformten Wahrnehmung von »guter« und »böser« Mutterbrust usw. gesucht wird. Ich möchte dagegensetzen, daß es sich auch hier um Interaktionen handelt, um Szenen, um konkret Menschengemachtes, um etwas gesellschaftlich und geschichtlich Mitbestimmtes. »Die Ich- und die Identitätsspaltung sind ein Ergebnis, nicht die Ursache«, so faßt Wurmser zusammen und sieht in der Loyalität des Kindes zu seinen Eltern, in seiner Bindung, in der Beziehung zwischen ihnen also, einen grundlegenden Vorgang, ohne daß dieser seinerseits die »letzte Ursache« sein müßte. Aber die Richtung ist deutlich: Es geht um die konkreten Interaktionen zwischen Eltern und Kind.

Ähnliche Einsichten finden sich bei Ivan Boszormenyi-Nagy, einem Pionier der Familienforschung, der sich zentral mit der Untersuchung familiärer Loyalitätsbindungen befaßt hat. Dazu veröffentlichte er zusammen mit seiner langjährigen Mitarbeiterin Geraldine Spark ein Buch mit dem bezeichnenden Titel *Unsichtbare Bindungen*. Die Autoren fassen dort zusammen:

»Loyalität, ein Schlüsselbegriff des vorliegenden Bandes, ist von uns als Motivationsdeterminante beschrieben worden, die eher multipersonale, dialektische als individuelle Wurzeln hat. Obwohl Loyalität etymologisch vom französischen *loi*, Gesetz, abgeleitet ist, liegt ihr wahres Wesen doch in dem unsichtbaren Geflecht der Gruppenerwartungen und nicht im sichtbaren Gesetz. Die unsichtbaren Fasern der Loyalität sind in der Blutsverwandtschaft, der Erhaltung biologischen Lebens und der Sicherung des Fortbestands der Familie auf der einen, in den erworbenen Verdiensten der Mitglieder auf der anderen Seite verankert. In diesem Sinne ist Loyalität verwandt mit einer Familienatmosphäre des Vertrauens, gegründet auf zuverlässiger Verfügbarkeit und erwiesenen Verdiensten der Mitglieder.«[3] Ich hebe hervor: Loyalität verweist auf Beziehung.

Diese Konzeption ist einer der wenigen über das Individuum hinausgreifenden humanwissenschaftlichen Ansätze, bei dem einerseits die Tiefendimension menschlichen Lebens nicht abgeschnitten wird, zum anderen aber auch nicht solch ein dubioses Gebilde wie ein »kollektives Unbewußtes« konstruiert wird. Viel nüchterner und wirklichkeitsnäher klingt dagegen: »Loyalität als Haltung des einzelnen schließt also Identifizierung mit der Gruppe, Vertrauen, Verläßlichkeit, Verantwortungsgefühl, gewissenhafte Pflichterfüllung, Treue und unerschütterliche Ergebenheit ein. Die Erwartungshierarchie der Gruppe hingegen ist gleichbedeutend mit einem ungeschriebenen Code gesellschaftlicher Regeln und Sanktionen. Die Verinnerlichung von Erwartungen und Geboten verleiht dem loyalen einzelnen psychisch strukturierende Kräfte, die für ihn ebenso zwingend sein können wie äußerer Druck für die Gruppe. Ohne einen berechtigten Anspruch auf das Tiefen-Loyalitätsempfinden ihrer Mitglieder vermag keine Gruppe einen stark motivierenden Druck auf dieselben auszuüben. Mit unserer Meinung, das Verstehen von Loyalitätsbindungen liefere den Schlüssel zu wichtigen verdeckten Systemdeterminanten der menschlichen Motivation, weichen wir natürlich von der herkömmlichen Meinung ab, daß die Tiefen-Motivationen auf die Psychologie des Individuums beschränkte Triebfedern seien. Aus unserer Auffassung folgt, daß es einer befriedigenden Beziehungstheorie gelingen muß, das individuelle Motivationskonzept mit dem des Mehrpersonen- oder Beziehungssystems zu vereinigen.«[4] Das Spannungsverhältnis zwischen der Betrachtung des einzelnen und seiner Umgebung wird also nicht nach einer Seite hin verkürzt.

Die Verknüpfung zwischen beiden Bereichen hat viel mit Bezügen zu tun, die wir üblicherweise eher dem Bereich der Ethik zuzuordnen gewohnt sind: »Vertrauenswürdigkeit birgt also den Begriff erwiesenen Verdienstes in sich. Darüber hinaus verweist der Ausdruck ›zuverlässiger Rahmen des herrschenden Lebensstils‹ auf eine Quelle des Vertrauens in der sozialen Umwelt, außerhalb der Zweiheit Mutter-Kind. In dem Maße, in dem sich die elterliche Umwelt in den Augen des Kindes Vertrauenswürdigkeit ›verdient‹, wird das Kind zum Schuldner seiner Mutter und aller derjenigen, die ihm durch die Würde ihrer Absichten und Taten Vertrauen einflößen. Das System selbst beginnt, strukturierte ethische Forderungen und Erwartungen an das Kind zu stellen, lange bevor diese als solche von ihm bewußt wahrgenommen und als Verpflichtungen erkannt werden können. Darüber hinaus wird das Kind Zeit seines Lebens seinen Eltern und seiner Familie gegenüber in dieser existentiellen Dankesschuld stehen. Je vertrauenswürdiger die Umwelt war, um so mehr ist man ihr verpflichtet; je weniger man die empfangenen Wohltaten zu vergelten vermochte, um so höher wird die auflaufende Schuld«[5], wobei der Schuldbegriff hier also im Sinne des Gläubiger-Schuldner-Verhältnisses verstanden wird.

Dies sind Aussagen, die uns mehr davon ahnen lassen, wie tief wir unseren Eltern und deren Umwelt verbunden sind, welche unsichtbaren Bindungen dorthin bestehen. Wir befinden uns in einer »existentiellen Dankesschuld«, d. h. einer Verpflichtung, die in Zeiten und Verfassungen zurückreicht, bevor wir uns überhaupt abgegrenzt von der Umgebung wahrnehmen konnten. Zumindest als Aspekt gilt: Wir »sind« diese Verpflichtungen.

Gleichzeitig steckt in dieser so aufs »Allgemein-Menschliche« abzielenden Konzeption die Gefahr einer voreiligen Festlegung von »letzten Prinzipien«, so wie vorher hinsichtlich des Spaltungs-»Mechanismus« angedeutet. Deshalb gebe ich wieder, was Frau Gerlicher, von der ich später[6] berichte, zu dieser Stelle vermerkte.

»Ich frage mich, ob man wirklich zum Schuldner wird, soweit einem Vertrauenswürdigkeit geboten wurde. Befriedigte Beziehungen lassen keine Schulden offen. Ist die Umgebung vertrauenswürdig, entwickelt das Kind, der Mensch, Vertrauen, aber doch nicht Schuld. Ich glaube, einer wirklich vertrauenswürdigen Umgebung bleibt man nicht verpflichtet, man ist ihr bewußt dankbar, bleibt freiwillig verbunden, weil Dinge, Werte, Menschen als gut erkannt wurden. Die Verpflichtung, die Schuld, entsteht doch häufig da, wo Mißtrauen war, Ausbeutung, Verlassenheit. Das Kind schont und stützt seine Eltern ein Leben lang, wo sie versagt haben, weil es dort nicht frei werden konnte.« Das ist, zumal vor dem Hintergrund des Nazi-Reichs und seiner Folgen, ein bedenkenswerter Hinweis darauf, daß auch verdienstvolle psychologische Theorien Anteile enthalten können, wo Merkmale Schwarzer Pädagogik in den Rang wissenschaftlicher Konzepte gehoben werden.

Boszormenyi-Nagy und Spark fahren fort: »Eriksons ›zuverlässiger Rahmen des herrschenden Lebensstils‹, aber auch Bubers ›Gerechtigkeit der menschlichen Welt‹ besagen, daß eine Vielzahl von mehrere Generationen umspannenden, persönlichen Beziehungen erforderlich sein kann, um eine Atmosphäre des Gleichgewichts zwischen Vertrauen und Mißtrauen herzustellen.«[7]

Eine »Atmosphäre des Gleichgewichts zwischen Vertrauen und Mißtrauen« als das uns unbewußt Tragende, als etwas über Generationen in einer unendlichen Zahl von Aktionen des Gebens und Nehmens Gewachsenes, das ist ein Untergrund unseres Handelns und Seins, den wir uns wohl nur selten in seiner Bedeutung klar machen. Wir alle sind Erben und sind längst in die Erbschaft hineingewachsen, bevor wir sie überhaupt und auch nur in Ansätzen wahrnehmen können.

Diese Bindungen sind so stark, so grundlegend und für uns so selbstverständlich, daß wir vieles davon kaum je wahrnehmen. Am ehesten werden sie uns sichtbar, wenn jene Balance gestört ist.

Doch selbst dann kann es schwierig sein, sie zu erkennen, denn selbst im Falle harter Konflikte mag der Schein sehr täuschen: »Was ... wie ein brutaler Kampf zwischen den Mitgliedern aussehen mag, kann in Wirklichkeit, auf Grund des gegenseitig zugefügten, also gemeinsam ertragenen Elends und Leidens, einen Zuwachs an Vertrauen und Loyalität bedeuten; dabei läuft dann alles auf eine Art von ›Zusammenrücken‹ hinaus.«[8] »Der Kampf um die Loyalitätsverpflichtungen tobt meist in der Tiefe, und selbst für die unmittelbar Beteiligten sind nur seine sekundären Merkmale in Form von Rationalisierungen erkennbar... Durch Ehen, Liebesaffären, Liebhaber und homosexuelle Partner wollen Jugendliche und junge Erwachsene – oft unbewußt – die Loyalitätsverpflichtung ihren Eltern gegenüber eher stärken als ersetzen. Wenn sie mit diesen Beziehungen vor den Eltern paradieren, so wollen sie vielleicht die alte Anhänglichkeit nur verstärken, indem sie sie einer Herausforderung aussetzen und die Eifersucht der Eltern provozieren. Aus den lautstarken Auseinandersetzungen, die oft auf eine unmittelbar bevorstehende Trennung des jungen Erwachsenen von seiner Herkunftsfamilie hinzudeuten scheinen, kann der außenstehende Beobachter das Ausmaß der darunter verborgenen unverbrüchlichen Loyalität häufig nicht erkennen.«[9] Ebenso wird allerdings oft auch umgekehrt übersehen, welches Maß an Ablösung aus destruktiven Beziehungen darin steckt.

In verschärfter Weise und gerade im Sinne dessen, was Frau Gerlicher anmerkte, gelten diese Erkenntnisse, wenn wir die Aus- und Fortwirkungen deutscher Geschichte zu erforschen versuchen. Dazu gebe ich folgendes Beispiel.

Mutter und zwölfjähriger Sohn sitzen bei mir in der Beratungsstelle. Ich kenne sie seit Jahren. Immer wieder in Krisenzeiten wenden sie sich an mich. Kurz vorm Herkommen hatte es heute einen Streit mit dem Vater gegeben. Der Mutter laufen Tränen herunter. Sie stammelt dazu eine Entschuldigung. Sie sei entsetzt über ihre eigene Unfähigkeit, die Familienprobleme endlich zu lösen. Dabei sind diese wirklich sehr verwickelt. Der Junge hält sich die Hand vor die Augen. Allmählich merke ich, daß auch er weint. Lange kann er nichts dazu sagen, hat sofort Kopfschmerzen. Es ist wegen des Vaters. Er habe diesen doch nur gefragt, wann er abends nach Hause käme. Da hätte der ihn angebrüllt, das sei seine eigene Sache. Ich bin überrascht angesichts dieser Offenheit, dieser Kritik am verehrten Vater. Und sofort ist der Junge beim älteren Bruder und beklagt, wie sehr er sich von diesem mißachtet fühle. Mir fällt ein, daß in der letzten Stunde gerade dieses Thema im Mittelpunkt stand, auch damals unter Tränen, und daß ich mich da schon fragte, ob er mit den Klagen über seinen Bruder nicht wesentlich den Vater vor Kritik zu schützen suchte. Ging ihm die Loyalität zu diesem über alles?

Genau das wird nun durch sein Ablenken noch weiter nahegelegt. Ich äußere diese Vermutung, Sohn und Mutter nicken. Ihm fällt es gar so schwer, den Vater vor mir, dem Außenstehenden, vom Podest zu holen.

Und genau dasselbe gilt, wie wir früher schon herausgefunden haben, auf seiten der Mutter in bezug auf ihre eigenen Eltern, besonders den Vater. Sie hat ihn von klein auf mit jeder Kritik verschont, sich lange Zeit nicht zu distanzieren gewagt, macht dies bis heute nur mit Zittern und Zagen. Mutter und Sohn stellen beide den Schutz des jeweiligen Vaters über die eigenen Belange. Und im Alltag sind sie es, die von allen Seiten Kritik provozieren, die Pfeile auf sich lenken, von denen zumindest ein Teil eigentlich dem jeweiligen Vater gelten müßte. Es ist ein nur schwer entwirrbares und noch schwieriger zu veränderndes Drama, was sich auch darin ausdrückt, daß Mutter und Sohn nur mit langen Unterbrechungen bei mir ein wenig Hilfe suchen können.

Über die hier angedeutete Stunde dachte ich zunächst nur deshalb zu berichten, weil sie der ersten Abfassung dieses Kapitels wenige Tage vorausging. Ich wollte sie als ein Beispiel für das allgemeine Wirken von Loyalität einbringen, unabhängig von geschichtlichen Hintergründen. Beim Schreiben aber hielt ich verblüfft inne: Es lagen in Wirklichkeit bei dieser Familie sehr wohl solche Zusammenhänge vor! Deren Existenz war mir sogar seit langem bekannt, nur hatte ich das jetzt völlig ausgeblendet. Es gibt viel Anlaß zu der Vermutung, daß der von dieser Mutter so idealisierte Vater im Krieg an Verbrechen beteiligt war. Er hat über diese ganze Zeit in auffälliger Hartnäckigkeit geschwiegen und hat Deutschland nie wieder verlassen, lebt in seinem Haus wie in einer Festung. Insgesamt handelt es sich um eine Familie, bei der in extremer Weise eine Atmosphäre von Heimlichkeit, von Scheu vor den Blicken anderer, von Verbergen und von Zwanghaftigkeit auffällt. Angesichts dessen sind die zaghaften Klärungsversuche der Mutter gegenüber ihren

Eltern in Wirklichkeit äußerst mutige Schritte zur Lösung aus einem Würgegriff.

Dies alles war mir bekannt und darüber hinaus noch ähnliche Hintergründe beim Ehemann. Und doch hatte ich diese Zusammenhänge ausgeblendet. Ich dachte ein allgemeines Beispiel zu geben und befand mich in Wirklichkeit mitten in einer Nazi-Thematik. Das mußte doch auch mit mir selber und meinen eigenen Loyalitätsverpflichtungen zu tun haben, mit eigenen verinnerlichten Verboten, den Vater, die Eltern, Verwandte oder Lehrer mit kritischen Fragen vom Podest zu holen. Und als müßte ich mir diese Eigenbeteiligung nochmals beweisen – beim Überarbeiten dieses Kapitels, einige Monate später, konnte ich lange Zeit nicht darauf kommen, um welche Klientenfamilie es sich handelte. Ich hatte ein diffuses Bild des weinenden Jungen mit seiner Mutter vor Augen, suchte vergeblich in meinen Unterlagen, bis die Erinnerung schließlich doch wieder aufstieg. Und nochmals war ich erstaunt, denn diese Familie kannte ich seit Jahren. Ich war also in die Vernebelungsstrategien verstrickt, der Therapeut als Komplize.

Wie sehr das Thema der Loyalität in diesem Zusammenhang mich selber als Nachgeborenen betrifft, ist mir natürlich seit langem klar. Daß es aber so konkret in Form von wiederholtem Erinnerungsverlust in meine psychologische Arbeit eingreift, überrascht mich jedesmal von neuem und läßt mich zugleich die enorme Macht von Loyalitätsverpflichtungen immer noch umfassender begreifen. Sie gelten innerhalb der Familien, darüber hinaus in Kontakten von Alltag und Beruf, wirken auch in therapeutischen Beziehungen. Familie ist nun einmal »das konservativste aller Beziehungssysteme«[10], Loyalitätsbindungen sind »das A und O des Fortbestands der Gruppe«[11] und so tief in uns verwurzelt, daß wir nicht einmal im Selbstmord »frei« von ihnen werden könnten, eher im Gegenteil. Diese Gebundenheit hat für uns Nazi-Nachgeborene eine noch gesteigerte und sehr spannungsreiche Bedeutung.

Denn wir sind hin und her gerissen zwischen unserer positiven Verbindung zu den Eltern, die uns ins Leben gebracht haben, und unserer intuitiven Wahrnehmung ihrer ganz anderen Bezüge, bis hin zum industriellen Massenmord und zur bedenkenlosen Gewaltherrschaft und Welteroberung, zum »Wahnsinn der Normalität des Dritten Reichs«. Von dieser dunklen Seite unserer Eltern und unserer sonstigen Bezugspersonen haben wir möglicherweise, wie ich es in den vorausgehenden Kapiteln zu zeigen versuchte, viel mitbekommen, sind dem vielleicht noch verhaftet. »Die Schienen der Eltern sind auch die Schienen der Kinder«, so hieß es im letzten Kapitel mit Blick auf die Wiederholungszwänge.

Ist damit nun eine ausweglose Verkettung gemeint? Haben wir in den Loyalitätsverpflichtungen so etwas wie einen Grundtatbestand der menschlichen Natur vor uns, über den wir überhaupt nicht hinaus können? Sind wir also schicksalhaft auf diese Schienen gestellt? Bei verkürzter Betrachtung der Darlegungen dieses Kapitels könnten wir so etwas annehmen. Doch würden wir eines übersehen: Die Loyalitätsverpflichtungen sind etwas zwischen Eltern und Kindern Hergestelltes. Für sie gilt genau das, was ich zuvor zur Entwicklung menschlicher Identität gesagt hatte: Es handelt sich um ein zutiefst verflochtenes Wechselspiel. Und darin ist auch unser eigener aktiver Anteil enthalten.

Während Loyalität dieses Wechselspiel etwas stärker aus der Perspektive des Kindes beleuchtet, wird mit dem Konzept der *Delegation* mehr der – unter Umständen destruktive – Einfluß der Eltern hervorgehoben, also die von ihnen ausgehenden Loyalitätsverpflichtungen. Beides gehört aber untrennbar zusammen.

Besonders der bekannte Familienforscher Stierlin war es, der uns mit dem Begriff der Delegation vertraut gemacht hat.[12] Er meint damit folgendes: »Ein Kind (vorzugsweise ein Jugendlicher), das ›delegiert‹ wird, erhält die Erlaubnis und Ermutigung, aus dem elterlichen Umkreis herauszutreten – aber nur bis zu einem gewissen Punkt. Es wird sozusagen an langer Leine gehalten, und seine Freilassung erfolgt nur bedingt und begrenzt. Eine solche spezielle Bedingung ist bereits in dem ursprünglichen lateinischen Verbum *delegare* enthalten, das erstens aussenden und zweitens mit einer Mission betrauen bedeutet. Letzteres besagt, daß der Delegierte zwar fortgeschickt wird, aber dem Sender verpflichtet bleibt. Das ist nur möglich auf der Grundlage einer starken, obwohl oft unsichtbaren und selektiven Loyalität. Im typischen Falle hat der Delegierte lebenswichtige Aufgaben für seine Eltern zu erfüllen. Es können Aufträge auf der Es-Ebene sein, z. B. wenn der Delegierte Vater oder Mutter mit ›Es-Nahrung‹ versorgt, welche diese aus irgendeinem Grunde sich nicht selbst verschaffen können und daher mittelbar erlangen müssen. Dann erregt das Kind etwa die Phantasie von Vater oder Mutter durch Andeutungen oder auch farbige Beschreibungen seiner Abenteuer – z. B. seiner Sex-Orgien oder Drogen-Parties – und beliefert sie so mit Lusterlebnissen aus zweiter Hand. Oder aber der Delegierte hat Missionen im Ich-Bereich zu erfüllen, z. B. wenn er die Abwehrorganisation seiner Eltern aufrechterhalten hilft, indem er das schwache Ich von Vater oder Mutter zu ›schützen‹ und zu stützen hat, indem er ihnen Konflikte und Ambivalenz erspart. Schließlich kann er auch dem Über-Ich der Eltern zu dienen haben, das sich nach Freud in Ich-Ideal, Selbstbeobachtung und Gewissen aufteilt... Wenn es sich um das Ich-Ideal des betreffenden Elternteils handelt, wird das Kind ins Leben hinausgesandt, um die unerfüllten Strebungen von Vater oder Mutter zu verwirklichen... Handelt es sich um die Selbst-Beobachtung und Selbst-Bestätigung der Eltern, so kann es die Mission des Kindes sein, ein Gegenbild der Schlechtigkeit zu liefern (das die Eltern betrachten und von dem sie sich leichter distanzieren können als von ihren eigenen unbewußten inneren Tendenzen)[13]...Schließlich kann das Kind vor allem die Aufgabe haben, das überstrenge Gewissen eines Elternteils zu erleichtern, z. B. indem es kriminelle Handlungen begeht und sühnen muß, die jener in der Tat oder der Phantasie nach begangen hat, jetzt aber ableugnet.«[14]

Die Bindung zwischen Eltern und delegiertem Kind erhält, ähnlich wie bei Boszormenyi-Nagy und Spark, eine besondere Intensität durch das dieser Delegation zugrundeliegende »Element des Ethischen«. »Es ist in diesem Begriff eine Dimension des Vertrauens, der Verpflichtung, der persönlichen Bedeutung und Treue enthalten, kurz eine vertragsartige, ethische Dimension... Zwei Aspekte dieser ethischen Dimension sind auffallend: die persönliche Loyalitätsbindung, auf der die Missionen sich gründen, und die seelische Ausbeutung, die in den Missionen oft impliziert ist.«[15]

Den erstgenannten Aspekt hat Stierlin an anderer Stelle[16] zusätzlich erläutert. Er spricht dort von einem Bedürfnis nach Delegierung auf seiten des Kindes. »Ich glaube nämlich, daß Kinder danach verlangen, als Delegierte ihren Eltern dienen zu können. Im Rahmen solcher Dienstleistung erhält ihr Leben seine Richtung, gewinnen sie selbst eine primäre Identität, ein Bewußtsein der eigenen Wichtigkeit und ein Gefühl der eigenen Sendung. All dies sind, meine ich, Aufgaben, derer Kinder dringend bedürfen.«[17] Ich ziehe es allerdings vor, hier von einem tiefen Bedürfnis nach Verbundenheit zu sprechen, während Delegation doch viel mit Ausbeutung zu tun hat.

Diese letztgenannte Dimension wird in einer etwas anderen Begrifflichkeit in Horst-Eberhard Richters klassischem Buch *Eltern, Kind und Neurose* von 1963 gestreift. Er verwendete dabei nicht den Delegations-, sondern den Rollenbegriff, den er aber im Unterschied zum üblichen Gebrauch in den Sozialwissenschaften psychoanalytisch fundierte und der dem der Delegation sehr nahe kommt:

»Als kindliche Rolle sei in dieser Untersuchung das strukturierte Gesamt der unbewußten elterlichen Erwartungsphantasien gemeint, insofern diese dem Kind die Erfüllung einer bestimmten Funktion zuweisen... Die Rolle des Kindes bestimmt sich also aus der Bedeutung, die ihm im Rahmen des elterlichen Versuches zufällt, ihren eigenen Konflikt zu bewältigen.«[18] Das Kind, so füge ich hinzu, wird also ausgebeutet, wird für etwas benutzt, das die Eltern zu leisten nicht in der Lage sind. Ihrem Verflochtensein mit gesellschaftlichen und historischen Hintergründen messe ich dabei eine hohe Bedeutung bei.

Ich nehme Richters Rollenbegriff zusammen mit dem bereits zitierten Satz von Stierlin, wonach das Kind die Aufgabe haben kann, Handlungen zu begehen und zu sühnen, die ein Elternteil »in der Tat oder der Phantasie nach begangen« hat. Es stellt sich die Frage, ob dies nicht in großer Zahl insbesondere nach 1945 »geschehen« ist. Die Unzahl der zuvor verübten Verbrechen, die Unzahl der sie Planenden, Ausführenden, Zuschauenden, Wegschauenden, wie auch das gewaltige Ausmaß der anschließenden Verleugnung legen nahe, danach zu fragen, welche Aufgaben, welche Missionen dieses Millionenheer von Tatbeteiligten und anschließend zur »Konfliktverarbeitung« sich so »unfähig« Gebenden seinen Kindern übertragen hat.

Bei aller Klarheit dieser Fragestellung ist es zugleich unglaublich schwer, konkret etwas darüber zu erfahren. Wenn heutige Eltern mit ihren Kindern zu mir in die Beratungsstelle kommen, können wir bei einigermaßen günstigem Verlauf manche Delegationen herausarbeiten und deren schädliche Anteile lokkern. Was für unbewußte Erwartungen aber an diese Eltern wiederum gerichtet wurden, dies schlägt sich zwar in ihrem Verhalten allgemein und ganz besonders ihren Kindern gegenüber nieder und bringt mich immer wieder auf Vermutungen in Richtung auf die Nazizeit und noch weiter zurück, aber jene Großeltern sind nur selten erreichbar.

Und doch, mit einiger Beharrlichkeit und inzwischen geschärften Ohren lassen sich manche Zusammenhänge aus dem Dunkel der Verleugnung ins Bewußtsein heben. Eine solche Rekonstruktion steckt in einem Bericht, den ich bereits früher veröffentlicht habe[19], der mir in seiner Bedeutung gerade hinsichtlich einer über mehrere Generationen hinweg reichenden Delegation inzwischen noch deutlicher geworden ist. Diese Seite hebe ich im Folgenden besonders hervor.

Ilona, vier Jahre alt, wurde mir von ihrer Mutter vorgestellt wegen leichteren Schlafstörungen, Einnässen, gelegentlichen aggressiven Ausbrüchen im Kindergarten. Alle diese Schwierigkeiten seien erst in den letzten zwei bis drei Monaten aufgetreten. Gründe dafür sah die Mutter beim besten Willen nicht. Nach längerem Befragen, das mir selber schon unangenehm war, kam plötzlich eine Erleuchtung. Der Vater dieser Frau, also Ilonas Großvater, der damals gerade gestorben war, zu dem das Mädchen aber keinen Bezug gehabt hätte, war keineswegs die Randfigur der heutigen Familie, als den Frau A. ihn zunächst hingestellt hatte: »Es stimmt nicht, daß ich keine Beziehung zu meinem Vater hatte. In Wirklichkeit habe ich ihn gehaßt!« Sie sei 1944 auf die Welt gekommen, als zweite Tochter, dies zur riesengroßen Enttäuschung des Vaters, der sich sehnlichst einen Sohn und dem Führer einen Soldaten gewünscht hatte. Sie hätte das bis ins Erwachsenenalter zu spüren bekommen, mußte bei Tisch neben ihm sitzen und wurde stellvertretend noch für ihre Geschwister bestraft: »Bei jedem Essen bekam ich das Gesicht in die Suppe!« Auch in späteren Zeiten behandelte der Vater sie mit erbarmungsloser Härte, und die Mutter stand dabei.

Der einzige Mensch in ihrer Familie, an dem sie gehangen hätte, sei ihr jüngster Bruder gewesen. Doch der hätte vor zehn Jahren Selbstmord begangen. Auch hier fragte ich eher zögernd nach, wollte nicht indiskret sein, und immerhin ging es doch um

Ilona und nicht um die ganze Familiengeschichte von Frau A. Sie berichtete aber bereitwillig weitere Einzelheiten und dann – daß er zur Rote-Armee-Fraktion (RAF) gehört hatte! Allerdings, Gewalt hätte er selber nicht ausgeübt.

Ich fragte mich sofort, um was für Delegationen es sich hier gehandelt haben könnte. Mir stand vor Augen, daß gerade RAF-Verstrickungen auf Nazi-Wurzeln in der familiären Vorgeschichte hinweisen können. Es ist ja bekannt, daß extreme politische Ausrichtungen unter Umständen aus einer Gegenposition zu den Eltern entstehen. Und der Vater hatte doch dem Führer unbedingt noch einen Soldaten schenken wollen, verhielt sich seiner Tochter gegenüber ausgesprochen »nazihaft« hart, war vielleicht ein fanatischer Nazi gewesen. Ich erkundigte mich also, was er in diesen Zeiten gemacht und erlebt hätte. »Er hat immer betont, daß er nicht in der Partei war. Darauf war er stolz. Und im Krieg ging es ihm auch nicht schlecht, da war er nicht besonders in Gefahr. Das hat besonders meine Mutter immer wieder hervorgehoben. Sie sei so froh gewesen, daß er in der Führerstaffel flog.«

Führerstaffel? Dieses Wort hatte ich noch nie gehört. Frau A. erklärte mir, das seien die Flugzeuge gewesen, die für Hitler und seine Begleitung zur Verfügung standen. Also hatte er direkt mit Hitler zu tun? Ja, er hätte ihn oft geflogen, später auch gern Fotos herumgezeigt, auf denen er mit ihm zu sehen war. Als ich meinte, daß er sich doch dann als jemand ganz Besonderes gefühlt haben müsse, denn immerhin sei das Leben des allmächtigen Führers in seiner Hand gewesen, fiel ihr ein, er habe später oft »im Scherz« gesagt: »Ich und der Führer…«

Hier haben sich also, wie man leicht nachvollziehen kann, Größenphantasien in dem Vater entwickelt, die dann 1945 in nichts zusammenbrachen.[20] Daraus läßt sich rekonstruieren, wie die kleine Tochter in dieser Situation für ihn wahrscheinlich ein Mittel darstellte, den überwältigenden Verlust notdürftig zu »verarbeiten« – indem er sie mit dem Kopf in die Suppe drückte und sich so noch den Anschein von Macht erhielt. Sie mußte büßen, und zwar nicht nur direkt durch den Vater, sondern sie war offensichtlich von ihm dazu »ausersehen« gewesen, als völlige Versagerin zu enden, etwa indem er ihr in der Ausbildung jegliche Unterstützung versagte. Sie sollte seine Delegierte als »Schandfleck der Familie« sein. Wenn sie diese Rolle ausfüllte, würde er sich davon distanzieren und sich auf diese Weise auf sicherem Boden fühlen können.

Die Schatten dieser Vergangenheit reichten darüber hinaus bis zu Ilona. Erst mit der Einsicht in die »unsichtbare Bindung« der Mutter an deren Eltern wurde klar, wieso es für Ilona schon seit dem Alter von weniger als drei Jahren so außerordentlich wichtig gewesen war, auf keinen Fall als Junge angesehen zu werden. Sie bestehe mit einer Penetranz sondergleichen auf Kleidern und Röcken, selbst noch im tiefen Winter. Frau A. konnte das nicht begreifen. Ihr und ihrem Mann sei es aus tiefstem Herzen Wunsch gewesen, Kinder zu haben, das Geschlecht aber hätte für sie beide keinerlei Rolle gespielt. Das dürfe ich ihr wirklich glauben. Doch was ihr noch besonders eigenartig vorkomme, sei die Tatsache, daß Ilona trotzdem immer wieder für einen Jungen gehalten werde: »Da kann sie völlig nackt am Strand herumlaufen, und dann wird ihre Schwester aufgefordert, doch mal nach dem kleinen Bruder zu schauen!«

Hier handelt es sich offensichtlich um eine Delegation, die Wirkungen bis in die Enkelgeneration hat. Die kleine Ilona muß noch verbissen um ihre Identität als Mädchen kämpfen, kämpfen nicht gegen ihre wirklichen Eltern, sondern gegen ein Phantom. Was sie als Kind mitbekommen hat, muß etwas zu tun gehabt haben mit der brutalen Abwertung ihrer Mutter durch deren Vater und dem Zulassen dieser Abwertung durch dessen Ehefrau. Hierin dürften Gründe liegen, daß Ilona Schlafstörungen, Einnässen und aggressive Ausbrüche zeigte. Ich vermute, daß gerade angesichts der nicht greifbaren Beziehungen zum

Großvater dessen Tod sie zusätzlich durcheinandergebracht hatte, direkt oder vermittelt über unbewußt gebliebene Vorgänge in der Mutter.

Loyalität und Delegation als Beschreibungen tiefgehender Bindungen zwischen den Generationen sind Begriffe von enormer Spannweite, reichen sie doch von den unerläßlichen Bedingungen unseres spezifischen Menschseins bis hin zu Formen extremer Ausbeutung und Fremdbestimmung, geradezu psychischer Versklavung. In unserer Identität sind wir, wie ich im vorausgegangenen Kapitel verdeutlicht habe, unausweichlich auf die Menschen unserer frühen Jahre bezogen. Aus dieser Grundsituation können wir uns nicht entfernen. Wohl aber geht es in diesem ganzen Buch darum, Formen von Loyalität und Delegation sichtbar zu machen und an ihrer Überwindung zu arbeiten, in denen unter Anwendung massiver Machtmittel die Entwicklung des Kindes zu einer Person verhindert wurde, die mehr ist als nur das lebenslange Anhängsel ihrer frühen Umgebung.

Eine für die deutschen Verhältnisse nach 1945 besonders typische Form, derartige Loyalitätsbindungen herzustellen und aufrechtzuerhalten, beleuchte ich im folgenden Kapitel.

4 Die Täter als »Opfer« und die Verwirrung der Nachkommen

Erika Landau, israelische Psychotherapeutin, im Alter von 10 bis 14 Jahren im KZ, berichtet über diese Zeit: »Im November 1941 wurden wir ins KZ gebracht. Das war zwar kein Vernichtungslager, aber ein Lager, in das man uns eingesperrt hat, ohne uns etwas zu essen zu geben. Wir mußten uns selbst versorgen, und im ersten Winter starben die meisten. Dann wurden wir in ein anderes Lager gebracht, immer wieder in andere Lager, fünf- oder sechsmal. Es waren Lager, wo man jeden Freitag tausend

Leute abkommandiert hat, um sie zu erschießen. Jeden Donnerstagabend hing unser Leben an einem Haar. Und das ging so ein Jahr. Mein Vater sagte immer wieder, wenn wir die ersten sind, müssen wir nicht den ganzen Tag da herumstehen, wenn wir die letzten sind, sind wir wieder für eine Woche gerettet. In ihrer Pünktlichkeit haben die Deutschen immer nur bis zwei Uhr geschossen. So wurden wir zweimal wieder ins Lager zurückgebracht.«[1]

»Das Gefühl, zurück auf meine Pritsche im Lager zu gehen, nachdem ich den ganzen Tag zugesehen hatte, wie man Leute ins selbstgeschaufelte Grab hineinschoß. Das war kein Gefühl der Freude, überlebt zu haben. Das war ein Gefühl der Trauer und der Scham und des Schuldgefühls, daß ich zurück ins Lager gehen konnte und die anderen nicht.

Aber wie auch immer, ich habe das überlebt und konnte noch etwas aus meinem Leben machen. Daß ich heute anderen Menschen helfen kann, ist ein Geschenk, und ich bin dankbar dafür, daß ich noch arbeiten und auch genießen darf. Nicht, daß ich das Leben so herrlich fände. Aber im Vergleich zum Nichtleben ist es doch sehr viel.«[2]

Die Leiden der Opfer stehen in diesen wenigen Sätzen vor uns, wohl kaum wirklich nachvollziehbar, aber in Umrissen zu ahnen, wenn wir uns nicht gar zu sehr verschließen. Tausend Menschen an jedem Freitag, Woche für Woche, ein Jahr lang... Da ich Erika Landau indirekt über einen Kollegen kenne, ging mir dieser Bericht, auf den ich »zufällig« stieß, noch zusätzlich nahe.

Und mir stand in aller Eindringlichkeit vor Augen: »So waren viele, unter denen du aufgewachsen bist« – pünktlich, präzise, »effizient«, »unbestechlich«: »In ihrer Pünktlichkeit haben die Deutschen immer nur bis zwei Uhr geschossen.« Das ist ein fürchterlicher Satz. Daß Erika Landau dieser Pünktlichkeit das Leben verdankt, vermag ihm nichts davon zu nehmen. Nicht menschliche »Gnade«, nicht einmal Zufall waren der

Grund ihres Überlebens, sondern bloß das maschinenartige Funktionieren der industriellen Massenmörder.

Wenn wir uns Nazi-Täter vorstellen, dann sind es »KZ-Schergen«, »SS-Wüteriche« oder Hitler, Himmler, Goebbels. Und der ganze große »Rest« besteht aus mehr oder weniger »unschuldigen« kleinen Leuten, »Mitläufern«, wie das seit der »Entnazifizierung« heißt. Das ist eine extreme Verzerrung der Wirklichkeit. Im KZ Dachau beispielsweise waren nicht die »Bluthunde« unter den Bewachern am gefürchtetsten, sondern gerade die »unbestechlichen Pflichterfüller«.[3] Gegen sie hatte man keinerlei Chance.

Sie aber sind es, die nachher »nichts getan« hatten, denen nichts nachzuweisen war, die nur ihre »Pflicht« erfüllt hatten, etwa pünktlich bis um zwei Uhr. Ein »unbescholtenes Leben« haben sie in der Regel nach 1945 geführt, oftmals Karriere gemacht, Pensionen und ehrenvolle Nachrufe erhalten. Ist das alles?

Später in diesem Buch berichte ich über meine Klientin Frau Burgfeld.[4] Dort gebe ich einen Brief wieder, den sie von ihrem Vater erhielt, einem ehemaligen Waffen-SS-Mann. Er gehört zu denen, die »nichts gewußt und nichts getan« haben, rühmt sich aber bis heute seines besonderen Überblicks (woher denn?). Der Brief wurde 1990 geschrieben, nachdem die fast fünfzigjährige Tochter ihm einen Zeitungsartikel über Massaker einer Wehrmachtseinheit geschickt hatte. Seit längerem bemühte sie sich voll Ängstlichkeit, mit ihm ins Gespräch über die Nazi-Vergangenheit zu kommen. Sein Brief gab aber – mal wieder – keine einzige Antwort auf ihre konkreten Fragen.

Aus psychologischer Sicht ist er gerade deshalb ein Dokument ersten Ranges. Er steht für viele andere. Geschrieben hat ihn keine NS-Größe, sondern eben solch ein »winziges Rädchen der Maschinerie«, ein Waffen-SS-Mann, der nie über den Rang eines Unteroffiziers hinauskam. Einerseits hat er von nichts gewußt, und dann weiß er – gegenüber der Tochter – doch alles

63

besser. Seine Sicht hat als die korrekte zu gelten, eine andere hat nicht zu existieren – von den Opfern ganz zu schweigen. Der Brief enthält einen Appell nach dem anderen an das »Verständnis«, die Loyalität und Komplizenschaft der Tochter. Darin liegt seine vorrangige Wirklichkeit. In seiner geschwätzigen Bedrohlichkeit vermittelt er einen Eindruck von der gewalttätigen Wirklichkeitsverdrehung unzähliger NS-Täter gegenüber ihren Kindern, Schülern und sonstwie Abhängigen.

Diese Verkehrung der Wirklichkeit ist für deutsche Verhältnisse besonders unter einem Aspekt zu beschreiben: die Täter als »Opfer«. Ich zitiere aus diesem Brief die folgenden Sätze: »Liebe Tochter, auch ich trage an der Schuld, die wir auf uns geladen haben. Es wird immer in Kriegen zu solchen Ausschreitungen kommen – danach gibt es leider immer wieder das ›Wehe den Besiegten‹«. Der nach Einsicht klingende erste Satz wird sofort wieder aufgehoben. Das sei außerordentlich typisch für diesen Vater, bestätigte mir meine Klientin. Und dann folgt die eigentliche Aussage: Nur weil »wir« besiegt wurden, haben »wir« die Schuld zu tragen – als wäre Schuld eine Frage der Macht!

Bereits lange vor den Arbeiten an meinem Buch von 1988 war ich in Berichten von Klienten auf Täter-Opfer-Umkehrungen gestoßen. Sie erzählten beiläufig, wie sie als Kinder gebannt den Schreckenserzählungen ihrer Eltern aus dem Krieg zu lauschen hatten.[5] Dabei übersahen sie bis heute die Täterhaftigkeit dieser Erzählsituationen wie auch allgemeiner in ihrem Familienleben. Es handelt sich hier um eine außerordentlich wirksame Art der Mystifikation, der Vernebelung. Sie ist nicht nur in Familien an der Tagesordnung, sondern auch in Schulen oder Universitäten. Man findet sie in der Publizistik und in Aussagen zur Politik, vom Stammtischgeschwätz bis zur berüchtigten Jenninger-Rede.

Ich möchte dies etwas ausführlicher mit dem folgenden Beispiel verdeutlichen.

64

Ein mir bis dahin unbekannter Herr D. schickte mir einen Brief von 18 eng beschriebenen Seiten. Er hätte bei Bekannten mein Buch liegen sehen und darin besonders den Bericht eines Soldaten entdeckt. »Allein der Titel Ihres Buches ließ in mir augenblicklich, schlagartig mein Antwortschreiben fertig vorliegen, denn ich bin einer der wenigen – nicht mehr blühend jungen – Zeitzeugen aus dem chaotischen Damals. Ich habe einiges hinter mir und möchte das Erlebte nochmals Revue passieren lassen – vor Ihnen – als einem Forscher nach den psychologischen Auswirkungen der Katastrophe.«

Die Wahl des letzten Wortes ließ ahnen, daß der Verfasser wohl eher vom »Geschehen« als vom Geschehenmachen sprechen würde. Und wenn der Titel meines Buches (*Verleugnet, verdrängt, verschwiegen – die seelischen Auswirkungen der Nazizeit*) ihn schon den Brief fertig vor sich sehen ließ, war eine tiefergehende Auseinandersetzung mit den Inhalten nicht sehr wahrscheinlich, zumal er es nur während jenes Besuches kurz eingesehen hatte und es sich trotz Betonung eines gewissen Wohlstands nicht etwa selber kaufte.

Nach Erhalt eines zweiten, diesmal 22seitigen Briefes schickte ich es ihm dann zu, in einer Mischung aus Angerührtsein von seinem »Schicksal«, Verärgerung angesichts des Mißbrauchtwerdens zur Entgegennahme einer weitschweifigen Lebensdarstellung und Hoffnung auf eine etwas klarere Auseinandersetzung mit meiner Position, auf ein Gesehenwerden also. Trotz dieser, wie ich meine, beredten Geste, blieb das erwünschte Echo aber aus. Ich ließ mir dann Zeit, erhielt einen weiteren, diesmal kürzeren Brief, wies in meiner Antwort distanziert, doch eher noch zu verbindlich als etwa schroff auf meine Einschätzung seiner Täter-Opfer-Umkehrung hin. Darauf antwortete er nicht mehr. Insgesamt waren hier dieselben Muster wie beim zuvor erwähnten Brief des Vaters meiner Klientin zu bemerken: bramarbasierendes Kreisen um die eigene Sicht, fehlender Dialog, extreme Besserwisserei, Hochstilisieren zu einer

Figur exklusiver Wirklichkeitserkenntnis, Anwerben zur Komplizenschaft.

Sich als »Opfer« darzustellen, gehörte zentral zu seiner Selbstdefinition. Diesen wesentlichen Aspekt gebe ich hier in einigen Beispielen wieder. Vorauszuschicken ist, daß er nach seinem Bericht ein einfacher Soldat war, das Militärische eigentlich verabscheute, ohne sich aber dagegen gestellt zu haben, und daß sich auf all den vielen Seiten kein Hinweis für direkte Beteiligung an Nazi-Verbrechen findet. Rein äußerlich gesehen, scheint er also eher unauffällig gewesen zu sein.

Im ersten Brief heißt es: »Ich bin an den sogenannten Quellen der Hölle vorbeigestrichen, ohne zu ahnen, daß es eine solche war. Auch ich glaubte, als Auslandsdeutscher, an Hitler, war ich damals doch jung und unerfahren... Ich möchte mir erlauben, Ihnen zu berichten, wie ich, als einer der unmittelbaren Leidtragenden, mit diesem Komplex, dieser seelischen Krankheit fertig geworden bin.« Herr D. als »einer der unmittelbaren Leidtragenden«, das soll wohl Mitgefühl wecken. Grund dafür besteht durchaus, hat er doch früh den Vater und dann die Heimat verloren, sah im Krieg dreimal »das Weiße in den Augen des Todes«, beschreibt auf vielen Seiten eine abenteuerliche Flucht bei Kriegsende – doch es macht ihn unglaubwürdig, wenn von den Opfern der Nazis und deren realer Hölle auf all den vielen Seiten insgesamt nur dreimal die Rede ist und das ganz beiläufig und ohne jede Einfühlung. Das Leiden und den Status eines Opfers reklamiert Herr D. für sich: Er erklärt sich zum »Opfer«.

Das scheint lange vor der Nazizeit angelegt gewesen zu sein. »Unser, der Baltendeutschen geistiger Rückhalt war die Gewißheit der ›Urheimat Deutschland‹, ihr Wiederauferstehen nach dem schlimmen Absturz des Ersten Weltkriegs. Unvergeßlich blieben mir die ab und zu geäußerten Worte meines belesenen Vaters von der ›alliierten Einkreisung‹ Deutschlands. Ein kleiner Bub versteht von solchen Dingen nichts. Ich begriff nur, daß

66

man der Urheimat aller Baltendeutschen – Deutschland – fern im Westen, böses Unrecht angetan hatte – was sich nachher, als ich erwachsener wurde und viel zu lesen begann, bestätigte... Ab 1933/34 sprachen wir Baltendeutschen erleichtert, begeistert vom neuen großen Führer in Deutschland, der es gewagt hatte, die Ketten des Schandvertrages von Versailles zu sprengen, seinem unterdrückten Volk neue Freiheit, neues Ansehen zu verschaffen. Die Esten, unter denen wir leben mußten, die die Deutschen teils bewunderten, teils haßten und uns darum das Leben erschwerten, begannen endlich, uns Achtung entgegen zu bringen – aus Furcht vor der wachsenden Macht des ›großen, starken Mannes‹ in Deutschland.«

Bei diesen wieder so ergreifend klingenden Andeutungen eines schlimmen »Schicksals«, das der Baltendeutschen unter den rüden Esten, denke ich an das, was eine in der dortigen Geschichte bewanderte Kollegin mir über die Rücksichtslosigkeit der baltendeutschen Oberschicht bis 1918 und ihre Verachtung Esten, Letten und Litauern gegenüber berichtet hatte. Makabre Witze dieser Art seien gängig gewesen: »Waren wir zur Wildschweinjagd, gab es ein Geräusch in den Büschen, haben wir geschossen, war's die Köchin, war sie tot, haben wir gelacht« – eine Estin natürlich, mit ihrem Liebhaber. Ohne die sicherlich verwickelte Wirklichkeit dort genauer zu kennen, stelle ich dies als Kontrast gegen Herrn D.s gar so einseitige Sicht.

Zum deutschen Militär eingezogen zu werden und die Mutter alleine zurücklassen zu müssen, sei hart gewesen. »Der einzige Trost war für mich der unbedingte Glaube an die Mission des ›Führers‹ zur Sicherung und Wiederherstellung der Ehre Deutschlands aus den Fängen der Einkreisung.« Dies ausgerechnet 1941, auf dem Höhepunkt der Nazi-Macht, zu meinen, beweist noch einmal mehr die Wirklichkeitsferne dieser fixen Idee, eingekreist, »Opfer« zu sein.

Als der Krieg dann zu Ende war, hatte sich an dieser Einstellung nichts geändert. Es fehlte jede Vorstellung davon, was Angehörige anderer Völker zu erleiden gehabt hatten. »Damals war mir der flammende Haß der Tschechen auf uns Deutsche sehr bewußt geworden. Trotz der vier durchgemachten Kriegsjahre war ich immer noch irgendwie naiv, optimistisch gewesen, hatte sogar an den ›Endsieg‹ geglaubt, von dem man uns dauernd predigte.«

Und angesichts der Auflösung seiner Einheit: »Noch bis vor zwei Wochen hatte ich auf den Einsatz der ›Wunderwaffe‹ gehofft, von der uns vorbeiziehende SS-Leute tröstend berichtet hatten.« – »Und alles geschah für Großdeutschland und seinen glorreichen Führer… Alles mutete mich an wie ein Verrat an der großen Angelegenheit Deutschlands. Das Ehrenkleid der deutschen Wehrmacht, wie entsetzlich ramponiert sieht es nun aus! Man hatte uns – sogar mir dummem Jungen – beigebracht, daß dieser Krieg der große Befreiungskrieg Deutschlands sei, was mich ein wenig mit allen schrecklichen Umständen zu versöhnen schien. Vielleicht fielen mir blitzartig die Worte meines überaus gebildeten, belesenen Vaters ein, der gelegentlich von der ›Einkreisung‹ Deutschlands gesprochen hatte.«

Hier wird erneut sichtbar, wie die früh erfolgte Einübung, sich als »Opfer« der anderen zu sehen, durchgehalten wurde in allen Phasen des Krieges, den der offensichtlich wirklich nicht militärbegeisterte Herr D. bis völlig zum Ende als »gerechte Sache« ansah, ohne daß ihm die geringsten Zweifel gekommen wären. Was er als Naivität bezeichnete, dürfte eher als hermetische Abriegelung seiner Weltsicht von allen sie möglicherweise in Frage stellenden Wahrnehmungen zu sehen sein.

Und es gab bei ihm auch später keine Wandlung in dieser Hinsicht. Aus der kurzen Gefangenschaft bei den Amerikanern berichtet er unter anderem: »Man konnte sich sogar zum Küchendienst melden, erhielt dafür Eßbares, das zu den Abfällen der maßlos verwöhnten ›Amis‹ gehörte, für uns armselige Verlierer des Krieges aber Delikatessen bedeutete.« Nach der Entlassung: »Das war ein berauschendes Glücksgefühl, nun endlich, mit ›Siegerbeglaubigung‹, frei zu sein! Anders erging es Angehörigen der SS, erkennbar an ihrer Tätowierung am Arm: Sie sahen die Freiheit nicht mehr, vielleicht erst nach Jahren qualvollen Vegetierens in Hungerlagern.« Die Sympathieverteilung war und blieb die alte, und daran änderte sich auch im weiteren nichts. »Ich fühlte mich, wenn ich die ›Sieger‹ erblickte... als Paria degradiert, als Gedemütigter, und das war sehr schlimm. Erst viel später, als ich hinter das große Geheimnis kam, wurde ich mit diesem Komplex fertig.«

Das sind Schlüsselsätze für die Psyche von Herrn D. und von vielen Menschen seiner Generation. In seinem detailgespickten Bericht findet sich keinerlei Hinweis auf real vorgekommene schlechte Behandlung durch die Amerikaner, im Gegenteil, so daß es nicht an deren Verhalten lag, wenn er sich »gedemütigt« fühlte, sondern ausschließlich an seiner inneren Verfassung. Er verblieb in Loyalität zu den alten Werten, Einstellungen, Interpretationen von Wirklichkeit, bedauerte SS-Leute, verachtete die »maßlos verwöhnten Amis« – und schrieb das ohne jede Distanzierung auch noch mehr als 45 Jahre später an mich fremden Menschen. Er war und bleibt durchdrungen vom Grundgefühl, ungerecht behandelt worden zu sein, und dies ebenfalls im Privatleben. Was vielleicht er seinerseits manchen Mitmenschen angetan haben könnte, so daß sie sich dann von ihm abwandten, wird an keiner Stelle seiner langen Briefe ins Auge gefaßt.

Stattdessen baute er sich in monatelangen einsamen Wanderungen vor und nach der kurzen Gefangenschaft die Grundlagen seiner späteren Lebensideologie zusammen. Deren Essenz besteht genau in einer Zementierung seiner Wirklichkeitsverdrehung: Die Täter sind die »Opfer«. Es ist eine nebulöse Theorie über Jahrhunderte währender Verschwörungen gegen Deutschland, die von Freimaurern getragen seien: »Und mit unendlich geschickten, raffinierten Machenschaften politischer Art wurde bereits im vorigen Jahrhundert der Plan der Zerstörung

Deutschlands geschmiedet und nach und nach realisiert... Hitler war also nicht nur ein ›Führer‹, sondern ein Geführter, der es so weit bringen sollte, daß Deutschland in einer unvorstellbaren Katastrophe untergehen sollte, und die wahren Hauptkriegsverbrecher waren u.a. Churchill, Roosevelt, Morgenthau mit ihrem Anhang. Stalin war nur ein Ausführender der Pläne im Westen.« Hier wird die Umetikettierung der Täter zu »Opfern« in Form einer Ideologie zementiert.

Daß ich auf seine Briefe überhaupt antwortete, hat auch etwas mit eigener Komplizenschaft zu tun. Andererseits mache ich aber als Therapeut viele Erfahrungen mit überraschenden Veränderungen, gebe so schnell nicht die Hoffnung auf. Ich habe deshalb Herrn D. wiederholt auf seine Täter-Opfer-Umkehrung hingewiesen. Er hat das gar nicht beachtet und ist von ihr keinen Millimeter abgerückt. Damit aber hat er sich selbst als Täter oder zumindest als Täteridentifizierten entlarvt.

So wie er haben unzählig viele Deutsche der Nazi-Generationen die Chancen ausgeschlagen, die sich ihnen im Kontakt mit Jüngeren und deren Fragen und Sichtweisen boten. Uns wird von ihnen immer wieder vorgehalten, wir seien ihnen zu sehr mit Vorwürfen begegnet. Genau das aber habe ich Herrn D. gegenüber nicht getan, sondern ihn nur auf seine so deutliche Täter-Opfer-Umkehrung hingewiesen. Er hat davon keine Notiz genommen, brach den Kontakt ab, als er merkte, daß er mich nicht zu seiner Weltsicht bekehren konnte. Und das ist typisch.

Dieser Briefwechsel beleuchtet die Schwierigkeit des Dialogs zwischen den Generationen, die enorme Bedeutung von Ressentiments, Loyalität und der Verkehrung der Wirklichkeit, dies besonders durch die Umdefinierung der Täter zu »Opfern«. In seiner rechtsradikalen Ideologie ist Herr D. nicht typisch für heutige Deutsche, seien sie aus seiner Generation oder jünger. Doch die ressentimentgeladene und unkorrigierbare Haltung, sich als »Opfer« zu sehen, findet sich häufig, auch bei Kindern und Enkeln. Unser Alltag ist voll davon.

Die an anderer Stelle[6] veröffentlichte Äußerung einer ehemaligen BdM-Führerin und späteren anerkannten Kommunalpolitikerin gehört hierher, die mit den Schrecken der Vergangenheit nur die eigenen im Auge hatte. Sie schob die Opfer in genau derselben Weise beiseite wie Herr D. Dasselbe erlebte ich ausgerechnet wenige Stunden vor einer öffentlichen Diskussion zum 50. Jahrestag der »Reichskristallnacht« im Kreise alter Freunde der Familie. Bestimmt fünfmal, und ohne daß ich überhaupt andere als private Themen angeschnitten hätte, mußte ich hören: »Ja, das waren schwere Zeiten damals.« Und als sollte die bei klarem Verstand logische Folgerung verhindert werden, mit jenen schweren Zeiten seien selbstverständlich die Nazi-Verbrechen zu verbinden, wurde hinzugefügt: »Und es hatten ja viele Bauern hier in der Umgebung ihren Hof verloren, weil Juden ihnen Geld geliehen hatten und sie dann vertrieben.«[7]

Ich verlasse den Alltag und wende mich einem Beispiel aus dem Bereich von Wissenschaft zu. Die Psychoanalytikerin und Gründerin eines Instituts für »Politische Psychoanalyse« Thea Bauriedl schreibt: »In dieser Mächtigkeit des einen über den anderen bleibt unbewußt, daß Subjekt und Objekt sich immer in einer gegenseitigen Abhängigkeit voneinander befinden, auch wenn sie diese Gegenseitigkeit nicht wahrnehmen. Sie reagieren auf jeden Fall wechselseitig aufeinander, welche rationale Begründung oder Beschreibung sie ihrer Beziehung auch immer geben. So kann zwar die Mutter ihr Kind verhungern lassen, der KZ-Aufseher seinen Gefangenen töten, und nicht umgekehrt. Und doch sind beide, um wirkliche Befriedigung in ihrer Beziehung zu erfahren, auf den jeweils anderen angewiesen.«[8]

Die Wechselseitigkeit in vielen Beziehungen, auf die hier grundsätzlich zu Recht hingewiesen wird, ausgerechnet aber mit diesen beiden Beispielen belegen zu wollen und dann noch von »wirklicher Befriedigung« zu sprechen, das ist makaber. Hat die Verfasserin es nicht gemerkt? Haben die Zuhörer des zugrunde-liegenden Vortrags und die Herausgeber der Zeitschrift *psycho-sozial* es nicht gemerkt? Das ist krasseste Verwischung des un-aufhebbaren Unterschiedes von Tätern und Opfern im Zusammenhang mit dem Nazi-Reich.

Und da Bauriedl selber die KZs in ihr Traktat eingeführt hat, so lese man die folgenden Auszüge auf der nächsten Seite ihres Artikels vor diesem Hintergrund: »Wird die Abhängigkeit in einer Beziehung einseitig gesehen, dann zerfällt diese Beziehung in der Wahrnehmung von Tätern und Opfern, von Schuldigen und Unschuldigen... Die für ›objektiv richtig‹ gehaltene Beur-teilung anderer Menschen oder auch der eigenen Person als Op-fer bzw. als Täter führt zumeist zu einem Kampf zweier Lager gegeneinander, der Verständigung ausschließt... Jeder definiert sich als Opfer und ist doch – aus einer anderen Sicht – Beteiligter, ›Mittäter‹, der sich der Illusion hingibt, er sei selbst nur der rea-gierende Teil der Beziehung... Gleichzeitig ist diese Illusion al-ler Beteiligten, Opfer und nicht auch Täter zu sein, eine wichtige Grundlage für die ständige Wiederholung von Szenen der Ver-gewaltigung und der Unterdrückung, in unseren Familien eben-so wie in unseren gesellschaftlichen und politischen Beziehun-gen. Jeder Mensch lernt diese Möglichkeit, in der Rolle des Opfers den Beziehungspartner zu vergewaltigen, schon als Kind.«[9]

Was für manche Beziehungen durchaus gilt, wird hier als völlig allgemein hingestellt. Wir denken beim Lesen an irgend-welche »Beziehungskisten«, geben der Autorin, die sich als Psy-choanalytikerin vorstellt, Recht, schlucken dann aber Aussagen von unglaublicher Relativierung. »Objektiv richtig« wird in An-führungszeichen gesetzt. Die Opfer werden – ganz allgemein, also auch die KZ-Insassen, auch das verhungernde Kind – zu Mittätern und die Täter zu Vergewaltigten.

Das ist krassere Täter-Opfer-Umkehrung als bei Herrn D. – und verführerischer, denn hier kleidet sie sich ins Gewand von Psychoanalyse, sogar »Politischer Psychoanalyse«. Und wer meint, dabei handele es sich um bloße Formulierungsschwächen, sei darauf verwiesen, daß dieselbe Autorin eine ganze Reihe von ähnlichen oder sogar noch bodenloseren Aussagen im Zusammenhang mit der Nazizeit veröffentlicht hat. Und noch mehr: Sie setzt dies trotz Kritik fort. Sie hält an ihrer Position fest wie Herr D.[10]

Erfahrungen wie diese bringen mich zu der Aussage: Alltag, Wissenschaft und Politik in Deutschland sind durchsetzt mit Verkehrungen von Tätern in »Opfer«. Vom Kaiserreich bis zur DDR und dem unter »Asylantenfluten« ächzenden vereinten Deutschland – sich zum »Opfer« zu definieren, hat Tradition. Und beispiellos gipfelte das in der Nazizeit. Damit werden Erfahrungen wie diese beiseite gewischt: »Die Deutschen in ihrer Pünktlichkeit…«

Dies aber ist ein Satz, der die Realität des Nazi-Reichs und seiner Verbrechen in ihrem Zentrum beschreibt. Im Laufe meiner Arbeit an den Aus- und Fortwirkungen der Nazizeit ging mir erst allmählich auf, wie sehr wir bis heute im Alltags- und durchaus noch im wissenschaftlichen Verständnis Nazi-Täterschaft mit dem Bild von herkömmlichen Einzeltätern identifizieren. Angesichts der tatsächlich massenhaft vorgekommenen individuellen Bestialitäten übersehen wir die kalte Rationalität der Nazi-Politik und ihrer Ausführung.

»Auschwitz war auch eine sachlich-nüchterne Ausweitung des modernen Fabriksystems. Statt Güter zu produzieren, wurden hier aus dem Rohstoff Mensch Leichen produziert, die man in Einheiten pro Tag säuberlich in Schaubildern festhalten konnte… Über das weitverzweigte europäische Eisenbahnnetz wurde der neuartige Rohstoff herangeschafft wie normales Frachtgut. In den Gaskammern starben die Opfer im Blausäuregas der weltweit führenden deutschen Chemieindustrie. Ingenieure entwarfen die Krematorien; die Bürokratie arbeitete mit einem Elan und einer Effizienz, um die rückständige Länder sie hätten beneiden können.«[11]

»In ihrer Pünktlichkeit haben die Deutschen immer nur bis um zwei Uhr geschossen.« Das in dieser unauffällig-grauenvollen Pünktlichkeit Zutagekommende verweist eben nicht auf den »pathologischen Charakter« von »abnormen« Tätern, sondern auf eine Normalität von damals, die von heute keineswegs so weit entfernt sein muß, wie wir unreflektiert meinen. Den Schrecken von Auschwitz macht auch aus, »daß dies alles unter Menschen und Umständen möglich war, die – in einem lebensweltlichen Sinne – so sehr nicht verschieden sind von denen, unter denen wir heute leben.«[12]

Warum ist uns dies so schwer begreiflich? Als erstes hat das zu tun mit der (bisherigen) Beispiellosigkeit dieses industriellen Massenmords; wir sind gar zu sehr noch verhaftet dem Bild des individuellen Täters, während die im Gefüge einer ausgedehnten Arbeitsteilung verübten Verbrechen uns als ein »Geschehen« erscheinen, als nicht mehr individuell anrechenbar; demzufolge sehen sich die Beteiligten allenfalls als »unschuldige Täter«[13]; die Millionen deutscher (und anderer) Funktionsträger an den Nazi-Verbrechen gelten dann nach solcher Definition nicht als Täter.

Zweitens wurde auch vom engeren Kreis der in traditioneller Sicht als Täter anzusehenden kaum jemand verurteilt: »Bis 1990 sind zwar von deutschen Justizbehörden 95500 Verfahren gegen mutmaßliche NS-Täter eingeleitet worden, aber in den 45 Jahren seit dem 8. Mai 1945 addieren sich lediglich knapp 6500 rechtskräftige Verurteilungen... Obwohl Hunderttausende Täter unmittelbar an der Tötung von Millionen Menschen beteiligt gewesen sind, hat die Dritte Gewalt des Rechtsstaates nur 172 wegen Mordes mit der Höchststrafe belegt.«[14]

Drittens sind in massenhaft verbreiteten Briefen wie denen

von Herrn D. oder dem Vater von Frau Burgfeld, in »Gesprächen«, in falschen Tönen von Reden, Schriften bis hin zu wissenschaftlichen Publikationen viele kleine Beiträge geleistet worden, die Wirklichkeit gerade in der Richtung zu verdrehen, daß
Täterschaft immer unkenntlicher wurde. Es handelt sich um eine
völlige Verdrehung der Wirklichkeit.

Viertens wird dies aber nur im Bereich sozusagen einer
Unterwelt vorgenommen, während auf den offiziellen Ebenen
unseres persönlichen und öffentlichen Lebens ansonsten die
Distanz zur Nazi-Vergangenheit betont wird. Die vielen ver-
dienstvollen und unbedingt notwendigen Aktivitäten und Fortschritte in der Auseinandersetzung mit der Nazi-Vergangenheit
bleiben dabei aber oft abgetrennt von unseren konkreten Le-
bensbezügen. Das ist insbesondere für Kinder und Jugendliche
weiterhin verwirrend.

Wenn wir diese Auseinandersetzung so ehrlich wie möglich
führen wollen, halte ich es für unerläßlich, stärker den Blick auf
jene »Unterwelt« in uns und zwischen uns zu richten. Dazu
gehört zentral die Frage, wie weit wir in einer Welt von Lügen
aufgewachsen sind und heute noch leben, wie weit wir selber
daran teilhaben. »Einfach und einheitlich«, so hatte ich in der
Einleitung Wurmser zitiert, »sind ja eigentlich bloß die Lüge
und die Täuschung.« Das ist das Verführerische an ihnen. Sie
sollen die Widersprüchlichkeit des Lebens beseitigen – und richten sich zugleich gegen dieses selbst. Einfach gemacht haben es
sich nach 1945 die allermeisten von denen, die vorher die Weltherrschaft anstrebten und die gerade die Komplexität, Widersprüchlichkeit, Ungewißheit menschlicher Existenz aufheben
wollten. Die Welt sollte »geradlinig« werden. Das ist der (Alp-)
Traum der Moderne, wie Bauman besonders klar herausgearbeitet hat.[15] Beim Versuch, ihn zu realisieren, sind Lüge und Täuschung unerläßlich, bei seiner Verschleierung ebenso. Die Umetikettierung der Täter zu »Opfern« ist ein zentrales Mittel dazu.
Sie hatte und hat immer noch großen Einfluß auf das Alltagsbe-

wußtsein und Zusammenleben in Deutschland, auf Erziehung, Familienbeziehungen, Gesundheit und Krankheit, Neurosen, Kriminalität, Arbeitswelt und Politik.

Was dies im einzelnen für uns Nachgeborene bedeutet, ist bis heute schwer auszuloten. Denn es waren ja unsere geliebten Eltern, die uns so entgegentraten, die uns auf den Schoß nahmen und dann vom Krieg erzählten oder beim Zubettbringen oder beim Essen, beim Spielen, bei Familienfeiern... Wir konnten nicht bemerken, daß sie Schuldentlastung betrieben, eine Art der Selbstabsolution im Medium, im Spiegel der Eltern-Kind-Beziehung, dies aber genau umgekehrt, wie von Lichtenstein[16] beschrieben: Dem allmählichen Sich-Finden des Kindes im Spiegel der Zwischenmenschlichkeit stand hier gegenüber, daß die Eltern sich zugleich im selben Spiegel als »Unschuldige« zu produzieren suchten. Da wurde eine falsche Wirklichkeit konstruiert. Wir wuchsen als Kinder in einer Welt der Täuschung auf. Die Wirkungen dieser Strategie der Wirklichkeitsverdrehung können sehr massiv sein, können in extremer Loyalität bestehen, heftigsten Schuldgefühlen allgemein und speziell bei Ablösungsversuchen, selbstdestruktiven Aktionen, Krankheiten, seelischer Verstümmelung, tiefem Verlust an Vertrauen in die Welt und sich selber. Besonders im dritten Teil dieses Buches wird dies im einzelnen dargestellt. Darüber hinaus handelt es sich um nachhaltige Verzerrungen des allgemeinen und politischen Bewußtseins. Die irrationalen Einstellungen gegenüber Ausländern in erheblichen Teilen von Gesellschaft und Politik haben für mich wesentlich mit einer hierzulande besonders verbreiteten Tradition zu tun, in der Täterschaft umgewandelt wird in vorgeschobenes Leiden als »Opfer«.

Die Nazi-Täter als »Opfer«, dieses Herauswinden aus eigener Schuldbeteiligung ist eine Form von Gewalttätigkeit, die den Rahmen dessen sprengt, was man für wie auch immer »menschlich normal« halten könnte.

5 Identifikation mit der Macht

Das Erleben von Ohnmacht läßt tiefste Vernichtungsängste in uns wachwerden – je früher im Leben, um so intensiver, je weniger abgesichert in vertrauensvollen Beziehungen, um so unaushaltbarer. Und entsprechend global sind die Mittel, mit denen wir reagieren. Vieles davon machen wir, bevor wir überhaupt ein Empfinden von einem »Ich«, von einem »Selbst« entwickelt haben. Doch gerade dieses »Ich« oder »Selbst« oder unsere »Identität« oder die Vorläufer davon geben wir unter Umständen wieder auf, ganz oder teilweise, sobald wir uns gar zu hoffnungslos einer gnadenlosen Übermacht gegenübersehen. Dies ist ein Thema von umfassender Bedeutung. Daran gemessen, scheint mir jedoch seine Berücksichtigung in Psychologie und Psychotherapie eher gering zu sein. Aber gut kennen sich die Folterer dieser Welt und ihre Ausbilder und Auftraggeber damit aus.

Den stärksten mir bekannten Bezug zu dieser Thematik hat das Konzept der »Identifikation mit dem Angreifer«, das sich, klassisch beschrieben, in Anna Freuds Buch *Das Ich und die Abwehrmechanismen* von 1936 findet. Dort erläutert sie diesen Vorgang anhand einer Erfahrung, die ein anderer Pionier der Kinderpsychoanalyse gemacht hat:

»August Aichhorn berichtet aus seiner Praxis als Erziehungsberater über den Fall eines Volksschülers, der ihm wegen Grimassierens zugewiesen wird. Der Lehrer klagt, daß der Junge Tadel und Ermahnung nicht in normaler Weise entgegennehmen kann. Er schneidet bei solchen Anlässen Gesichter, über welche die ganze Schulklasse in Lachen ausbricht. Der Lehrer kann sich dieses Benehmen nur als bewußte Verspottung oder als Folge ticartiger Zuckungen erklären. Die Angaben des Lehrers bestätigen sich leicht, das Grimassieren wiederholt sich auch in der Beratungsstunde. Gleichzeitig aber bringt die Unterredung zu dritt die Aufklärung des Zustandes. Die aufmerksame Beobachtung der beiden zeigt, daß die Grimassen des Jungen nichts anderes sind als ein verzerrtes Abbild der Gesichtszüge des ärgerlichen Lehrers. Der Junge, der dem Tadel des Lehrers standhalten soll, bewältigt seine Angst durch unwillkürliche Nachahmung des Zornigen. Er übernimmt selber seinen Zorn und folgt den Worten des Lehrers mit dessen eigenen, nicht wiedererkannten Ausdrucksbewegungen. Das Grimassieren dient hier also der Angleichung oder Identifizierung mit dem gefürchteten Objekt der Außenwelt.«[1]

Das Erleben einer Situation von Getadeltwerden war für diesen Schüler offensichtlich gleichbedeutend damit, dem Ärger des Lehrers hilflos ausgeliefert zu sein. Es steht zu vermuten, daß dahinter bereits frühere Erfahrungen von Ohnmacht und von mangelnder Unterstützung verborgen waren. Sich dann der gefürchteten Person unbewußt anzugleichen, ist ein wirksames Mittel der Angstvermeidung. Das kann äußere Merkmale betreffen wie in Aichhorns Beispiel oder seelische Eigenheiten oder spezifische Beziehungsformen des anderen. Das alles wird oftmals dadurch kompliziert, daß sich die in der Identifikation zugleich enthaltene Wut, bei Aichhorns Jungen noch relativ sichtbar, gegen den Schwächeren selber richtet und das äußere Drama so in ein inneres verwandelt wird: Wendung gegen die eigene Person.

Frau Marein kam an unsere Beratungsstelle, nachdem sie im Scheidungsprozeß ihr Kind an den Mann verloren hatte und ihr vehementer Kampf gegen dieses Urteil mehrfach gescheitert war. Das gleiche wiederholte sich bei dem späteren Versuch, mit meiner Hilfe wenigstens zu einer etwas konfliktärmeren Ausübung des Umgangsrechts zu kommen. Der Mann stellte sie und selbst noch mich als distanzierten Berater in unverfrorener Weise vor vollendete Tatsachen. Von daher konnte ich in Ansätzen das Ausmaß des Ohnmachtsgefühls nachempfinden, das sich unter Frau Mareins eher lautem Äußeren verbarg. Denn es war bei weitem nicht das erste Mal, daß sie etwas in dieser Richtung erlebte. Vielmehr zogen sich Erfahrungen mit bedrohlichem Ausgeliefertsein wie ein roter Faden durch ihr ganzes Leben, angefangen mit dem Abtreibungsversuch ihrer jugendlichen Mutter.

Spektakulär wirkte ihre Mitteilung, mit siebzehn Jahren den eigenen Vater verführt zu haben. Sie hätte der Mutter und dem Stiefvater eins auswischen wollen. Ich verhielt mich etwas skeptisch gegenüber diesem Bericht von ihrer eigenen »Verfehlung«, und so hörte ich beim nächsten Mal die ganze Wahrheit: Vorausgegangen war, daß sie mit elf Jahren vom Vater mißbraucht worden war. Dies war eingefügt in eine Lebenssituation, die in ihr das chronische Gefühl erzeugt hatte, unerwünscht zu sein, das schwarze Schaf der Familie, zu dick, zu dumm, zu laut, zu still... Die Großmutter führte das Regiment, entwertete die Mutter, diese vergalt es der Tochter. Es gab keinen Verbündeten. Als sie daheim berichtete, mit dem Vater geschlafen zu haben, kam als einzige Reaktion ganz trocken vom Stiefvater: Daran hätte er auch schon gedacht. Es verwundert nicht, daß sie Drogen bis hin zu Heroin nahm. Es verwundert eher, wie sie davon loskam, nämlich entscheidend aus eigener Kraft. Sie sagte »Nein« – wie sie mir übrigens erst nach Jahren der Therapie anvertrauen konnte.

Identifikation mit dem Angreifer – hier bezog sich das auf vier Personen. Am ausgeprägtesten wirkte die Identifikation mit dem Vater, genauer: mit ihrem Vaterbild. So wie sie ihn real als verführend erlebte und dies vielleicht in der Phantasie noch überhöhte, so gab sie sich auch als längst erwachsene Frau. Sexy in Kleidung, Auftreten und Verhalten zog sie die Wünsche der Männer und den Neid der Frauen auf sich. Auch mir gegenüber verhielt sie sich anfangs in einer Weise, die ich als Verführungsversuch ansah. Hier lag offensichtlich eine Beziehungsform vor, in der sie sich – scheinbar – sicher fühlte angesichts ihrer tiefen Ängste und Ohnmachtserfahrungen. Ich sprach das erst später an. Da konnte sie sich überhaupt nicht mehr an so etwas erinnern. Das läge ihr doch fern. Aber es fiel ihr ein, daß des öfteren solche Eindrücke entstanden seien.

Ich vermute sehr, daß eine wesentliche Triebfeder ihres Lebens darin bestanden hat, den Fängen der übermächtigen Mutter-Großmutter-Figur zu entrinnen und wenigstens den Kern ihrer selbst zu retten. Ihre Aussage, vor allem der Mutter eins auswischen zu wollen, als sie den (längst geschiedenen) Vater verführte, bekam von daher besonderes Gewicht. Sie war verzweifelt auf ihn angewiesen. Der Mißbrauch bedeutete zwar eine zusätzliche Belastung, war wahrscheinlich auch der Auslöser für den Drogenkonsum, stellte zugleich aber einen – wenig tauglichen – Versuch dar, mehr an Autonomie zu gewinnen. Von daher versteht es sich, wieso sie mich als männlichen Therapeuten eher akzeptieren konnte als eine Frau.

Zugleich war sie aber sehr deutlich gerade mit dieser Mutter-Großmutter-Figur identifiziert. Das schlug sich besonders in ihrem Verhalten gegenüber der Tochter nieder. Sie sorgte bestens für sie, doch dann wiederum verhielt sie sich ähnlich abwertend und verlassend zu ihr, wie sie es selber erfahren hatte. Sie war sogar so identifiziert mit den beiden Frauen, daß sie schließlich unbewußt massiv dazu beitrug, ihnen »recht« zu geben. Verschiedene Aktionen im Wiederholungszwang hatten genau zur Folge, daß sie erneut und wie schicksalhaft als die unfähige und »unmögliche« Person dastand, die sie von klein auf angeblich bereits gewesen war. Ähnliche Abläufe ließen sich in der Therapie wiederholt feststellen. Immer wieder erklärte ich ihr, wie sehr sie sich in den Schienen der Familie bewegte. Die Loyalität war riesengroß, auch wenn sie äußerlich lange Zeit den Kontakt abgebrochen hatte. Es war eine Loyalität, in der sie sich unbewußt den Aggressoren erheblich angeglichen hatte.

Daß aber in diesem »Heulen mit den Wölfen«, dieser weitreichenden Identifikation eine entscheidende Differenz blieb, ein Impuls des Widerstands, ohne den sie niemals den Weg in eine Therapie gegangen wäre, das hat zu tun mit ihrem innerlichen »Nein«. Darauf werde ich später zu sprechen kommen.[2]

Von Herrn Wegener habe ich bereits anderswo berichtet[3], dort unter dem Gesichtspunkt der Komplizenschaft. Ich wies dabei schon auf seine Identifikation mit den Aggressoren hin. Diesen Gesichtspunkt möchte ich jetzt vertiefen.

Killer, Überwältiger, gemeingefährlicher Mensch
Lauft, sobald Ihr mich kommen seht, so schnell Ihr könnt
Ein blutdürstiger, durch die Straßen pirschender Dämon
Ich steche meine Opfer wie Stücke Fleischs ab
Blutdürstiger Dämon – sinistres Ungeheuer
Knüppelnde Gemetzel – meine bösen Taten

Dies ist ein Ausschnitt aus einem Text der amerikanischen Speed-Metal-Gruppe *Megadeth*, aus Herrn Wegeners Lieblingssong. Identifikation mit dem Aggressor bin ich nirgendwo greifbarer begegnet, als wenn ich diesen »verehrten« Text mit dem in Beziehung setze, was mein Klient erlitten hat. Er war von klein auf in seiner Familie massiver Gewalttätigkeit ausgesetzt. Der Vater schlug und quälte den älteren Bruder, die Mutter und auch ihn, obwohl er als sein »Liebling« galt. Das wiederum vergalt der Bruder ihm mit jahrelangen, täglich ausgeteilten Prügeln. Die Mutter duldete dies alles über lange Zeit und nahm ihrerseits massive Übergriffe auf die Autonomie des Kindes vor. Ergebnis des Martyriums war ein »Unfall« aufgrund konkreter Gewalttätigkeit in der Familie, durch den die Behinderung meines Klienten entstand. In der Folge brachte er mehrere Jahre in unzureichenden DDR-Kliniken und Rehabilitationseinrichtungen zu, oft fern von anderen Kindern, ebenso von der Familie, an der er weiterhin hing. Herr Wegener ist das Opfer schwerer Gewalt. Sie hat sein Leben massiv gefährdet, hat ihn zum Rollstuhlfahrer gemacht, seine Entwicklung zerhackt, ihn körperlich und seelisch deformiert.

Genau das aber setzt er selber fort. Zusammenhänge zerschlagen, dreinschlagen gerade in dem Moment, wenn Beziehungen sich entwickeln, wenn Verständnis wächst, dies ist etwas, das ich an Herrn Wegener als bestimmendes Moment seines Lebens kennengelernt habe. Er machte es in seinem Alltag, mir gegenüber in der Therapie, und – wie allmählich mitteilbar werden konnte – so ging er mit sich selber um. Er zerhackte sich in einem wilden Staccato, »hundertmal schneller als in der Musik«.

Zu mir geschickt wurde er, weil er ständig Frauen in seiner Umgebung oder auf der Straße sexuell belästigte. Er sprach sie an, sie wandten sich ihm, dem Rollstuhlfahrer, zu – und dann überfiel er sie mit der immergleichen Frage: »Darf ich dich an der Brust berühren?« Ich habe zwei seiner Opfer kennengelernt, und sie waren sehr erschrocken. Er stand seinerzeit vor einer Anzeige und rechnete in diesem Fall mit einer Haftstrafe. In Don-Juan-Manier hat er später die Zahl seiner Belästigungen ausgerechnet – es seien annähernd 3 000.

Hier lagen Identifikationen mit beiden Elternteilen sowie dem älteren Bruder und der Großmutter vor. Wie sehr er sich auf den Spuren von Vater und Bruder bewegte, machte ja bereits der Liedtext klar. Doch schienen ebenfalls die Auswirkungen mütterlicher Übergriffe beträchtlich zu sein: Nach einem auch nur kurzen Besuch der Mutter, von der er inzwischen weiter entfernt wohnte, müsse er zwanghaft wieder wochenlang Frauen belästigen. Sie hätte seine Autonomie früher nicht geachtet und setze dies bis in die Gegenwart fort, obwohl er doch seit längerem selbständig lebe und inzwischen 25 Jahre alt sei. Er ließ andere Frauen das spüren, was er von der Mutter erlebte. Er griff jene in ihrer Integrität und Autonomie an. Mit Sexualität hatte das allenfalls am Rande zu tun. Er war identifiziert mit den eher verdeckten Übergriffen der Mutter und der offenen Gewalttätigkeit von Vater und Bruder. Beides fügte sich in seinen Belästigungen zusammen.

Bei kaum jemandem unter meinen Klienten ist in so brutaler

und offener Weise abzulesen, wie sich ein Mensch gerade das zu eigen gemacht hat, wodurch er selbst so tiefen Schaden erlitt. Herr Wegener, ein sensibler und sympathischer, Mitgefühl weckender junger Mann, konnte von erbarmungsloser Härte und Grausamkeit sein, worin die Ähnlichkeit mit der Gewalttätigkeit der ganzen Familie frappierte. Er setzte deren Werk fort, hatte sich unbewußt zu ihrem Nachfolger gemacht, war (in Anklängen) geworden wie sie. In seinem ohnmächtigen Ausgeliefertsein als Kind stand ihm, um sich zu schützen, vor allem eines noch zur Verfügung, nämlich sich ähnlich wie Frau Marein der Übermacht anzugleichen. Nach seiner Verkrüppelung scheint sich das durch ebenfalls überwältigende Klinikverhältnisse noch weiter verfestigt zu haben. So ist es kein Wunder, daß auch hier eine recht lange Zeit der Therapie und der Begleitung erforderlich war, damit er Schritt für Schritt diese eingefahrenen Gleise verlassen konnte.

In meinem dritten Beispiel für Identifikation mit dem Angreifer handelt es sich um jemanden, den ich noch nie zu Gesicht bekommen habe. »An ihren Werken sollt ihr sie erkennen«, war vielmehr die Perspektive, unter der mir Herr I. zunächst begegnete. Ein Klient hatte mich wegen einer akuten Krise in meiner Praxis aufgesucht. Während einer Beratung über etwa zehn Sitzungen stellte sich zu seiner Überraschung die hohe Bedeutung der beruflichen Situation für seine derzeitige Verfassung heraus. Nicht die Familie war schuld, sondern hinter der Freundlichkeit seines Chefs lauerte in Wirklichkeit eine ganze Kette von Abgründen. Es fiel ihm wie Schuppen von den Augen, und er wunderte sich, wieso er dies nicht hatte wahrnehmen können. Ausgedehntere therapeutische Hilfe war dann nicht mehr vonnöten.

Die Welt ist manchmal klein: In der Folgezeit erhielt ich durch eine Reihe eigenartiger Zufälle Hinweise aus dem nicht-therapeutischen Bereich auf eben diesen Chef, nämlich Herrn I. Diese fügten sich so klar in das mit meinem damaligen Klienten erarbeitete Bild, daß ich eine kurze Darstellung wagen kann. Ich mache dies im Bewußtsein möglicher Verzerrungen, doch nehme ich das deshalb in Kauf, weil nach meiner Einschätzung die massivsten Identifikationen mit den Angreifern eher bei manchen Menschen zu finden sind, die Psychotherapie extrem meiden und die auch sonst ihre Abgründigkeit meisterhaft zu verbergen wissen. Um so gefährlicher können ihre Wirkungen sein.

Herrn I.s Vater war Schuldirektor und erwartete von seinem einzigen Sohn, daß er in seine Fußstapfen träte. Die miserablen Noten des Jungen in allen sprachlichen Fächern machten einen Strich durch diese Pläne, vereitelten das Abitur, und nur auf mühsamen Wegen war es schließlich möglich, einen Fachhochschulabschluß in einem technischen Sektor zu erreichen. Seine ältere Schwester war zu diesem Zeitpunkt bereits Professorin in einem geisteswissenschaftlichen Fach. Herr I. glühte vor Ehrgeiz, arbeitete bis tief in die Nacht, gönnte sich kaum einen Urlaub und schaffte doch nur einen relativ langsamen Aufstieg. Er verschrieb sich Technologien, die Zukunft zu haben schienen, war den damit verbundenen Anforderungen aber nur bedingt gewachsen, erlebte von daher Mißerfolge und kritische Bewertungen, die er zunehmend angeblichen Versäumnissen und Fehlern seiner Untergebenen zuschrieb. Diese hatten kaum eine Chance, sich gegen seine Herabsetzungen zu wehren, da er es verstand, sie nach oben hin wirksam anzuschwärzen. So war die krisenhafte Zuspitzung bei meinem Klienten entstanden, die aber, wie ich erfuhr, bei weitem nicht das schlimmste Ergebnis von Herrn I.s Regiment war. Schwere Krankheiten, Familienzerwürfnisse, möglicherweise ein Todesfall dürften zu seiner wahrscheinlich auch vor ihm selber verborgenen »Bilanz« gehören, von anhaltenden depressiven Verstimmungen oder Magenbeschwerden bei seinen Untergebenen ganz zu schweigen.

Doch alle seine Anstrengungen halfen ihm nichts im einzig wesentlichen Punkt, brachten ihm nicht die ersehnte Anerkennung des Vaters. Im Gegenteil, dieser äußerte sich immer wieder und selbst in der Öffentlichkeit abfällig über die in seinen Augen unzureichenden beruflichen Erfolge seines Sohnes. Ich kann mir in Umrissen vorstellen, in welch katastrophaler Weise solche Urteile von klein auf Herrn I.s Selbstwertgefühl untergraben haben dürften und in welch verzweifelter Kampfstimmung er tagtäglich sein Büro betritt. Nur ist ihm das wahrscheinlich überhaupt nie bewußt geworden, darf es nicht, denn sonst wäre ja seine bedingungslose Loyalität zu den Eltern gefährdet. Und deshalb meiden Menschen wie er nicht nur Therapie, sondern oftmals in eigentlich tragischer Weise jede Möglichkeit, sich endlich einmal zu öffnen, sei es in Partnerschaften, unter Freunden, falls vorhanden, oder bei Kollegen. Stattdessen agieren sie in blinder Identifikation mit den – anders als bei Frau Marein und Herrn Wegener – nie als solchen erkannten Angreifern all ihre verdeckte Wut an anderen aus.

Herr I. steht für eine Reihe von Menschen, auf die ich allmählich aufmerksamer wurde und deren Herkunft aus »anerkannt guter Familie« und deren soziale Stellung einen eigentümlichen Kontrast bilden zu dem Bösen, das sie in ihrer Umgebung anrichten, als dessen Urheber sie sich aber nicht im geringsten erkennen. Es kann um Leben und Tod gehen, um das Glück ganzer Familien, um den Zusammenbruch von Firmen als Folge von Verrat, Betrug, einem Gewirr von Lügen, Projektionen, Vorurteilen und Intrigen. Und dies steht manches Mal in einem überraschenden Widerspruch zur ansonsten eher vorbildlich wirkenden sozialen Erscheinung der so Handelnden. Gerade das aber ist typisch, wie ich mehr und mehr feststellen mußte.[4]

Es ist Zeit für einige Zwischenüberlegungen. Was Anna Freud so treffend als Identifikation mit dem Angreifer beschrieben hat, das geht weit über einzelne Verhaltensbereiche hinaus, scheint oftmals von der ganzen Person Besitz ergriffen zu haben. Das innerliche »Nein«, auf das ich im Bericht über Frau Marein hingewiesen habe, hat es insbesondere bei Menschen wie Herrn I. außerordentlich schwer, existiert vielleicht gar nicht einmal. Was hat es mit dem innerlichen »Nein« auf sich? Das zieht sich als immer wieder erneutes Fragen durch dieses Buch. Es hat nach meinem Eindruck entscheidend damit zu tun, daß Menschen wie Frau Marein überhaupt am Leben bleiben konnten. Aber wie kann ein »Nein« so etwas bewirken? Mir scheint, es verweist auf die Existenz eines Bereiches in der Person, der so etwas wie unbedingten Respekt verlangt: »Bis hierher und nicht weiter!« Alles andere mag aufgegeben werden, mag verletzt, korrumpiert, zerstückelt sein, doch hier gibt es etwas Unantastbares, etwas sehr Intimes, ohne welches das Leben zuende wäre. Ich verwende mit Absicht keine Namen an dieser Stelle und beziehe mich nicht auf philosophische und theologische Konzepte, sondern bleibe auch hier bei der psychologischen Perspektive und berichte über die (relativ) beobachtbaren Phänomene.

So eines jedenfalls ist dieses »Nein«. Es ist schwer genug, ihm zu begegnen, gerade weil es mit diesen intimen Bereichen zu tun hat. Im Zusammenhang dieses Kapitels meine ich: Es markiert die Grenzen zu den Teilen der Persönlichkeit, die sich dem Diktat der Identifikation mit den Aggressoren widersetzen. Dies ist eine für den oberflächlichen Blick einfach wirkende Differenzierung, und doch steht und fällt oft unser ganzes Leben und im besonderen die therapeutische Arbeit damit, ob es gelingt, sie zu treffen. Hier ist ein entscheidender Grund dafür, warum ich – gerade mit Blick auf die Nazi-Geschichte in uns – grundsätzlich von Persönlichkeitsanteilen spreche. Herr Wegener hat sich wiederholt über meine »umständlichen« Erklärungen lustig gemacht: »Ach ja, das ist wieder ein Teil von mir...« Und ich habe darauf bestanden. Mir scheint, gerade unter der Wirkung der Identifikation mit den Aggressoren neigen wir zum Totalisieren, zum Vereinheitlichen, zum Vergewaltigen der Widersprüchlichkeit des Lebens, zum Liquidieren des Widersprechens, eben dieses »Neins«.

Und wir neigen dann häufig dazu, die Umgebung zu manipulieren. Anna Freud hat dies ebenfalls schon beschrieben. »Die Identifizierung mit dem Angreifer ergänzt sich durch ein anderes Abwehrmittel, durch die Projektion der Schuld. Ein Ich, das mit Hilfe dieses Abwehrmechanismus diesen speziellen Entwicklungsweg durchmacht, introjiziert die kritisierenden Autoritäten als Über-Ich und ist imstande, seine verbotenen Regungen nach außen zu projizieren. Ein solches Ich ist intolerant gegen die Außenwelt, ehe es streng gegen sich selber wird. Es erlernt, was verurteilt werden soll, schützt sich aber mit Hilfe dieses Abwehrvorgangs gegen die Unlust der Selbstkritik. Das Wüten gegen den Schuldigen in der Außenwelt dient ihm als Vorläufer und Ersatz des Schuldgefühls. Es steigert sich automatisch, wo die Selbstwahrnehmung der eigenen Schuld sich steigern will.«[5]

Dies sind klassische Einsichten der Psychoanalyse. Ihre Bedeutung hinsichtlich von Herrn I. liegt auf der Hand, doch auch Frau Marein erlebte sich seinerzeit als umzingelt von »Schuldigen«, und für Herrn Wegener gab es lange Zeit überhaupt kaum Menschen, die nicht in diese Schublade fielen. Sich selbst als »Opfer« zu sehen, die eigene Täterhaftigkeit aber zu verleugnen, zeigt sich als gemeinsamer Zug bei allen dreien.

Ein wesentlicher Unterschied besteht demgegenüber darin, daß Frau Marein und Herr Wegener sich schon früh der Gewalttätigkeit der Aggressoren bewußt gewesen waren, während Herr I. seinen Vater und wohl auch insgesamt seine Familie zu idealisieren scheint. Menschen wie ihm fallen deshalb Ablösungsschritte noch weitaus schwerer, und das erklärt ihre Abneigung gegen Therapie. Um so wichtiger ist es für mich in diesem Buch, gerade sie im Auge zu haben. So wie bezüglich Herrn I. erfahre ich nämlich des öfteren indirekt von ihrem Wirken – durch Klienten.

Bei allen dreien bin ich bisher nicht auf ihren Bezug zur deutschen Geschichte eingegangen. Angesichts des hohen

Maßes an Gewalt in ihrem Leben habe ich immer wieder an Zusammenhänge insbesondere mit der Nazizeit und hier in Richtung auf Verbrechensbeteiligungen gedacht. Frau Marein bestärkte diese Überlegungen durch die Mitteilung, von einer bestimmten Person in der Familie sei immer schon in dunklen Andeutungen gesprochen worden, und diese Frau sei damals bei der Polizei gewesen. Mehr aber war dann wiederum auch nicht zu erfahren, außer daß die mütterliche Familie fliehen mußte. Genau das steht auch bei der Selbstdarstellung von Familie Wegener im Zentrum der Geschichte. Diese ist jedoch, wie ich mich anhand eines längeren Berichts selber überzeugen konnte, dermaßen bestimmt von Verleugnung und Idealisierung, daß insgesamt viel zusammenkommt an psychologischen Verdachtsmomenten. Näher habe ich das an anderer Stelle berichtet.[6] Bezüglich der familiären Vorgeschichte von Herrn I. tappe ich natürlich noch mehr im Dunkeln, denn wen hätte ich hier befragen sollen? Und wer würde mir da einigermaßen ehrliche Auskunft geben?

Das aber ist genau das Stichwort angesichts dieser – typischen – Unklarheiten. Ehrliche Auskunft, eben da habe ich ja das zentrale Problem vor mir – und zugleich einen möglichen Lösungsansatz. Es gibt keine ehrliche Auskunft bei Menschen wie Herrn I. und seiner Familie, bei verschiedenen Verwandten von Herrn Wegener und teilweise bei denen von Frau Marein und bei so vielen anderen Angehörigen meiner Klienten oder teilweise in ihnen und in mir selber, überhaupt in weiten Teilen der Öffentlichkeit bis heute. Es gibt gar so oft keine wirkliche Klarheit, wenn es konkret um die eigene Person und die eigene Familie geht. Wissen haben wir viel, aber das befindet sich meist in einer getrennten Schublade. Ich behaupte nun, daß dieses Vernebeln Ausdruck auch von etwas in der deutschen Geschichte stark Ausgeprägtem ist: der Identifikation mit der Macht. Damit nehme ich eine Erweiterung des Konzepts der Identifikation mit dem Angreifer vor. Ich erläutere dies anhand eines Mannes, den ich bereits im letzten Kapitel vorgestellt habe.

Engstens verwoben nämlich mit Herrn D.s Umdefinition von Tätern in »Opfer« sind seine durchgängige Identifikation mit den verschiedensten »höheren Mächten« und die Projektion von Schuld, dies auf die angebliche internationale Verschwörung von Freimaurerlogen.

Auffällig ist sein geradezu liebevolles Verhältnis zu allen Trägern deutscher Macht. In sie fühlt er sich ein, wie er das gegenüber Angehörigen anderer Völker oder gar bei Nazi-Verfolgten niemals tun würde, nicht bis auf den heutigen Tag. So bemerkte er auf der Flucht von weitem zwei Männer in der gleichen Uniform, »also Kameraden... Ich wagte mich weiter und erkannte die beiden als Wachtmeister unserer Abteilung... Ich begrüßte sie herzlich, nicht mehr als ehemalige Vorgesetzte. Der große Schock war ihnen doch anzumerken.« Zum Vergleich folgende Äußerung mit Blick auf Menschen, die nicht Träger der Macht sind: »Solange man ›mit den Wölfen heulen‹ muß, d. h. vor dem Diktat der Masse kapitulieren muß, ist das unmöglich«, nämlich nach eigener Weise zu leben und so »ein völlig Gesunder« zu werden. Die »einfachen« Leute werden als Masse bezeichnet und mit Wölfen assoziiert, während die ehemaligen Vorgesetzten Menschen mit Gefühlen sind.

Nach der Kriegsgefangenschaft traf er zufällig auf einen früheren Unteroffizier: »Er war die rechte Hand des Kommandanten der Kaserne, ein umgänglicher, netter, lebensfroher Mensch, mehr Freund als Vorgesetzter. Ich sah sein lächelndes Gesicht, trat ans Fenster, herzliche Begrüßung.« Er machte sich Gedanken über die ehemalige Kaserne. »Auf dem Turm am Eingang wehte die amerikanische Fahne statt der Hakenkreuzfahne, und an jener Wiese war ein Riesenhaufen von Kasernenmobiliar... zu erkennen... Wie mochte es drinnen wohl aussehen, wo immer vorbildliche preußische Ordnung herrschte? Das Leben war umgekrempelt für mich, wie man einen Handschuh umkrempelt. Auf dem Abendmarsch sann ich lange darüber nach, wie es möglich sein kann, daß ein festgefügtes, mit allen Mitteln einer starken Armee geschütztes Staatsgebilde so radikal umstürzen kann. Und mit ihm für Millionen eine Welt, eine Daseinsbasis. In den folgenden Jahren intensiven Suchens, Forschens löste sich für mich so manches bisher unlösbare Rätsel«, nämlich in Form seiner Verschwörungsideologie.

Herr D. war also identifiziert mit den Trägern der Macht und mit dieser selbst, mit »preußischer Ordnung«, mit einem »Staatsgebilde«, das »mit allen Mitteln einer starken Armee geschützt« war. Diese Identifikation hat er auch später nie aufgegeben. Er hält bis heute an seinem Bild von Deutschland als einer »Kulturnation« fest, die bedingungslosen Respekt verdient, einfach um ihrer selbst willen, gerade erst recht angesichts ihres »Unglücks«. »In langen Gesprächen mit meiner Mama bedauerten wir sehr die unglückliche Wendung des Krieges, denn wir hatten an die ›Mission‹ Hitlers geglaubt, ein neues, großdeutsches Reich zu erbauen. Um so schlimmer traf uns die Katastrophe. Es war, als würde einem der tragende Boden unter den Füßen weggezogen werden. Vielen Deutschen erging es so, nur hatten wir, meine Mutter und ich, noch einen anderen Halt in der zerbrechenden – äußeren – Wirklichkeit, nämlich das Wissen, daß es neben oder hinter der äußeren Wirklichkeit die Fortsetzung derselben gibt... Bis zur Gegenwart glaubt die große Masse der Deutschen an die deutsche Hauptkriegsschuld... Die Wahrheit ist wohl das Wunderbarste, das sich denken läßt, und sie tröstet, trägt über alle äußeren Untergänge hinweg.« Wiederum nimmt er also Bezug auf seine Verschwörungsideologie. Einsicht in eigene Schuldbeteiligung ist ihm nicht möglich. Wahrscheinlich wäre sie für ihn mit »totaler« Selbstaufgabe gleichbedeutend, mit der Auslieferung an eine »böse Welt«.

»Deutschland ist und bleibt unsere Heimat. Seine Ehre in

einem allgemeinen kulturellen Zerfall aufrechterhalten zu helfen, sollte das Anliegen jedes echten Deutschen sein. Ihrer scheint es nicht mehr viele zu geben, die ›Umerziehung‹ in den fünfziger Jahren hat gründlich gewirkt. Die damaligen Feinde wollten uns den sogenannten ›nationalen Stolz‹ austreiben, das Bewußtsein des führenden Kulturvolkes Europas in den Staub ziehen.« Hier sehen wir, wie das Festhalten an den alten »Ordnungen und Werten« zur weiteren Verfestigung seiner Ansichten zu einer ausgebauten rechtsradikalen Position führte. »Vielleicht bin ich festgehalten von meiner Achtung und Liebe zur Heimat, die mir Halt und Boden gibt, denn ich habe die Bitternis des Heimatloseins erlebt. Ich habe auch die tragende Kraft und Macht der deutschen Kultur kennengelernt, ich weiß, was an Grandiosem dahintersteckt.«

Hier hat Herr D. einen der wahrscheinlich zentralen Punkte seines Lebens angesprochen: Er ist zutiefst identifiziert mit der »Kraft und Macht« Deutschlands. Dieses war, in Identifikation mit seinem Vater, von früher Jugend an sein Fixstern, aber nicht ein konkret erlebtes Deutschland, sondern ein weit entferntes, erträumtes, zusammengedichtetes. Und dessen Bild hält er aufrecht bis heute, selbst entgegen allen eigenen Schreckenserfahrungen im Krieg. Ihm bewahrt er die Treue, dieses Bild läßt er nicht »beschmutzen«, was in seiner Sicht ja nur von außen kommen kann. Die Nazi-Verbrechen leugnet er nicht als Tatsache, aber Hitler und seine Leute waren selber nur Marionetten in der Hand einer internationalen Verschwörung, und die dumme Masse des Volkes machte blind mit. Sein Bild von Deutschland bleibt davon unberührt.

Es sind aufschlußreiche Einblicke, die uns Herr D. in seinen Briefen gegeben hat, und ich zitiere sie hier in Auszügen, weil sie viel Typisches enthalten über die untergründige Verfassung von uns Deutschen in diesem Jahrhundert. Es wäre leicht, ihn nur als verbohrt, ewiggestrig, rechtsradikal weit von sich zu schieben nach dem Motto: »Wir sind ja zum Glück ganz anders!« Verschwörungsideologien seiner Art hängen genug Menschen an, sonst wäre die *Nationalzeitung* nicht so verbreitet. Seine Identifikation mit den »höheren Mächten«, vom Wachtmeister bis zu »Deutschland«, können wir keineswegs nur bei rechtsradikalen Jugendlichen finden und diese möglichst noch weit weg in Deutschland-Ost oder sonstwo.

Im Gegenteil, ich meine aufgrund vieler Beobachtungen, daß unsere seelischen Verhältnisse speziell in Deutschland massenhaft von dieser Identifikation mit der Macht geprägt sind. Der Mangel an Ehrlichkeit, von dem ich in der Zwischenbetrachtung sprach, ist nicht allein ein Problem der individuellen Moral, ebenso wenig eines allein der individuellen Verleugnung aufgrund persönlich erfahrener Traumata. Er wird vielmehr von einem breiten Einverständnis auf der oft nur halbbewußten Ebene getragen: »Wir – oder unsere Eltern – können doch gar nichts verbrochen haben, denn es war nur in Pflichterfüllung, war nur für Deutschland!« »Wir haben von nichts gewußt.« »Ihr könnt uns nicht verstehen.« In Fixierung auf diesen »höheren Zweck«, dieses »Deutschland« wird dann so blind über andere Menschen und generell über die Wirklichkeit hinweggewalzt, wie Herr D. das noch mit seinen Briefen gezeigt hat.

Sie beleuchten gerade die Seite, die in der Arbeit mit Frau Marein und Herrn Wegener nur in Ansätzen zu erkennen und bei Herrn I. bloß zu ahnen war: Es ist eine moralisch bedenkenlos auf die »höheren Mächte« ausgerichtete seelisch-geistige Grundorganisation. Nicht die konkreten Menschen mit ihren Bedürfnissen und Leiden, ihren individuellen Eigenheiten werden gesehen, sondern zuallererst die »höheren Zwecke«. Ihnen hat sich alles unterzuordnen. Das genau zog sich, sehr konkret belegbar, durch die Terror-Erziehung von Herrn Wegener[7] und trieb Frau Marein in die Drogenabhängigkeit. Das auch wird von Herrn I. bis heute praktiziert. Er sieht nicht Menschen um sich herum, sondern allein Funktionsträger, fühlt sich ungeheuer sachlich, hat aber Wirkungen wie ein herkömmlicher Sadist.

Ich habe mir selber lange Zeit eine Falle gestellt, als ich meinte, in der Vorgeschichte von Herrn Wegener, Frau Marein, Herrn I. müßte ich »hieb- und stichfest beweisbare« Belege für ganz konkret nachweisbare Verbrechensbeteiligungen festmachen können, bevor ich ihr gewaltbestimmtes Seelenleben mit Abgründen deutscher Geschichte auch nur hypothetisch in Verbindung bringen dürfte. Großeltern von Frau Marein und Herrn Wegener müßten also zum Beispiel bei der SS gewesen sein. Doch was würde das »beweisen«? Die Wirklichkeit war unglaublich schillernd[8], und es gab tatsächlich »gute SS-Leute« und andererseits furchtbare Nazis, die nicht einmal in der Partei waren.[9] Ich müßte also konkrete Verbrechen belegen und müßte dann auch noch eine direkte Verursachungslinie von dort zu den Mißhandlungen meiner Klienten nachweisen. Das aber wäre ein Anspruch an Objektivität, der uns zur Resignation angesichts dieser Probleme verurteilen würde, Probleme, die brennend sind in der Welt. Ich erinnere an die in der Einleitung genannte Frage, wie ich sie wieder mit gar so aktuellem Bezug in Argentinien und Uruguay hörte: »Wie können Menschen so etwas nur machen, Menschen, die doch so normal wirken?«

Meine Hauptantwort von der psychologischen Seite lautet: Sie gehören zu den vielen, deren »Normalität« es wesentlich ausmacht, mit der Macht identifiziert zu sein. Sie stehen in einer Tradition der Umkehrung von real erfahrener Ohnmacht in »pflichterfüllende« Ausübung von Macht. Das ist eine Tradition, die nach rückwärts verweist und zugleich drohend auf das Heute und das Morgen. Menschen wie Herrn I. wäre noch weitaus mehr zuzutrauen, als er auch so schon getan hat. Das hängt nur von den »Erfordernissen der Zeit« ab.

Die Einsicht in die »Normalität« vieler furchtbarer Verbrecher fällt uns begreiflicherweise schwer. Jedoch gilt es festzuhalten: »Der Geist der efficiency war es also, der die SS eigentlich beherrschte... Die bare Leistungsmentalität aber, die weder nach der Wahrheit fragt, noch sich für Ethik interessiert, sondern den Ehrgeiz hat, alles möglich zu machen ..., sie war nicht nur ein Spezifikum der SS, sondern sie ist ein Spezifikum unserer Zeit überhaupt.«[10] Diese klarsichtige Kritik konnte man bereits 1967 nachlesen. Ich zitiere sie hier nicht als Relativierung der SS, sondern umgekehrt als Relativierung »unserer Zeit«. Und ich betone nochmals: Identifizierung mit der Macht ist ein Spezifikum auch unserer Zeit. Sie stellt weiterhin einen wesentlichen Bestandteil von »Normalität« dar.

Dies ist meine nüchterne Einschätzung – gegen die ich zugleich aber mit einem Satz von Frau Gerlicher[11] Widerspruch einlege:

»Die ›Identifikation mit der Macht‹, als Kind wohl eine Überlebensstrategie, aber als Erwachsene doch eine persönliche Entscheidung.«

6 Rechtsradikalismus heute: Ausblick vom Hasenbergl

»Hoyerswerda«, »Rostock«, »Mölln«, »Solingen« und die vielen anderen Orte tätlicher Gewalt gegen Ausländer sind der nur allzu aktuelle Hintergrund dieses Buches, ein gesamtdeutscher Zusammenhang mit vielfältigen Ursachen.

Aus der Perspektive meiner konkreten psychologischen Erfahrungen fällt mir zuallererst die verbreitete Verleugnung von Rechtsradikalismus auf. Mit Verleugnung habe ich viel zu tun in meiner Arbeit. Verleugnung heißt nicht nur, etwas überhaupt nicht wahrzunehmen. Vielmehr liegt sie auch dann vor und dies sogar noch weit wirksamer, wenn wir etwas zwar sehen, es in seiner Bedeutung aber herunterspielen. Dies haben weite Teile unserer Gesellschaft viele Jahre lang im Hinblick auf den

Rechtsradikalismus gemacht. Um einen Beitrag zur Verleugnung handelte es sich allerdings auch dann, wenn die Gefahren von rechts auf unglaubwürdige Weise überzeichnet wurden, wie es von manchen Positionen der Linken aus gemacht wurde. Es gehört von daher zu dem Wichtigsten in Morshäusers Buch *Hauptsache Deutsch*, daß er die wechselseitige Bedingtheit einiger rechter und linker Feindbilder hervorhebt, hinter deren verbissenem Kampf er das Kleben an deutscher Vergangenheit bemerkt: »Hauptsache Deutsch«. Insgesamt fehlt es gerade auf diesem Gebiet an differenzierteren Betrachtungen. Dazu würde insbesondere gehören, rechtsradikale Tendenzen konkreter in Verbindung mit der Lebenssituation und dem Werdegang ihrer »Träger« zu sehen – und auch sich selber kritischer zu befragen. Gerade hier mangelt es an alltagsbezogenen psychologischen Untersuchungen zu den Untergründen politischen Bewußtseins im Deutschland der Nach-Nazizeit. »Nur wenige verstehen hier unter politischer Kultur, deutsche Vergangenheit als persönliche, sich selber als jemanden aus deutscher Vergangenheit anzunehmen.«[1]

1979/80 wurde im Auftrag des Bundeskanzleramts eine Studie über die Verbreitung rechtsextremer Einstellungen durchgeführt. Sie erregte damals großes Aufsehen durch ihr Ergebnis, daß »rund 13% der Wahlbevölkerung zum rechtsextremen Einstellungspotential« zu zählen seien, »das heißt, 13% aller Wähler in der Bundesrepublik verfügen über ein geschlossenes rechtsextremes Weltbild.«[2] Hinzu kamen noch 2% an »Öko-Rechten.«[3] Wieso wundern wir uns dann in den neunziger Jahren so sehr über das »Aufflammen« von Rechtsradikalismus, Ausländerfeindlichkeit, Antisemitismus, Streitigmachen des Lebensrechts von Behinderten? Das Erstaunen verweist auf vorhergehende Verleugnung.

Im Vorwort jener Untersuchung, nach dem durchführenden Institut als *Sinus-Studie* bekannt geworden, finden sich folgende Sätze, die heute erst recht aktuell sind. »Gründe zur Entstehung für Rechtsextremismus sowohl bei Älteren wie bei Jüngeren... sind zum großen Teil dieselben wie diejenigen, die damals den Faschismus hervorbrachten.«[4] Es »bleibt höchste Aufmerksamkeit geboten, wenn man aus der Studie erfährt, daß alle Formen sozialer Benachteiligung zu einer Erhöhung des rechtsextremen Potentials führen. Zu den Antworten auf Verlust individueller und sozialer Identität gehörten und gehören immer auch die bekannten rechtsextremen Varianten: überspannter Nationalismus, Fremdenhaß, Verachtung des Redens und Aushandelns statt Kompromißbereitschaft, Hochschätzung der ›Tat‹, Eintreten für Disziplin und Härte, der Ruf nach dem starken Mann und dem eisernen Besen.«[5] Und es hat nichts mit der oft geübten pauschalen Gleichsetzung von Links- und Rechtsextremismus zu tun, wenn auf ein »gefährliches Amalgam aus Nietzsche und Marx«[6] hingewiesen wird, das in Deutschland lange Tradition habe und dessen Vertreter sich einig seien »im Kampf gegen Toleranz, Kompromiß, Pluralität.«[7] »Diese neu-alte Allianz zwischen Links- und Rechtsextremismus zeigt Symptome auch auf einem Feld, das in Deutschland besonders behutsamen Umgangs bedarf, der Frage der nationalen Identität und der Wiedervereinigung. Was hier zwischen links und rechts an Argumenten miteinander- und durcheinandergeht, bedarf sorgfältiger Beobachtung. Ich habe den Eindruck, daß hier gegenwärtig eine ernsthafte Bedrohung des europäischen Friedens entsteht, aus Quellen, für welche die Sinus-Studie Hinweise enthält.«[8] Das schrieb der Soziologe Greiffenhagen dort im Jahre 1981. Die Situation von 1993 ist also nicht so neu.

Und auch die »Ansatzpunkte zur konkreten Bekämpfung des Rechtsextremismus«, die in der Studie enthalten sind und die immerhin in hoher Taschenbuchauflage einer großen Öffentlichkeit zugänglich gemacht wurden, lesen sich nur zwölf Jahre nach ihrem Erscheinen beklemmend aktuell, verweisen dadurch erst recht auf Bagatellisierung und Verleugnung in weiten Teilen unserer Gesellschaft, bei Politikern, Wissenschaftlern, Pädagogen, bei den meisten von uns. Ich zitiere nochmals: »Für die praktische Politik legt die Studie unausdrücklich eine Fülle von Strategien nahe, die man zwingend nennen muß, wenn man die hohen Konvergenzen von Rechtsextremismus und niedrigem Bildungsgrad, Arbeitslosigkeit und anderen Formen sozialen Leids zur Kenntnis nimmt. Auf eine kurze Formel gebracht, fordert die Studie in ihrer Konsequenz eine Sozialpolitik, die das genaue Gegenteil von dem tut, was rechtsextreme Ideologien fordern: nicht sozialdarwinistischen Kampf, nicht das Recht des Stärkeren, nicht das Prinzip von Befehl und Gehorsam als durchgängige Maxime des sozialen Lebens, nicht Härte im Umgang mit der Jugend, nicht Dominanz des Mannes in allen Lebensbereichen etc. etc. etc. Die Sozialmaximen des Rechtsextremismus sind, wie die Studie immer wieder beweist, im Gegenteil die Ursachen seiner Entstehung.«[9] Diese Sozialmaximen haben mit dem zu tun, was ich im vorhergehenden Kapitel als Identifikation mit den Aggressoren und mit der Macht beschrieben habe. Gerade aber dem rechtsextremen Spektrum zuarbeitende Tendenzen in Politik und Lebenspraxis machen seitdem erst recht Schule. Ob wir als »Winner« oder als »Looser« dastehen, ist zur alles durchdringenden Lebensfrage von Erwachsenen und erst recht von Jugendlichen geworden.

Und damit komme ich zum Hasenbergl. Es ist immer noch für viele der Münchner Stadtteil mit dem schlechtesten Image. Hier liegt die Erziehungs- und Familienberatungsstelle, an der ich seit 1986 arbeite und in der ich viele der Erfahrungen gemacht habe, über die ich in diesem Buch berichte. Dieses Viertel am äußersten nördlichen Rand von München, das seinen Namen von einem etwa zehn Meter hohen Hügel hat, nehme ich als Ausblick für das Thema Rechtsradikalismus. Als erstes betrachte ich das Hasenbergl selber.

Es ist ein »Sozialer Brennpunkt«, und dies sogar nicht erst seit seiner Errichtung als Schlafstadt im Grünen zu Anfang der sechziger Jahre, sondern unter anderem Namen bereits ab Kriegsende: Das »Frauenholz«, so benannt nach einem Wäldchen, war ein Barackenlager, im Krieg für »Fremdarbeiter« des Militärflughafens Oberschleißheim gebaut, dann unter den Amerikanern für »Displaced Persons« eingerichtet – also für Menschen, die aus ihrer Heimat vertrieben worden waren –, dann ein Flüchtlingslager. Aus diesen Zeiten stammt der negative Beiklang der Ortsbezeichnung »Frauenholz«, den das Hasenbergl anschließend »erbte«. Hier wurde die größte Notunterkunftsanlage Münchens errichtet mit damals rund 3 000 Bewohnern, daneben aber weitaus umfangreichere Siedlungen mit Sozialwohnungen, von denen inzwischen einige schon aus der Sozialbindung gefallen sind und in Eigentumswohnungen umgewandelt wurden. Im südlichen Teil sind diese seit langem in größerer Zahl zu finden, ebenso Eigenheime. Auch das Hasenbergl ist also sozial geschichtet. Vom übrigen München war dieser Stadtteil lange Zeit isoliert wie kaum ein anderer, und zwar in räumlicher Hinsicht nicht nur aufgrund reiner Entfernung, sondern aufgrund der schlechten Anbindung ans Netz der öffentlichen Verkehrsmittel. Erst jetzt, 21 Jahre nach dem Beginn des »U-Bahn-Zeitalters« in München, hat man sich bis hierher vorgegraben. Und auch psychisch bestehen immer noch erhebliche Barrieren, haben viele Münchener noch nie an einen Besuch in diesem grünen Stadtteil gedacht. Dabei hat er durchaus »idyllische« Züge mit Parkanlagen, vielen Bäumen und Rasenflächen, Abstand zwischen den vergleichsweise human proportionierten Häusern, also keine Gegend, in die Gäste aus Kiew oder Argentinien geführt werden, um ihnen ein »deutsches Problemviertel« schon von außen her demonstrieren zu können. Aber als solches ist das Hasenbergl publizistisch bekannt gemacht und zur Empörung vieler Bewohner als »Gratler- und Glasscherbenviertel« bundesweit herausgestellt worden. Im *Spiegel* erhielt die Katholische Pfarrei »Mariae Sieben Schmerzen« den Namen: »Mariae Sieben Sünden«, eine wohl mehr als bezeichnende Fehlleistung, eine Projektion des Schreibers.

Es entspricht genau den Ergebnissen der Sinus-Studie, daß in diesem Stadtteil mit so ausgeprägter Randproblematik der Rechtsradikalismus in überdurchschnittlichem Maße vertreten ist: Die Wahlergebnisse der »Republikaner« lagen während der letzten Jahre erheblich über dem Münchner Durchschnitt, und in einigen Straßenzügen erhielten sie Anteile bis über 40%, so hoch allerdings nur bei der Europawahl 1989 mit einer Wahlbeteiligung von bloß 30%.

Auch wenn ich meine Klientel nicht nach ihrer politischen Ausrichtung frage, sie ist mir doch gelegentlich geradezu aufgedrängt worden. So sah ich Herrn L. nur dreimal, bekam aber seine politische Einstellung genauestens mit. Er erschien bei uns, weil wir ihm seine Kinder wiederbeschaffen sollten. Sie waren längst im Heim: »Alles Unrecht, alles Intrige, Sie müssen die da rausholen.« Seit vielen Jahren in einer Notunterkunft, verschuldet, Alkoholiker offensichtlich, unfähig zum Zuhören, aufbrausend, das Beratungszimmer mit einem Dunst von Gewalttätigkeit füllend, Ohnmachtsgefühle meinerseits erzeugend, eine »völlig verdrehte« Ehefrau daheim, Ausländerin, Psychotikerin, immer wieder stationär in der Psychiatrie – Herr L. vertraulich zwinkernd und ganz beiläufig zu mir: »Wissen Sie, unterm Hitler wär die ja längst weg.« Da ginge es ihm also besser, hätte er diesen Ballast los und stattdessen, wie es sich gehört, seine Kinder daheim.

»Unterm Hitler hieß es nur: ›Rübe ab‹, wenn einer klaute. Das brauchen wir heute wieder«, so meinte ein anderer Familienvater, Herr C., doch dies nicht als allgemein politisches »Bekenntnis«, sondern im Hinblick auf seinen dreijährigen Sohn! Die Frau, ebenso Ausländerin wie Frau L., erziehe diesen völlig verkehrt, viel zu weich, lasse ihm alles durchgehen. »Das kann doch nur ein Verbrecher werden.« Daß er selber quartalsweise nicht nur sich betrank, sondern die Frau aus der Notunterkunft prügelte, daß er selbst ein mißhandeltes, im Stich gelassenes Kind gewesen war und jetzt voll Eifersucht steckte angesichts der mütterlichen Zuwendung seiner Frau für die Kinder, das alles existierte für ihn kaum und erst recht nicht in solchen Momenten verbissener Wut und tiefen Ressentiments. Meiner Kollegin und mir rieselte es kalt den Rücken hinunter bei derartigen Äußerungen mörderischer »Ordentlichkeit«. Ich habe Herrn C. nie nach seiner politischen Einstellung gefragt, die schleuderte er uns von allein entgegen: »Wir brauchen einen neuen Hitler!«

»Um ganz ehrlich zu sein, ich glaube, daß es zu einem zweiten Hitler kommen kann«, so drückte es, verschmitzt lächelnd, komplizenhaft und mit leicht gesenkter Verschwörerstimme ein anderer Klient aus, nachdem er mir zuvor eröffnet hatte, er sähe bei uns einen Krieg wie in Jugoslawien für sehr wahrscheinlich an. »Das ist beides doch wohl Ihr Wunsch?« war meine Reaktion. Er bejahte. »Warum? Jemand wie Sie hätte doch damals keine Chance gehabt und in einem Krieg heute auch nicht gerade.« Herr P. ist nämlich in erheblichem Grade behindert, lebt von der Sozialhilfe, könnte sich glücklich preisen, endlich eine eigene Wohnung zu haben, tut aber alles, um Nachbarn und Hausverwaltung zu vergraulen, terrorisiert sie mit Lärm und bissigem Hund. Warum also »politisiert« er, wie er das nennt, immer mehr in ultrarechter Tendenz? Warum wünscht er sich Krieg und Nazis herbei? »Weil ich mich dahinter verstecken könnte, mit meinem Gefühl, das ich immer schon in mir habe, nämlich ein ›ganz kleines Arschloch‹ zu sein.« Das war eine ehrliche Antwort. Er fühle sich zur Zeit wieder gar so unsicher, weil nämlich seine Freundin an Trennung denke. Da tue es ihm gut, wenn die betreuenden Fachleute in Aufregung wären und wenn die Nachbarn in seinem Haus Angst vor ihm hätten. Meinen Hinweis, daß er sich dort also wie ein »zweiter Hitler« benehme, bejahte er. Und zugleich sah er, daß ein »Hitler« für jemanden wie ihn mit Sicherheit nichts tun würde, daß er ja seinen eigenen Verfolger herbeiwünschte.

Ich habe längere Zeit mit Herrn P. gearbeitet, und so kann ich die Vorgeschichte seiner Gewalttätigkeit ein wenig einschätzen. Sie entwickelte sich über Generationen: uneheliche Herkunft, die jugendliche Mutter von ihrem Vater wegen der Schwangerschaft aus dem Haus geworfen, dadurch Komplikationen bei der Geburt und Entstehung der Behinderung, Selbstmord der Mutter, jener Großvater ein Mann mit fürchterlichem Ruf, Warnungen der übrigen Verwandtschaft, Herr P. solle sich nicht mit ihm einlassen, jedoch bei ihm ein tiefer Sog in diese Richtung, Gewaltausübung unklar gebliebener Art durch den Großvater während des Nazi-Reichs und vorher. Wenn ich nur Herrn P.s Verhalten in der Therapie und erst recht außerhalb betrachte mit all seiner Brutalität und Mißachtung Schwächeren gegenüber – von ihm, dem zum Krüppel Gemachten -, so frage ich mich, was das nur für Schienen im einzelnen sein mögen, auf denen hier voll mit solcher Gewalt eine Generation die andere ablöst. Es bedeutet schon viel, daß sich davon überhaupt etwas hat aufklären lassen.

Die Veränderungen der politischen Stimmung in Deutschland nach der Vereinigung sind natürlich auch im Münchner Norden ablesbar. Während die Äußerungen von Herrn L. und Herrn C. zeitlich früher lagen, bezog Herr P. sich direkt auf die aktuellen Entwicklungen. Seismographisch lassen sich derartige Verschiebungen in einer anderen Einrichtung meines Trägervereins ablesen, nämlich in einer Werkstatt der berufsbezogenen Jugendhilfe. Ein betreuender Kollege drückte es so aus: Während rechtsradikale, speziell ausländerfeindliche Tendenzen seit langem zu beobachten waren, diese aber eher nur versteckt geäußert wurden, hätte das alles nach der Vereinigung erheblichen Aufwind erfahren. »Jugendliche, die ansonsten kaum einen ganzen Satz herausbringen, fühlen sich mit diesen Parolen, die sie irgendwo aufschnappen, neuerdings ganz sicher. Und früher hätten wir mit ihnen kaum darüber diskutiert, aber jetzt ist das viel schwieriger.«

Auch wenn der Bezug zu dem, was Greiffenhagen anhand der Sinus-Studie analysierte, klar auf der Hand liegt, so ist es mir doch wichtig, diesen Zusammenhängen noch genauer nachzugehen. Weil aber rechtsradikal ausgerichtete Menschen eine Beratungsstelle eher meiden, ich außerdem meine Klientinnen und Klienten nicht nach ihren politischen Überzeugungen ausfragen kann und auch nicht vorhabe, dilettantische Meinungsbefragungen auf der Straße oder in Wirtschaften zu betreiben, so bin ich auf den Gedanken gekommen, einen Experten zu Rate zu ziehen. Ich habe Herrn Borchert um ein Gespräch gebeten.

Er ist ein früherer Klient, kam in der größten Krise zu mir, stand plötzlich in der Tür. Die Frau war verschwunden und mit ihr der Sohn. Es gab keine Nachricht, niemand wußte etwas – tatsächlich oder ihm ins Gesicht gelogen? Er war voll Skepsis gegenüber uns »Sozialen«, zugleich aber nicht ohne Vertrauensbereitschaft. Zwischen uns entwickelte sich bald eine tragfähige Beziehung. Für ihn wurde ich »der Doc« und er – ehemaliger Fremdenlegionär und immer noch ein Muskelpaket – für mich über längere Zeit ein großes »Sorgenkind«. Frau und Sohn waren im Frauenhaus, der dortige männliche Mitarbeiter, Betreuer der ausgeschlossenen Männer, im Urlaub. Herr Borchert drang ein, verlangte die Familie zu sehen, war unter Alkohol, hatte sich aber doch unter Kontrolle, die Polizei brauchte nicht geholt zu werden, es war um Haaresbreite noch einmal gut gegangen. Anfangs gab ich ihm täglich Termine. Eines Samstags rief ein Gastwirt an, Herr Borchert sei völlig betrunken, in gefährlicher Stimmung, hätte ihm aber einen Zettel mit meiner Privatnummer gegeben, ich möchte kommen. Ich kann nicht behaupten, daß ich mich wohlfühlte bei diesem »Einsatz«, aber die Männer im Lokal waren wohl noch mehr verunsichert. Nach einer Stunde ließ mein Klient sich von mir nach Hause fahren, kochte einen Kaffee, wurde klarer, eine ergreifende Situation. Konnte ich ihn allein lassen? Er selber schnitt das Thema seiner Gefährdung an, zeigte mir sein Gewehr – ich solle es mitnehmen. Und seine

Buschmesser? Die wolle er behalten. Nun gut. Oder doch? Er gab sie mir ebenfalls mit für die nächsten Monate. In eine Decke gehüllt, trug ich alles aus der Notunterkunft, eine doch etwas ungewöhnliche Szene für einen Psychologen. Später, nach der Scheidung, verkaufte er sämtliche Waffen. Er hatte sich wieder gefangen, arbeitete wie ein Berserker, um die Schulden abzuzahlen, die ihm aus der Ehe geblieben waren, ging neue Partnerschaften ein, wandte sich noch einmal an mich, als sich hier Schwierigkeiten auftürmten. Es war klar, daß er sich nicht umkrempelte, seine Gewaltgefährdung bestand durchaus weiter, dies vor allem als psychische Gewalt, als Schwierigkeit mit Auseinandersetzungen, mit Einfühlung in die Partnerin oder auch mit dem Ausdrücken eigenen Verletztseins. Nach ein paar heftigen Gesprächen in dieser erneuten Krise hörte ich länger nichts mehr von ihm. An Neujahr riefen er und seine Partnerin mich nachts an, wünschten mir Glück. Ich erlebte das als ein persönliches Geschenk. Und ich freute mich, sie waren noch zusammen, trotz zweier gar so schwieriger Lebensläufe.

Dieser Herr Borchert also ist mein Experte, und ich schreibe das ohne Anführungszeichen. Ich weiß, daß er mir nichts vormachen wird, mir nicht nach dem Munde redet. Ich weiß, daß er vieles schon mitbekommen hat im Stadtviertel, in den Wirtschaften, innerhalb der Notunterkunftsanlage, in der Arbeit, Orte, zu denen ich nur bedingt Zugang haben kann mit meiner sozialen Herkunft, mit meinem Beruf, selbst als »Doc«. Und ich weiß durch meine zuvor angedeuteten Erfahrungen mit ihm, daß es bei ihm, was seine Persönlichkeit betrifft – seine Gewalttendenzen und die dahinterstehenden Schwierigkeiten – zumindest einige Überlappungen mit Gewalttätern aus dem rechtsradikalen Bereich geben könnte, zumindest ein konkreteres Verständnis, als es mir möglich ist. Wie er politisch wählt, dafür habe ich mich aber nie interessiert.

Jetzt also wende ich mich an ihn mit der Frage, wie er Rechtsradikalismus und Ausländerhaß im Stadtviertel sieht. Wir haben lange darüber gesprochen. Als erstes stellt er in den Raum, was ich damals für ihn bedeutet habe. »Zum Beispiel bei dieser Sache da«, er meint das Eindringen ins Frauenhaus, »da war ich ja vorher für einen Moment bei Ihnen erschienen, hab Ihnen gesagt: ›Ich muß was tun‹, Sie wollten mit mir sprechen, ich wußte, sie wären dagegen, aber ich mußte es machen, das war völlig ein Zwang, und doch, als ich dann da war am Frauenhaus, als ich mich da reingedrückt hab und dann da stand und die Wand hinter mir hatte und Frau und Sohn verlangt hab zu sehen, da hatte ich mich doch unter Kontrolle, trotz Alkohol, und das wäre ohne Sie nicht so gewesen.« Es ist wirklich eine tiefe Verbundenheit zwischen uns.

Ich stelle ihm eine ganz allgemeine Frage: »Wie sehen Sie im Augenblick die politische Lage?« Er antwortet mit den derzeit – Frühjahr 1993 – so aktuellen Politikerskandalen. »Und wie ist es für Sie persönlich?« »Um einen wie mich kümmert sich doch da keiner. Und so verworren, wie die reden, die brauchen doch selber ein Wörterbuch. Wo soll ich hingehen? Wo wird nach meiner Meinung gefragt? Ich kann ihnen meine Situation nicht klar machen.« Als er wegen Überschuldung und daraus folgenden Mietrückständen in die Unterkünfte kam, »sollte es für ein halbes Jahr sein, hieß es. Und wie viele Jahre bin ich jetzt da drin? Bist du unten am Boden, wird rumgeknüppelt. Und dabei buckle (arbeite) ich oft mehr als zehn Stunden am Tag. Was machen die Leute dann? Haben die Nerven nicht mehr, schmeißen alles hin. Wo ist denn dann die Anlaufstelle? Am Sozialamt bin ich doch der Dreck. Du brauchst jemand, wo du dich unterhalten kannst. Das ist alles so verfahren in den Behörden, überlastet und unhöflich. Und dann wählen viele eben die Reps.« Das ist das Empfinden vieler Menschen am Hasenbergl. Herr Borchert beschreibt hier einige Wegstationen einer aus Ohnmachtsgefühl und Verbitterung kommenden politischen und allgemeinen Radikalisierung. Allerdings ist der Hinweis vonnöten, daß die andere Seite dieses Stadtteils doch aus einem vergleichsweise vorbildlichen sozialen Netz besteht. Es gibt hier eine ganze Menge »Docs«. Allerdings ist die Stabilität dieses Netzes zur Zeit eher fraglich angesichts knapper Finanzmittel und starker Tendenzen in Politik und Wirtschaft, soziale Leistungen zu verringern.

Um so bedeutsamer ist es, wenn Herr Bochert nicht »einfach nur fordert«, wie es Angehörigen sozialer Randgruppen so oft unterstellt wird, sondern ihm ist sehr wohl aufgegangen damals, daß Beratung kein Allheilmittel darstellt, daß es ohne eigene Anstrengungen nicht geht: »Du mußt Dir auch helfen lassen wollen. Und du mußt selber was tun.« Zugleich erinnert er sich, wie kipplig es in der ersten Zeit zwischen uns war, wie sehr er daran zweifelte, ob »dieser Doktor« ihm wirklich helfen wollte und konnte. Das sind tatsächlich Gratwanderungen, für beide Seiten.

»Und was meinen Sie, warum wählen so viele Leute hier im Stadtviertel die ›Republikaner‹?« – »Das sind vor allem Trotzreaktionen, gegen die anderen politischen Gruppierungen, wo immer nur der gleiche Schmarrn geredet wird. Die reden von Veränderungen, aber hintenrum machen sie es ganz anders, nach der Wahl.« – »Und wie sieht es mit alten Nazis aus hier?« – »Die sitzen eher isoliert in den Kneipen, da kümmer' ich mich nicht drum, auch sonst die Leute nicht so. Außerdem erledigt sich das von selbst, da ist doch kaum noch einer am Leben.« – »Und die Jüngeren? Und deren Ausländerfeindlichkeit etwa?« – »Das ist hier nicht so sehr. Da sind doch auch Ausländer als Wirte. Da würd' man doch nicht hingehen, wenn so ein Haß da wäre. Hier ist es eher gemütlicher als in den reichen Gegenden.« Natürlich wäre er manchmal sauer auf Ausländer, würde auch mal jemanden als »Kanaken« bezeichnen, aber das wäre nach zehn Minuten vorbei. Und es sei auch nicht anders als gegenüber Deutschen. Und dann ein interessanter Gesichtspunkt: »Hier direkt neben unseren Unterkünften, da haben sie doch jetzt die griechische Schule hingesetzt, ausgerechnet zu uns. Warum in diese verrufene

Gegend? Soll da was passieren? Aber es passiert kaum was in Wirklichkeit, höchstens unter denen selber. Und dabei rempeln die unsereinen manchmal ganz schön an.« – »Gewalt von Jugendlichen?« – »Klar gibt es da was, sind einige gewalttätig. Aber regelrechte Schlägertrupps sind mir nicht bekannt. Und dann schauen Sie sich doch mal bei uns um, etwa an den Garagen, was ist denn da draufgesprüht? ›Ich liebe Dich‹ usw. oder Graffitis ganz künstlerisch. Aber Hakenkreuze und dergleichen? Kaum doch irgendwo. Und wenn, dann gibt's genauso ›Nazis raus‹.«

Er spricht darüber, wie schwierig es für jemanden wie ihn ist, der »buckelt«, wieder aus den Notunterkünften herauszukommen. »Für den freien Wohnungsmarkt reicht es hinten und vorn nicht bei dem an Schulden, was bis jetzt doch noch da ist, fürs Wohnungsamt aber existieren die Schulden nicht, für die verdien' ich also zu viel, und überhaupt, an eine Sozialwohnung käm' doch jemand wie ich nicht heran, mit einer Arbeit, die er auch wieder verlieren kann, da nehmen die Vermieter doch lieber jemand, der vom Amt Sozialhilfe bekommt, da haben sie die Miete sicher.« Und er schildert, reif für die Bühne, eine Szene mit Vertretern der verschiedenen Ämter.

Dann kommt er auf den Streit der letzten Nacht mit seiner Partnerin zurück, in deren Verlauf sie ihm an den Kopf geworfen hätte, er sei doch völlig kaputt, und da solle er nicht den großen Mann machen beim Doc. »Sie ist ja eine liebe Person, aber wenn sie was getrunken hat, dann läßt sie alles raus, dann ist sie nur noch gemein, da muß ich mich ganz schön zusammennehmen. Und wenn sie dann kein gutes Haar an mir läßt, dann sag ich ihr: ›Jetzt hör mal gut zu. Du siehst doch, was ich schon alles geändert hab. Aber alles, das kannst Du nicht verlangen. Du mußt mir auch entgegenkommen. Ich mach' doch nicht Deinen Tanzbär.‹«

Das ist eine Äußerung, die auch im Hinblick auf die Politik zu verstehen ist, von der ja soeben noch die Rede war. Sie hieße dann: »Ihr müßt uns auch entgegenkommen. Wir machen doch nicht Eure Tanzbären.« Wie viel in dieser Sichtweise auch an Ressentiments und Projektionen stecken mag – an Wegschauen von den eigenen Mängeln und deren Festmachen bei »den Politikern« oder auch »den Sozialen«, alles dies verbreitet in Gegenden wie dem Hasenbergl –, so steckt doch zugleich viel Bedenkenswertes in diesen prägnanten Sätzen. Herr Borchert ist ein Mann mit viel Durchblick, ist intelligent, sehr ehrlich, hat aber viel einstecken müssen und war dabei meist ganz auf sich gestellt, sieht sich als Einzelgänger. Nicht umsonst fährt er LKW als eine Art »einsamer Cowboy«. Geduld ist nicht seine Stärke, langwieriges Abwägen auch nicht. Macho-Züge hat er genug. Und doch, er hat dazugelernt, und es ist außerordentlich wichtig, daß dies anerkannt wird, von der Partnerin, von mir, von Amtspersonen, von Politikern. »Ich mach doch nicht Euren Tanzbären.« Im Verlauf des Gesprächs hat mir Herr Borchert gesagt, wie er wählt: »SPD, schon aus Familientradition.« Doch für einigermaßen Kundige wird klar sein aus den zitierten Äußerungen, wie labil dieses Festhalten heute ist, angesichts von Skandalen, von »Verschlankung« im Sozialen Netz, von auch ihn wieder bedrohender Arbeitslosigkeit. Es wird sehr wesentlich an der SPD selber liegen, ob Herr Borchert bei den nächsten oder übernächsten Wahlen nicht doch die Rechtsradikalen unterstützt.

Und als wollte er mich, den Mann aus den »besseren Kreisen«, indirekt auf diese Gefahr hinweisen, läßt er im Hinausgehen noch zwei Bemerkungen fallen, die seine Empfänglichkeit für die Töne von ultrarechts demonstrieren: Willy Brandt hätte er nie gemocht, denn der sei doch »nach dem Krieg ins Ausland gegangen«. Und die »Wiedergutmachung«, also da hätte er so seine Zweifel. Noch fühlt Herr Borchert sich dem demokratischen Spektrum zugehörig, aber diese Bemerkungen zeigen die Labilität dieser Position.

Ich betrachte ihn also trotz aller Sympathie recht nüchtern, fühle mich ihm verbunden, habe mich von ihm auch beraten lassen, was die Öffentlichkeitsarbeit unserer Beratungsstelle betrifft, wahre aber zugleich Distanz, halte ihn zu vielem für fähig, auch zum offenen Rechtsradikalismus.

Und doch, eine wesentliche Unterscheidung ist hier noch vorzunehmen. Herr Borchert selber hat sie beiläufig getroffen: »Wissen Sie, was hier im ›Spaten‹ oder im ›Mathäser‹ manchmal herumgeredet oder gebrüllt wird, das ist nicht gerade vom Feinsten, und das hört sich vielleicht schon ganz schön rechts an. Aber wie ist denn das im ›Möwenpick‹ da, im ›Künstlerhaus‹ am Stachus, wo die feinen Leute sitzen und ganz ruhig miteinander reden, was läuft denn da ab, und vielleicht nur mit einer Bemerkung, vielleicht nur, daß man einen Termin ausmacht?«

Und er, der ehemalige Fremdenlegionär mit Kriegseinsatz im Tschad, weiß dies in größere Zusammenhänge einzuordnen: »Das ist doch eine ganz normale militärische Taktik, daß Spuren verwischt werden, woandershin gelegt werden. Hier bei uns am Hasenbergl, da sollen dann alle rechtsradikal oder gewalttätig sein, dabei fühlen sich die Mädchen hier sicherer als anderswo. Aber in den feinen Gegenden, was da zusammengetuschelt und ausgeheckt wird... Wir aber bekommen es dann hingeschoben.«

Ich bin weit davon entfernt, jemanden wie Herrn Borchert zum Unschuldslamm zu stilisieren und das Hasenbergl zur Idylle zu erklären, aber trifft er nicht wesentliche Aspekte der Wirklichkeit mit seinem Vergleich zwischen »Spaten« und »Möwenpick«? Der Münchner Bürgermeister und heutige Oberbürgermeister Ude lud Anfang 1993 eine Reihe von Mitarbeitern sozialer Einrichtungen aus den nördlichen Stadtbezirken zu einem Erfahrungsaustausch über Ausländerfeindlichkeit ein. Wir waren uns dort wie auch bei einer regionalen Tagung im Hasenbergl einig, daß gewalttätiger Ausländerhaß hier bis dahin keine hervorstechende Rolle spiele und daß Negativeinstellungen bei den sozial Benachteiligten keineswegs stärker vertreten seien als in anderen gesellschaftlichen Gruppen. Sehr interessant fand ich in diesem Zusammenhang die Mitteilung des Bürgermeisters,

daß er zur Zeit alle drei Tage zu einer Veranstaltung »gegen Ausländerfeindlichkeit« gehen könne, aber dort seien dann die fei-
neren Leute unter sich und wendeten sich gegen »die anderen«,
also etwa die Leute vom Hasenbergl, wohin man ja nie geht.
Demgegenüber erinnere ich mich an die ausgedehnte Sozialun-
tersuchung über den Münchner Norden durch einen Stadtgeo-
graphen von der Universität, wo dieser »verrufenen Gegend«,
wie Herr Borchert das so treffend sagte, gerade ein höheres Maß
an sozialem Zusammenhalt und an alltäglichen Bürgertugenden
bescheinigt wurde im Vergleich mit manchen bessergestellten
Stadtteilen.

In den zwanziger Jahren jedenfalls waren es in erster Linie
die einflußreichen Kreise Münchens und nicht die »kleinen Leute«, denen Hitler entscheidend seinen Aufstieg verdankte. Richardi hat dies genauestens untersucht in seinem Buch: *Hitler
und seine Hintermänner.*[10]

Oder ich lese bei Assheuer und Sarkowicz folgende Zusammenfassung heutiger rechtsradikaler Ziele: »Des Deutschen un-
übersichtliche Welt soll wieder stramm stehen und Größe und
Tragik ›des Lebens‹ sichtbar machen. Der Staat wird nach dem
Verheilen der deutschen Neurose wieder auftreten wie eine
zweite Natur, ›organisch‹ und zur Gänze unabhängig vom
Geschwätz, vom ›Aufkläricht‹ der diskutierenden Klasse, der
Medien, der politischen Kultur. Die neue, entlastete Souveränität thront auf der entkriminalisierten ›Geschichte der Deutschen‹ und wird sich nicht mehr an den Zivilisationsbruch, an
Auschwitz erinnern lassen wollen.«[11] Auf wen trifft diese Beschreibung eher zu, auf Herrn Borchert oder auf verschiedene
unauffällige »Leute im Möwenpick«? Wen sehen wir aber eher
als rechtsradikal an?

Beim Thema Rechtsradikalismus denken wir in West-
deutschland gar zu leicht und gar zu ausschließlich an randalie-
rende Jugendliche, besonders im weit entfernten Osten, oder
eben an Leute wie »die vom Hasenbergl«. Bei allen Gefahren,

die aus diesen Richtungen drohen, auch von Menschen wie Herrn Borchert: Übersehen wir nicht zu leicht, welche Kreise etwa dafür verantwortlich waren, daß die Polizei in Rostock in einer so explosiven Situation von der Asylbewerberunterkunft zurückgezogen wurde? Daß Gewalttäter konsequent zu bestrafen sind, darin sind Herr Borchert und ich uns völlig einig – doch auch darin, daß das Muster des »Haltet den Dieb« reichliche Verbreitung hat, gerade im Deutschland nach der geschenkten Vereinigung. Ein Herr Borchert, mit all seinen Gewalttendenzen, seinen Ressentiments, seinen Schulden und dem Leben in der Notunterkunft, am Rande Münchens und überhaupt der Gesellschaft, er hat sich den Blick für die Proportionen noch bewahrt, ihm ist völlig klar, daß gegen Gewalt vorzugehen ist, und ihm ist auch klar, daß von den rechtsradikalen Parteien für jemanden wie ihn letztlich nichts zu erwarten ist, »außer daß sie denen von den etablierten Parteien einheizen, daß die dann merken, die Leute nehmen uns unsere Sprüche nicht mehr ab.«

Selbst wenn jemand wie Herr Borchert demnächst doch rechtsradikal wählen sollte wie so viele andere vorher schon im Hasenbergl, die Hauptgefahren drohen aus anderen Gegenden. Darum geht es im folgenden Kapitel.

Zuvor berichte ich noch kurz von einem jungen Mann, den ich selber gar nicht kenne. Sicherlich käme er nicht zu jemandem wie mir, hätte »so was« nicht nötig.

Die Mutter eines Therapiekindes hat mir gelegentlich von ihrem älteren Bruder erzählt, von dem sie sich immer noch nicht ernstgenommen fühlt. Auch sein Sohn, Anfang zwanzig, ging jetzt reichlich selbstherrlich mit ihr um. Sie ist eher viel zu dezent, um über andere herzuziehen, doch eines Tages platzte ihr der Kragen, und sie erzählte mir: Der Neffe, Jungunternehmer mit großem Einkommen, sei seit längerem aktiv in einer rechtsradikalen Vereinigung. Sein Großvater mütterlicherseits sei nach dem Krieg von den Amerikanern hingerichtet worden. Mehr wisse sie aber nicht, darüber werde eisern geschwiegen. Daß er an den Nazi-Verbrechen aktiv beteiligt war, ist also höchstwahrscheinlich. Sein Enkel tritt in diese Fußstapfen. Und er tut dies nicht nur durch die Mitgliedschaft in einer rechtsradikalen Gruppierung, sondern er fällt mir darüber hinaus durch sein rücksichtslos forsches Verhalten meiner Klientin gegenüber auf. So jemandem traue ich Schlimmes zu. Für solche Leute wird mir durch den »Ausblick Hasenbergl« der Blick geschärft, sind sie es doch, die als erste mit dem Finger auf andere zeigen.

Und es gibt noch einen Grund, warum ich hier auf diesen Neffen meiner Klientin hinweise. Ihr Vater nämlich, sein anderer Großvater also, war ein Mann, der sich im alltäglichen Widerstand sehr verdient gemacht hat. Ist es als Zufall anzusehen, daß gerade seine Tochter, die in vielem mit ihm identifiziert ist, von diesem Rechtsradikalen so rüde behandelt wird? In so manchen Familiendramen sind sehr konkret noch Spuren der Geschichte dieses Jahrhunderts enthalten. Nur bekommt man diese Zusammenhänge so schwer zu fassen. Da steht das Schweigen nach 1945 dagegen, da artikulieren Menschenfeindlichkeit und Nazi-Tendenzen sich nicht in »offiziell« rechtsradikalem Gewand wie bei diesem Neffen, und da wird auch noch von jemandem wie meiner Klientin zu dezent damit umgegangen.

Es gibt bis heute eine beträchtliche Tradition an Menschenverachtung in Deutschland, die engste Bezüge zum Rechtsradikalismus hat, jedoch nur begrenzt unter diesen eingeordnet wird, obwohl sie ihm viel mehr verbunden ist und eine größere Gefahr darstellt, als sie von einem Herrn L., Herrn C., Herrn P. oder Herrn Borchert jemals zu erwarten wäre, auch wenn ich deren Gewaltpotential nicht unterschätze. Die Personen, die ich im folgenden Kapitel vorstelle, sind eigentlich viel eher als rechtsradikal einzuordnen, doch dieses Etikett verstehen Leute wie sie von sich fernzuhalten. Das bleibt dann Gegenden wie dem Hasenbergl vorbehalten. Deshalb kehre ich die Blickrichtung um: Ausblick vom Hasenbergl. Um die »feinen Leute« geht es im nächsten Kapitel.

7 Kontinuitäten – Abgründe im Alltag

Wenn das vorhergehende Kapitel und dieses eine besondere Einheit darstellen und wenn ich soeben eine Tradition der Menschenverachtung in Deutschland ansprach, so berücksichtige ich damit Erkenntnisse der neueren Geschichtsforschung. Der inzwischen auch in Deutschland anerkannte, lange Zeit aber sehr bekämpfte Historiker Fritz Fischer schreibt in seinem Aufsatz mit dem bezeichnenden Titel: *Hitler war kein Betriebsunfall* folgende Zeilen, die mich beim Durchdenken meiner psychologischen Erfahrungen manches Mal begleitet haben:

»Nach der Meinung eines angesehenen Hitler-Forschers (Eberhard Jäckel) bestand Hitlers ›Weltanschauung‹ aus zwei unveränderlichen Zielen: der Vernichtung der Juden und dem Krieg gegen Rußland zum Zwecke der Eroberung von ›Lebensraum‹... Doch mit der Judenfeindschaft und dem Krieg um ›Lebensraum‹ erweist sich Hitler als nicht originell und als Kind einer breiten Strömung in der deutschen wie der österreichischen Gesellschaft vor dem Ersten Weltkrieg.«[1] – »Neu, der Person Hitlers allein zuzuschreiben, ist die Übersteigerung dieser Politik ins Kriminelle... Wobei auch hier, außer den Gefolgsleuten Hitlers, staatliche und private Gruppen (Polizei, Eisenbahn, Bauunternehmer, Chemiewerke), sei es aus Antisemitismus, sei es aus preußisch-deutscher Gehorsamstradition oder aus gedanken- und bedenkenloser Gewinnsucht, beteiligt waren.«[2]

Diese Differenzierung zwischen einer durchgängigen Tradition von Expansivität, Antisemitismus und Gewaltbetonung und dem dazukommenden Spezifischen des Nazi-Reichs hat mir immer wieder in meiner psychologischen Arbeit sehr geholfen. Gerade angesichts der ausgedehnten Vernebelungen, wenn es um familiäre Bezüge zur deutschen Geschichte geht, ist es wichtig, nicht bei jeder Familientradition von Gewaltcharakter automatisch nur Bezüge zum »Dritten Reich« zu suchen, sondern auch weiter zurück. Das gleiche kann gelten bei Formen subtiler Menschenverachtung in Familien, die ja viel zu »fein« gewesen wären, sich mit den Nazis einzulassen. Und daß sich auch auf seiten von Sozialdemokraten manche Tradition von Identifikation mit der Macht herausgebildet hat, entnehme ich beispielsweise folgenden Zeilen: »Der Sog dieser Machtkonzentration in Verbindung mit dem stetigen wirtschaftlichen Aufstieg seit 1890 sowie dem äußeren Glanz und der Machtentfaltung des Kaiserreiches war so stark innerhalb Deutschlands, daß am Ende der Wilhelminischen Epoche selbst die beiden ursprünglich oppositionellen Parteien, Links-Liberale und Sozialdemokraten, in die bestehende Ordnung weitgehend hineingewachsen waren, wie es der 4. August 1914 und selbst der 9. November 1918 zeigten.«[3] Fischers hier nur anzudeutende Analysen über die Grundlinien »normaler« deutscher Politik waren ein wesentlicher Hinweis für mich, um das psychoanalytische Konzept der »Identifikation mit dem Aggressor« (Anna Freud) in den erweiterten Rahmen einer »Identifikation mit der Macht« zu stellen.[4]

Um sich diese Kontinuitäten mit einer Geschichte, die nicht erst 1933 menschenverachtend wurde, vor Augen zu halten, ist die Lektüre von Büchern wie denen von Fischer wichtig oder dem von Heinrich Mann *Der Untertan*, herausgekommen 1918. Für mich rückte die Zeit des Ersten Weltkriegs bestürzend nahe, als ich kürzlich erstmals die Schlachtfelder von Verdun besuchte, das Museum, die Festung Douaumont. Die Wälder sind heute, 75 Jahre danach, immer noch eine Kraterlandschaft. Das ist gar nicht so weit weg. Die Welt war damals schon grauenvoll für Millionen. Wenn man Fischers Buch *Griff nach der Weltmacht* liest, versteht man, warum unsere Vorfahren gerade in Verdun buchstäblich bis zum Wahnsinn kämpfen mußten. Es ging um die lothringischen Erzvorräte. Sie zu besitzen, hieße, so August Thyssen in einer bei Fischer zitierten Denkschrift, »daß Deutschland Amerika erreichen und überflügeln würde; damit würde die Weltherrschaft Deutschlands auf dem Eisenmarkt gesichert sein.«[5] Weltherrschaft hat nicht erst Hitler angezielt.

Die »Hölle von Verdun« ist mir als Schüler etwas bekannt gemacht worden durch Remarques *Im Westen nichts Neues*, das wir im Deutschunterricht lasen, auf Anregung eines Lehrers, der in einer Mischung von Grauen und Faszination um seine eigenen Kriegserlebnisse in Rußland kreise und der damit ein wenig den Nebel der frühen sechziger Jahre durchbrach. Doch ich brauchte reichlich lange, bis ich dort Station machte auf der Durchfahrt von Nordfrankreich, wo ein Bauer uns drei Granatenköpfe aus jener Zeit geschenkt hatte, die er beim Pflügen hochbefördert hatte – auch eine Form der Völkerverständigung. Was aber sitzt von alldem noch in unseren Untergründen? Was gibt es für Kontinuitäten in uns?

Nur um die Dimensionen dieses Themas anzudeuten, gehe ich noch einige Jahrzehnte zurück und wechsle auf die Ebene einer speziellen Art von »Philosophie« über. Seit meiner Dissertation, in der ich mich mit dem neuzeitlichen Individualismus befaßte, denke ich immer wieder und gerade auch in meiner täglichen Arbeit an »philosophische« Äußerungen wie diese: »Was Du zu sein die Macht hast, dazu hast Du das Recht. Ich leite alles Recht und alle Berechtigung aus Mir her; Ich bin zu Allem berechtigt, dessen ich mächtig bin. Ich bin berechtigt, Zeus, Jehova, Gott usw. zu stürzen, wenn Ich's kann... Ich aber bin durch mich berechtigt zu morden, wenn Ich Mir's selbst nicht verbiete, wenn Ich selbst Mich nicht vorm Morde als vor einem ›Unrecht‹ fürchte.«[6]

Das sind Sätze, die inzwischen 150 Jahre hinter sich haben. Sie stammen von einem verkrachten Milchhändler und wegen geringer Kenntnisse nur mit Einschränkung approbierten Lehramtskandidaten namens Max Stirner, einem aufgeblasenen Westentaschenphilosophen, der längst schon zu vergessen gewesen wäre, hätten nicht einerseits Marx und Engels die hier schlummernden Gefahren erkannt und dies ausführlich in der »Deutschen Ideologie« analysiert und hätte es nicht den europäischen Faschismus und besonders den Nationalsozialismus gegeben. Natürlich war Stirner nicht deren Urheber, aber er hat – und hier liegt schon ein Anflug von Genialität – bereits außerordentlich früh bestimmte Zeichen der Zeit erkannt, und er war von erheblichem Einfluß in den rechten Kreisen. Immer wieder fallen mir Kontinuitäten solchen extrem egozentrischen Denkens und Handelns gerade in deutscher Geschichte und deutschem Alltag auf, und ich frage mich dann, ob nicht so manche »Eigenheit« noch von uns Heutigen hier ihre Tradition hat. Stirners Buch trägt den bezeichnenden Titel: *Der Einzige und sein Eigentum.*

Menschen, die mich an diesen »Einzigen« erinnern, begegne ich in meiner Arbeit des öfteren, meist allerdings indirekt. Das gilt auch für Herrn Geppert. Ich lernte ihn zunächst nur flüchtig als Pflegevater eines Therapiekindes kennen. Während dieser Zeit hatten beide Eltern sich mir als so »in Ordnung«, als so »normal« präsentiert, daß ich mich ausnahmsweise ganz auf die Arbeit mit dem Kind konzentrierte. Dessen Störungen stammten ja aus seinen äußerst belasteten ersten Lebensjahren, bevor es in Pflege kam. Um so verblüffter war ich, als Frau Geppert sich Jahre später in großer Not nicht wegen der Tochter, sondern wegen ihres Mannes an mich wandte. Die Ehe sei unrettbar zerrüttet, ihre Normalität auch in den früheren Jahren bereits Fassade gewesen. Ich war nachträglich also mit einer Situation konfrontiert, von der ich nicht das Geringste bemerkt hatte. Ein weiterer Abgrund tat sich auf mit den ersten Worten, die Frau Geppert dann im Beratungsgespräch äußerte: Sie sei von ihrem Stiefvater jahrelang sexuell mißbraucht worden, jede Nacht zwischen zehn und zwölf Jahren. Und der dritte Abgrund, über den nach einigen Terminen Klarheit zustande kam, lag darin, daß es sich bei diesem Stiefvater nicht nur um einen »Biedermann« handelte, sondern sogar um ein prominentes Vorstandsmitglied in einer Organisation, die sich einen hohen Ruf bei der Schaffung eines demokratischen Deutschland geschaffen hatte. Daß so jemand seine Stieftochter sexuell mißbrauchen, sadistisch prügeln und die ganze Familie ins Elend stürzen könnte, paßt nicht in unser Weltbild. Er war ein Mann, der 1945 wie aus dem Nichts erschien. Frau Geppert hat bis heute keine Informationen über seine Vorgeschichte. Ist das nicht mehr als auffällig bei jemand so Prominentem?

Und noch einen weiteren Abgrund hinter einer Fassade von »Normalität« gibt es, nämlich auf seiten von Herrn Geppert. Dies wurde erst allmählich deutlich. Denn ursprünglich ging seine Frau völlig selbstverständlich davon aus, sie sei es, die »zu achtzig Prozent« die Schuld hätte an den Ehezerwürfnissen, seien diese doch das Ergebnis jenes Mißbrauchs und des daraus folgenden tiefen Mißtrauens in ihr. Mein Zweifel an dieser Einschätzung hatte seinen Grund in dem Umstand, daß mißbrauchte und mißhandelte Menschen häufig ganz zu unrecht die Hauptschuld bei sich selbst suchen. Nur aus diesem Grund und nicht etwa, um einseitig Partei für sie zu ergreifen, stellte ich immer wieder die Frage nach seinem Anteil. Meine Wahrnehmung war allerdings besonders geschärft, seit er mir in einem Telefonat vor dem ersten Termin seiner Frau gar zu treuherzig seine Mitarbeit angeboten hatte, um ihr wieder auf den »rechten Weg«, nämlich zur »normalen« Ehe mit ihm zu verhelfen, das sollte heißen einschließlich Duldung seiner Freundin. Ein persönliches Erscheinen jedoch war ihm das nicht wert. Er delegierte offensichtlich jede Problembehaftung an die Frau. Da war die Frage nach seinem eigenen Hintergrund naheliegend. Was ich Frau Geppert im Laufe längerer Zeit »entlocken« konnte, gebe ich hier in gedrängter Form wieder. Zu beachten ist dabei, daß diese Mitteilungen sie große Mühe kosteten, so sehr war sie es gewohnt, »Schuld« bei sich zu sehen und Wahrnehmungen über die dunklen Seiten der anderen für sich zu behalten.

Herr Geppert, höherer Polizeibeamter, machte »Transaktionen« bei der Vermögensteilung, die wahrscheinlich nur als Betrug zu bezeichnen wären. Der Außenwelt gegenüber stets auf seinen Ruf als treusorgender Familienvater bedacht, kümmerte er sich aber seit der Trennung fast gar nicht mehr um die Pflegetochter. Er setzte Gerüchte diffamierenden Inhalts über Frau und Tochter in die Welt, die doch über das hinausgingen, was im Zusammenhang mit Trennung und Scheidung noch als »normal« gelten kann. Ganz allmählich erst gestand Frau Geppert, daß er seit langer Zeit in den häuslichen vier Wänden die Tochter, die nun einmal recht lebhaft war, beschimpft hatte, sie eine »Zigeunerin« genannt, ihr eine »Hurenlaufbahn« vorhergesagt hatte, während er gute Schulnoten nicht zur Kenntnis nahm. Im Beisein des Kindes pflegte er seine Frau anzuherrschen: »Du warst es ja, die sie in Pflege nehmen wollte!« Mich erschreckte, daß dies während der Therapie von niemandem erwähnt worden war. Jetzt aber bestätigte das Mädchen die Aussagen der Mutter – und nahm zur gleichen Zeit eine erstaunliche Entwicklung in ihrem Selbstbewußtsein.

An »achtzig Prozent« also sollte Frau Geppert »schuld« sein? Mir schien es manches Mal, als sei sie viel verblüffter noch als ich über die Abgründe, die sie mehr und mehr bei ihrem Mann wahrnahm. Fassungslos rief sie an, als die Tochter eines Tages mit Blutergüssen im Gesicht und an den Armen vom Besuch beim Vater zurückkam. Sie hatte sich seine Herabsetzungen nicht mehr gefallen lassen wollen – da schlug er zu. War aber dies nicht genau dasselbe, was er jahrelang schon mit ihr gemacht hatte, nur subtiler, nicht so grob sichtbar?

Angesichts solcher Vorkommnisse stellte ich Fragen nach seiner familiären Vorgeschichte. In diesem Zusammenhang berichtete Frau Geppert auch davon: »Seine Mutter betont immer, sie sei nicht gut zu sprechen auf die Juden. Sie setzt sich in der U-Bahn neben keinen Ausländer, lieber bleibt sie stehen. Als ihr ein Farbiger mal seinen Platz anbot, wies sie das empört zurück.« Die Freundlichkeit des anderen, die offensichtlich nicht in ihr Weltbild paßte, interpretierte sie also erst recht als Zeichen für dessen Bosheit, sah sich selbst als sein Opfer. Sie projizierte ihre eigene Feindseligkeit. Dies aber hat eine enge Verbindung zu den zuvor angesprochenen Traditionen in der Geschichte von uns Deutschen, gehört auch zu den Grundmustern nazihafter Weltsicht. Frau Geppert meinte dann auch, nachdem sie mehrere solcher Vorfälle bedacht hatte: »Der größte Teil dieser Familie steckt noch in dem Denken von damals.«

Und Herr Geppert neigte ähnlich wie seine Mutter zu solchen Mustern. Grund für die Kinderlosigkeit der Ehe war seine Unfruchtbarkeit. Gerade zu der Zeit, als dies festgestellt wurde, hätte er aber sie, Frau Geppert, in besonderer Weise gedemütigt und blamiert, was weit über das allenfalls noch »normale« Maß in einer Selbstwertkrise hinausging. Er projizierte alles Unliebsame auf die Frau, so wie er es später auch gegenüber der Tochter machte.

Als seine Frau beruflichen Erfolg hatte zu einer Zeit, während der er schon länger vergeblich auf eine Beförderung wartete, beredete er sie monatelang, ihre Arbeit aufzugeben. Im nachhinein war sie nicht nur heilfroh, sich ihre Unabhängigkeit erhalten zu haben, sondern sie bemerkte erst jetzt die Motive seines Vorgehens: Er wollte als der Überlegene dastehen, als der »Übermensch« gegen sie, den »Untermenschen«. Solch eine Interpretation jedenfalls liegt nahe. Daß es in vielen Ehen so aussieht, ist kein Grund, dies für »normal« zu halten, im Gegenteil, es verweist auf problematische Traditionen in massenhafter Verbreitung.

Ich behaupte dies nicht von ungefähr, schon gar nicht an dieser Stelle. Mit großem Erstaunen habe ich nämlich bemerkt, daß ich mit noch weiteren Familien zu tun habe, in denen fast haargenau dieselben Verhältnisse herrschen wie in Familie Geppert. Das ist für mich etwas ausgesprochen Ungewöhnliches, sind doch ansonsten meine Klientenfamilien durchwegs so unterschiedlich, wie man es sich in der Allgemeinheit wahrscheinlich gar nicht vorstellen wird. Hier aber habe ich es mit genau denselben Grundmustern zu tun gehabt und sogar mit teilweise verblüffend identischen Details. Ich gebe ein paar davon wieder: vorbildlich wirkende Familien, angesehen bei Nachbarn, Verwandten, Lehrern usw.; schwere Eheprobleme aber über viele Jahre; Trennung und Scheidung, wenn überhaupt möglich, dann nur unter besonderer Schuldgefühllast auf seiten der Frauen; die Männer in beruflichen Stellungen mit hoher sozialer Ausrichtung; auf ihrer Seite keinerlei Bereitschaft zu Ehe- oder Familienberatung, Delegation an die Frauen; aber Versuche, mich in ihrem Sinne zu manipulieren; extremes Ausmaß an Selbstkritik bei den Frauen, nur zögerndes Ansprechen der negativen Seiten ihrer Männer; eine Kette von Vorkommnissen über Jahre, die eigentlich als Handlungen mit verbrecherischer Tendenz von seiten dieser »ordentlichen« Männer zu bezeichnen wären: seelische Mißhandlungen, schwerer Betrug, Verdrehen der Wirklichkeit, Verrückterklären der anderen Familienmitglieder; eine Entwicklungsgeschichte der Männer, wie sich trotz oder auch aufgrund ihrer fehlenden Mitarbeit rekonstruieren ließ, die voll ist mit eigenen Traumatisierungen, mit Demütigungen, mit tiefem Verlassensein; doch diese Erfahrungen wurden beiseitegeschoben, stattdessen »Tapferkeit«, »Härte« und vor allem Erfolg und soziales Ansehen als oberste Ziele aufgenommen; zu den Herkunftsfamilien bleiben wie so oft bei so massiver Gefühlsabwehr überbetont enge Bindungen, während die heutige Familie und insbesondere die Ehefrauen die Ablehnung erfahren, die eigentlich jenen zu gelten hätte; dazu »passend« Frauen, die sich aufgrund ihrer eigenen Herkunft für diese Rollenzuschreibungen bestens eignen, sie selbst mitherstellen, dies ebenfalls als Folge oft schwerer Traumatisierungen; sie also delegieren ihre unterdrückten aggressiven Äußerungen an die Männer.

Diesen soeben skizzierten »Familienverhältnissen« haftet nach meiner Wahrnehmung etwas ungewöhnlich Typisches an. Die einzige Einschränkung, die ich zu machen habe, bezieht sich auf das Mann-Frau-Verhältnis. Dieses kann sehr wohl auch umgekehrt sein. Dem begegne ich besonders deutlich manchmal bei Scheidungsfamilien.

Der amerikanische Psychotherapeut M. Scott Peck hat ein aufschlußreiches Buch zur Psychologie des Bösen geschrieben. Ihm entnehme ich folgende Passage, die genauestens auf Menschen wie Herrn Geppert zutrifft: »Für die Psychiatrie ist es, wie ich meine, an der Zeit, einen deutlich erkennbaren neuen Typ von Persönlichkeitsstörung zu erkennen, der diejenigen Menschen umfaßt, die ich böse genannt habe. Zusätzlich zur Leugnung von Verantwortung, wie sie alle Persönlichkeitsstörungen kennzeichnet, kommen bei diesem Typ besonders folgende Merkmale hinzu:

a) durchgehend destruktives, anschuldigendes Verhalten, das mitunter ganz subtil auftreten kann,

b) übermäßige, wenn auch meist verdeckte, Unverträglichkeit gegenüber Kritik und anderen Formen narzißtischer Kränkungen,

c) auffällige Sorge um öffentliches Ansehen und Selbstbild der Achtbarkeit, was einerseits die Lebensweise stabilisiert, andererseits aber auch zur Vorspiegelung falscher Tatsachen und zur Leugnung von Haßgefühlen oder Rachemotiven führt,

d) intellektuelle Unredlichkeit, mit wachsender Wahrscheinlichkeit leichte schizophrenieähnliche Denkstörungen in Streßzeiten.«[7]

Bis auf den Bezug zur Schizophrenie kann ich alle Aussagen Punkt für Punkt genauestens bestätigen. Zwar finde ich solche

»Typologien« problematisch, denn sie verleiten so leicht zu voreiligen Schlüssen und zu Verurteilungen. Doch an dieser Stelle, wo nach meinem Eindruck so ungewöhnlich typische Konstellationen anzutreffen sind, bestärkt mich Pecks Aufstellung in meinen Wahrnehmungen.

Ich meine, daß wir es hier mit dem psychologischen Zentrum menschenfeindlicher, wirklich böser »Normalität« zu tun haben. Gerade darum sind diese Verhältnisse ja so typisch, so immergleich, wie ich das ansonsten in meiner Arbeit nie antreffe. Mehr als einmal habe ich an dieser Stelle Leute damit verblüfft, daß ich ihre Berichte einfach fortgeführt habe, so als könnte ich hellsehen! Aber es gehören keine übernatürlichen Kräfte dazu, sondern diese Verhältnisse sind einfach so typisch, so simpel in ihrer geradezu absurden Banalität, in ihrer Fixierung darauf, unbedingt »normal« zu sein. Nur beherrschen sie gar so sehr die »Kunst«, die anderen zu verwirren, sie in ihren eigenen Wahrnehmungen zu verunsichern. Deshalb braucht es oft lange und bedarf meist zuverlässiger Hilfe von außen, um das Wirken solcher Menschen zu durchschauen.

Natürlich ist es wichtig, auch an dieser Stelle zu differenzieren. Ich spreche hier nicht von bloßer Angepaßtheit, bloßer Biederkeit, möge sie auch als spießig angesehen werden, spreche nicht von dem Wunsch von uns Menschen, dazuzugehören und eine Rolle zu spielen im Leben, uns über andere zu erheben usw. Sondern bei jener bösen »Normalität« handelt es sich um ein Umkippen üblicher »Wohlanständigkeit« in eine ganz andere Qualität, und zwar dadurch, daß sie wie bei Herrn Geppert nur auf Kosten anderer geht, und dies in einer Weise, die massiv schädigend ist, oft bis hin zu real Vernichtendem, hinsichtlich der ganzen Person des anderen, seines Ansehens, seiner Kinder, dessen, was ihm das Wichtigste ist. Gnadenlos wird dem nachgegangen, was als die »eigenen« Interessen erscheint, und diese Gnadenlosigkeit zeigt sich am schärfsten darin, wie das Gegenüber zum Sündenbock gemacht wird.

Solche Menschen gibt es zu Hunderttausenden, zu Millionen, und das natürlich nicht nur in Deutschland. Von daher kann ich auf die Frage aus der Einleitung, wie Menschen anderen so Furchtbares antun können, nur antworten: Hier liegen die Quellen, hier im »normalsten« Alltag, allerdings meist verborgen hinter Wohnungsmauern, Fabriktoren und Vorzimmerdamen. Hier ist auch das Reservoir für die Mächtigen der Welt, wenn sie Bedarf an Folterern und deren Ausbildern haben.

An dieser Stelle treffen sich die Blicke auf Vergangenheit, Gegenwart und Zukunft. »Was habt ihr damals getan?« Zu dieser Frage gehören untrennbar auch diese: »Was habt ihr danach getan? Was könntet ihr wieder tun?« Aber auch: »Wozu sind wir, eure Erben, bereit? Was haben wir bereits getan?« Das sind Fragen nach den Kontinuitäten, wobei nicht immer in aller Präzision zu unterscheiden ist, wie weit es sich um welche Kontinuität nun ganz genau handelt. Sind es solche eher allgemeiner Art aus der deutschen Geschichte oder spezifische des Nazi-Reichs? Welchen Stellenwert hat dabei die in ihrer perfektionistischen Allgegenwärtigkeit so beklemmende »Normalität« der DDR-Staatssicherheit? Und wie weit schlagen sich auch noch in der Praxis demokratisch legitimierter Politik – einschließlich Geheimdiensten – Tendenzen der hier skizzierten bösen »Normalität« nieder? Produktion von Anlagen für Vernichtungswaffen bei Israels Nachbar Irak und dies ausgerechnet mit deutscher Hilfe, damals noch getrennt aus West und Ost – kann das ohne den Blick auf Kontinuitäten zu begreifen sein?

Hier, im Bereich dieser Fragen, bewegen wir uns an den Nahtstellen von Psychologie und Politik. Das Konzept einer wirklich bösen, einer die Vernichtung anderer in Kauf nehmenden oder sogar anzielenden »Normalität« hat darin einen zentralen Platz, eng verbunden mit dem, was ich zuvor als Identifikation mit der Macht beschrieben habe.

122

Ich berichte aus dem Alltag ein paar gar nicht so ungewöhnliche Eindrücke, in denen vor allem Kontinuitäten zum Nazi-Reich sichtbar werden, auf seiten von ganz wohlangesehenen »guten Bürgern«, keineswegs von ausgewiesenen Rechtsradikalen.

Eine Frau von 60, Tochter eines relativ prominenten Konservativen, der gegen die Nazis war, worauf sie sich gerne beruft, verheiratet mit einem weiterhin offen Nazi-Identifizierten, assoziiert mit dem Ortsnamen Wunsiedel nicht die dortigen Theaterfestspiele, obwohl sie doch so kulturinteressiert ist, sondern Heß, den ehemaligen Führer-Stellvertreter, zu dessen Grab heute Neo-Nazis pilgern. Und dann fallen die fatalen Sätze, die die Fassade von Biederkeit in sich zusammenbrechen lassen: »Dem hatte der Secret Service versprochen, er wird gut aufgenommen, wenn er nach England kommt, und dann haben sie ihn sofort bei der Landung verhaftet und ihm später den Kriegsverbrecherprozeß gemacht. Dabei war doch 1941 noch gar nichts Schlimmes passiert.« Bis 1941 noch gar nichts Schlimmes passiert?

Ein Arzt, ebenfalls Jahrgang etwa 1930, hat mein Buch gelesen, ruft mich an, berichtet von den zahlreichen Hausbesuchen, bei denen er auf Nazi-Gegenstände trifft, am krassesten das Gemälde eines SS-Generals im Wohnzimmer, doch dann: »Und trotzdem gilt, und gerade heute, wo der Kommunismus zusammengebrochen ist, daß nämlich die Welt nur am deutschen Wesen genesen kann. Wir sind die Brücke zwischen West und Ost.«

Ein Bekannter, Geschichtslehrer und spezialisiert auf das Mittelalter, hat es gewagt, sich auch neueren Themen zuzuwenden, und hat weit entfernt vom Wohnort einen Vortrag zur Religionsgeschichte dieses Jahrhunderts gehalten, in dem er am Rande auch die Nazi-Verbundenheit seiner eigenen frommen Familie im »Dritten Reich« als Beispiel nahm. Seine Mutter liest das Manuskript, schickt es ihm kommentarlos zurück mit dem beigefügten Zeitungsartikel aus einer rechtsradikalen Zeitung zur »Auschwitzlüge«. Seine Schwester ringt sich nur einen Satz ab, doch der trifft: »Ein begnadeter Schriftsteller bist du ja nicht.«

Eine Großmutter, die ihr Enkelkind in Pflege genommen hat, weil die Mutter, »diese Schlampe«, es vernachlässigt hätte, beteuert mir stundenlang dermaßen penetrant ihre eigene Wohlanständigkeit und »die schlechten Anlagen« des Kindes, daß es eigentlich schon gar nicht mehr der Hinweise aus der Nachbarschaft bedarf, in Wirklichkeit prügele sie das Kind. Und dann berichtet sie noch voll Verzückung und ohne jede distanzierende Bemerkung, wie sie in einer Dokumentarsendung einige ihrer BdM-Lieder erstmals wieder gehört habe und was für eine »gute Zeit« das doch gewesen sei.

Es gibt einen Film, *Abrahams Gold*, in dem auch so ein »Biedermann« vorkommt, ein besonders extremer, einer, der zur Wachmannschaft von Auschwitz gehörte, Zahngold der Toten stahl, es vergrub und es sich viele Jahre später holte. Davon handelt der Film. Und es gibt eine Tochter, die ebenfalls so »eine Schlampe« ist, und es gibt ein Enkelkind, das diese ganze grauenhafte Last zu tragen hat und sich am Ende aufhängt, verlassen auch noch vom Pfarrer. Dieser Film entsprach so detailgetreu den Verhältnissen in verschiedenen mir bekannten Biedermann-Familien mit Nazi-Hintergrund, daß ich es mir kaum anders vorstellen konnte, als daß hier eine Fachperson beteiligt war. Völlig zufällig traf ich diese, es war ein Psychiater und Psychotherapeut vom Münchener Max-Planck-Institut für Psychiatrie, Professor Emrich. Und von ihm erfuhr ich, daß der Film auf authentischem Material beruht. Und: Er wurde kaum in den Kinos gespielt. Kritiker und Zuschauer hielten ihn wohl für »übertrieben«, für »konstruiert«. Aber: Er erhielt einen Preis – in Frankreich.

Die deutsche Großmutter eines jüdischen Klientenkindes – dieses schon 1989 zutiefst beunruhigt über antisemitische Plakate vor der Europawahl – beteuerte ausgerechnet vor diesem

Enkel, als Deutscher könne man wirklich nur noch DVU wählen.[8]

Ähnliches erlebt eine heute 25jährige Klientin seit Jahren von ihrer Großmutter. Diese wirft ihr penetrant vor, noch nicht verheiratet zu sein, ignoriert deren familienbedingte Probleme hinsichtlich Partnerschaften, verletzt sie chronisch mit diesen Forderungen nach Wohlanständigkeit und läßt im gleichen »Gespräch« Sätze fallen wie: »Unter Hitler hätte man diese Behinderten umgebracht.« Oder: »Wir brauchen einen neuen Hitler.« Wenn meine Klientin ihr dann entgegenhält, wieviel Angst ihr das mache, sie selber habe doch »jüdisches Blut in sich« (durch den Vater), und Hitler würde doch auch sie vergasen, wenn es ihn noch gäbe, macht sie ungerührt weiter. Die tiefen Ängste meiner Klientin haben wesentlich mit ganz realen Erfahrungen zu tun, mit tödlichen Drohungen in ihrer familiären Umgebung: Abgründe im Alltag, Kontinuität über Generationen hinweg.

Die soeben berichteten Eindrücke stammen aus der »wohlanständigen« Welt zwischen politischer Mitte und Rechtsradikalität. Auf der eher linken Seite, von moderaten Liberalen bis zu radikalen Grünen oder auch Kommunisten, sind aber ähnliche Abgründe anzutreffen. Sie mögen nach Zahl und Ausmaß geringer sein, sind auf jeden Fall verdeckter durch ein andersgerichtetes Bewußtsein, doch darin kann durchaus eine Gefahr von Täuschung und Selbsttäuschung liegen. Die französische Psychoanalytikerin Chasseguet-Smirgel hat auf so etwas hingewiesen, nämlich in diesem Falle mit Blick auf untergründigen Antisemitismus bei den Grünen.[9] Ich gebe auch für diesen Bereich einige Eindrücke wieder.

Eine Schriftstellerin, Jahrgang etwa 1920, betont, nie in der NSDAP gewesen zu sein. Sie habe auch sonst immer zu ihrer Meinung gestanden. Aber, eingeladen zu einem Abendessen zusammen mit einem jüdischen Ehepaar, die Frau Überlebende aus einem KZ, fragt sie mit keinem Wort nach deren Vergangenheit,

dominiert stattdessen das Gespräch und verkündet schließlich
ungerührt, welch schreckliches Silvester sie 1943 verleben mußte, »mit Fusel und Dosenwurst« – während ihr Gegenüber im
KZ war. Der Vater dieser Frau, Dorfbürgermeister von 1940 bis
1945, hätte sich wirklich nichts zuschulden kommen lassen (?),
sei aber bei den Russen durch einen Kommunisten denun-
ziert worden, dem er früher geholfen hätte, kam in ein sowje-
tisches Internierungslager, ging dort elend zugrunde. Ich weiß,
daß diese Frau überidentifiziert ist mit ihren Eltern, die ihr
in Wirklichkeit vieles angetan haben. Doch wie es so typisch
ist, andere müssen dafür herhalten, in diesem Fall wieder einmal Juden. Das ist Täter-Opfer-Umkehrung, das ist Identifikation mit der Macht, dies auch bei einer ansonsten recht liberalen Frau.

Ich bin zu Gast bei Freunden, die stolz sind auf ihr linkes
Bewußtsein, bringe ihnen mein Buch über die seelischen Auswirkungen der Nazizeit mit, kurze Verblüffung, vielleicht Neid,
und dann von ihm, ohne es geöffnet zu haben: »Da sehe ich ja ein
Problem, nämlich daß man so einseitig werden könnte, nur noch
die eine Thematik zu sehen, so wie es Alice Miller mit der Kinds-
mißhandlung macht.« Ich halte mich vorerst bedeckt – doch wir
kommen nie wieder auf das Thema zurück, der Kontakt versiegt.
Beim letzten Treffen attackiert mich der 12jährige Sohn penetrant, betont seine Angst vor mir als Psychologen. Dabei hatten
wir uns sonst gut verstanden. Zwischen uns war nichts vorgefal-
len. Die Frage liegt nahe: Was drückt er für die Eltern aus? Welche Abgründe haben sich möglicherweise durch mein Buch auf-
getan?

Freunde erzählten uns eine erschütternde Erfahrung. Ein
Bekannter hatte sich rührend um sie gekümmert, als der Mann
lebensgefährlich krank war. Sie waren sich sehr nahegekommen.
So unternahmen sie später gemeinsam eine Wochenendreise an
den Heimatort dieses Mannes. Sie saßen in einer gemütlichen
Ecke eines Restaurants – und dann redete er wie ein Berserker

auf unseren Freund ein und hielt ihm, völlig aus heiterem Himmel, eine Vielzahl von angeblichen Charakterfehlern vor, was weder dieser noch die anwesenden Ehefrauen verstanden. Er war einfach nicht zu bremsen, ergoß sich mehrere Stunden lang, unsere Freunde waren auf Wochen hinaus verstört und wie versteinert. Und das alles fand statt so kurz nach der schweren Krankheit unseres Freundes und so in Kontrast zum rührenden Verhalten jenes selben Mannes während der langen Krankheitszeit. Wie war das nur denkbar? Mir kam, als ich dies hörte, assoziativ die Idee, bei dem Mann könnten Nazi-Bezüge vorliegen. Dies war für mich eine bloße Denkmöglichkeit, und genau in diesem Sinne äußerte ich es auch zu unseren Freunden: »Dies ist ein Vorfall von so unerklärlich wirkender Art, daß ich, würde es sich um Klienten in meiner Arbeit handeln, probeweise auch an Nazi-Hintergründe denken würde.« Dieser Einfall kam mir auf der Grundlage meiner inzwischen genaueren Kenntnis böser »Normalität«. Es war etwas gar so Vernichtendes in den Handlungen jenes Mannes. Und in Deutschland verweist so etwas nun einmal zuallererst aufs Nazi-Reich. Unsere Freundin schaute verblüfft hoch: Der Vater jenes Mannes sei ein ganz prominenter Nazi gewesen!

Wenigstens streifen möchte ich hier den auch für unsere seelischen Verhältnisse so bestimmenden Bereich von Wirtschaft und Politik. Sehr aufschlußreich waren dafür Ausstellung und Dokumentation über eine Initiative der Hamburger Stiftung zur Förderung von Wissenschaft und Kultur zugunsten der KZ-Gedenkstätte Neuengamme. Ich zitiere aus der persönlichen Erklärung von Reemtsma:

»Die Frage, ob Institutionen wie Individuen als Träger von Verantwortung angesprochen werden können, könnte einer theoretisch verneinen; er wäre allerdings dann darauf hinzuweisen, daß das bürgerliche Gesetzbuch diese Frage bejaht. Institutionen sind Rechtsinhaber, können Rechtsverhältnisse eingehen, im Verständnis des Gesetzes handeln sie mithin. Wer Rechte hat, wer handeln kann, trägt Verantwortung.

Man trägt Verantwortung für sein Handeln und dessen Konsequenzen. Und man trägt Verantwortung für die Konsequenzen vergangenen Handelns, wenn die eigenen Handlungsmöglichkeiten Konsequenzen aus diesem vergangenen Handeln sind. Wer sich die realen oder möglichen Rechtspositionen einer Institution zu Eigen oder zu Nutze macht, übernimmt die Verantwortung, als deren Träger er die Institution sehen muß.«[10]

Genau diese Verantwortung hatte Reemtsma 1988 angesprochen und die verschiedenen Firmen und Behörden einschließlich ihrer Rechtsnachfolger, die seinerzeit Häftlinge des KZ Neuengamme für sich hatten arbeiten lassen, gebeten, sich an einer Initiative zugunsten der KZ-Gedenkstätte zu beteiligen. Diese Initiative ist gescheitert[11], gescheitert an Briefen wie den im folgenden zitierten, gescheitert an den zahlreichen Briefen, die überhaupt nicht erst geschrieben wurden. Das Schweigen als Methode dauert fort. Es gab allerdings auch einige wenige positive Reaktionen auf Reemtsmas Konzept. In diesem hatte er die wirtschaftliche Funktion des Lagers skizziert, den Sinn von Gedenkstätten präzisiert und vorgeschlagen, über die dringend notwendigen Reparaturarbeiten hinaus Möglichkeiten für einen »Ort von Dokumentation und Forschung« zu schaffen. Dies sollte nicht allein von der Hamburger Kulturbehörde getragen sein, sondern von allen Institutionen und Firmen, die einen Bezug zur Häftlingszwangsarbeit gehabt hatten. »Eine Gedenkstätte am Orte eines Massenmordes ist kein Etatposten neben Denkmälern und Museen.«[12]

Dies also war die Bitte gewesen, auf die Firmenleitungen oder Behörden beispielsweise so reagierten:

Firma Jastram: »ich bedaure sehr, Ihr obiges Konzept nicht mittragen zu können. Ich denke, daß es eine der originären Aufgaben der Kulturbehörde ist, als Repräsentant der Allgemeinheit, für die Aufarbeitung unserer tragischen Vergangenheit Sorge zu tragen.

Darüber hinaus ist unsere Firma im Schiffbau beschäftigt und durch die Krise in dieser Branche in hartem Existenzkampf, der uns schon zu Entlassungen gezwungen hat. Wir haben daher alle nicht unbedingt notwendigen Ausgaben streichen müssen.«

Krupp Stahl: »Ihren ausführlichen Antrag über den Aufbau einer Gedenkstätte am Ort des ehemaligen Konzentrationslagers Neuengamme haben wir mit Interesse zur Kenntnis genommen.

Bei der heutigen Situation der Stahlindustrie haben wir die Bereitstellung von Geldern für Spenden und Beiträge erheblich zurückgefahren. Außerdem ist von Ihnen in der Anlage der Einsatz von Häftlingen bei Werftarbeiten angesprochen worden. Dies betrifft nicht die Krupp Stahl AG in Bochum.

Wir bitten um Verständnis, daß wir Ihrem Spendenantrag nicht entsprechen können.«

Bauunternehmung August Prien: »im Zusammenhang mit den Vorgängen um das ehemalige Konzentrationslager Neuengamme wird als Quelle ein Buch… genannt.

Wir bitten um Ihre Nachricht, wo wir uns das betreffende Buch beschaffen können.« (im Buchhandel!)

Varta Batterie Aktiengesellschaft – bei der Räumung von deren zu Neuengamme gehörigem Außenlager wurden 600 kranke Häftlinge in einer Scheune lebendig verbrannt: »Vielen Dank für Ihren Brief vom 26. Oktober 1988, mit dem Sie uns für den 6. November 1988 zu einer Matinee in die Hamburger Kammerspiele einladen.

Zu unserem großen Bedauern sehen wir uns aus terminlichen Gründen verhindert, von Ihrer Einladung Gebrauch zu machen.

Zugleich erinnert uns Ihre Einladung daran, daß Ihre vorangegangenen Briefe durch ein Versehen in unserem Hause in die falsche Ablage geraten sind. Deshalb schulden wir Ihnen noch eine Antwort.

Ihr Konzept über die Zukunft der Gedenkstätte Neuengamme spricht uns an. Wir erlauben uns daher, Ihnen einen Scheck über 5 000 DM zur Förderung Ihres Vorhabens beizufügen, und überlassen es gern Ihnen, diese Spende in unserem Namen nach Ihrem Gutdünken zu verwenden.

Wir dürfen hinzufügen, daß wir eine Spende für Zwecke der Gedenkstätte Neuengamme erst vor einigen Wochen an das Museum für Hamburgische Geschichte gegeben haben.

Mit freundlichen Grüßen und mit guten Wünschen für den Erfolg Ihrer Bemühungen.«

Das sind Briefe aus dieser Dokumentation, die man mehrfach lesen sollte. Sie sind voll von falschen Tönen und Verzerrungen der Wirklichkeit, der Wahrheit von damals und der Intentionen der Initiative. Beispielsweise war nicht um Spenden gebeten worden, sondern um Mitarbeit. Einstellungen wie die in diesen Briefen geäußerten dürften erhebliche Verbreitung haben in bundesdeutschen Institutionen und Firmen. Was in den Reaktionen auf Reemtsmas Initiative sichtbar wurde, ist allenfalls die Spitze eines Eisbergs.

»In der Industrie ist die Herrenmenschenmentalität noch sehr verbreitet, gerade auch bei kleinen und mittleren Unternehmen«, so ein mir bekannter Unternehmensberater. Oder ein Mitarbeiter in einem angesehenen bundesdeutschen Großunternehmen: »Manchmal frage ich mich, ob nicht doch die SS noch den Krieg gewonnen hat, nämlich wenn ich diese jungen Betriebswirtschaftler herumstolzieren sehe, die uns alte Hasen mit einer Arroganz und Menschenverachtung sondergleichen beiseitefegen, nur weil sie über die neuesten Methoden verfügen würden und die Firmenleitung in ihrem Rücken wissen.« Ein anderer Mitarbeiter in einem ebenfalls renommierten Unternehmen berichtete mir von Praktiken bei der »Wegrationalisierung von Arbeitsplätzen«, d. h. doch wohl der darauf sich befindlichen Menschen, die den Gedanken an die KZ nicht mehr ganz abwegig erscheinen lassen: Jeder Abteilungsleiter hatte eine festgesetzte Zahl von Untergebenen auf eine Entlassungsliste zu setzen, und ihm wurde eröffnet, im Falle seiner Weigerung käme er selber darauf. Und dies wurde nicht in einem krisengeschüttelten Unternehmen angewandt, bei dem die Leitung zu verzweifelten und dann immer noch verwerflichen Schritten griff, sondern im Gegenteil während einer Phase extremer Anspannung in Überbeschäftigung!

Dies sind ein paar meiner Informationen aus einem nicht nur mir weitgehend verschlossenen Bereich. Sie ergänzen die genannten Briefe.

Hinsichtlich der Politik zitiere ich nur die zwei letzten Sätze der berüchtigten, der außerordentlich schillernden, ambivalenten Rede des damaligen Parlamentspräsidenten Jenninger zum 50. Jahrestag der Novemberpogrome von 1938. »Dies ist das Wichtigste: Lassen wir niemals wieder zu, daß unserem Nächsten die Qualität als Mensch abgesprochen wird. Er verdient Achtung; denn er trägt wie wir ein menschliches Antlitz.«[13] Das klingt gut, aber nur auf den ersten Blick. Wenn der andere »wie wir ein menschliches Antlitz« trägt, dann sind »wir« der Maßstab. Das ist etwas anderes, als wenn der hohe Redner schlicht gesagt hätte: »Was du nicht willst, das man dir tu, das füg auch keinem anderen zu.« Diese Alltagsgrundlage von Moral geht von Gleichrangigkeit aus, während in Jenningers Satz das »Wir« eine erhöhte Position einnimmt. Und das sind wieder einmal die Deutschen in ihrer Gesamtheit, denn sie beabsichtigte der Bundestagspräsident an jenem Tag zu repräsentieren, ausgerechnet am 9. November 1988 mit solchen Sätzen. Was er repräsentierte, war eine Selbstüberhebung auf der Linie der gerade hier angesprochenen Traditionen und Kontinuitäten. Von Stirner bis heute ist die Luft voll von solchen Tönen, in Politik, Wirtschaft, Wissenschaft, Alltag, Familie.

Sprache kann so viel verraten. Seit der deutschen Vereinigung fällt mir in trivialen Zusammenhängen die gehäufte Verwendung von Superlativen mit dem Zusatz »... aller Zeiten« auf wie etwa: »der beste Mercedes aller Zeiten«. In diesem vom Inhalt her völlig überflüssigen Zusatz – ist es doch der Zweck z. B. eines neuen Modells, besser zu sein als das vorhergehende – steckt eine heimliche Kontinuität zum Nazi-Reich: Hitler wurde emphatisch als »Gröfaz« bezeichnet, als »größter Feldherr aller Zeiten«! Die Häufung dieser Floskel »... aller Zeiten« ist kein Zufall, vielmehr unsere Luft noch immer voll von solchen Tönen, auch wenn andererseits vieles verändert wurde, auch wenn mein argentinischer Freund, wie in der Einleitung erwähnt, es heute als typischen Ausspruch bei uns Deutschen ansehen kann: »Das lasse ich mir nicht gefallen.« Im Spannungsfeld solcher Gegensätze bewegen wir uns, zwischen Kontinuitäten und Ablösungen.

Am Ende des vorhergehenden Kapitels hatte ich mich, wenn auch zugleich mit einiger Distanz, ein wenig an die Seite derer gestellt, auf die gar zu schnell mit Fingern gezeigt wird und bei denen allein dann Rechtsradikalismus und Neonazismus vorzukommen scheinen. Sehr viel gefährlicher aber sind andere. Das betone ich nochmals zum Abschluß dieses Kapitels und des ganzen ersten Teils. In diesem Zusammenhang ist es mir wichtig, den folgenden Bericht hier zu zitieren. Es geht um Leute »aus den besten Kreisen«.

»Nach dem Kriege hat im Auschwitz-Prozeß in Frankfurt der Lagerarzt Entreß ausgesagt: ›Wenn der Krankenstand über fünf Prozent der Lagerstärke betrug, mußte der Lagerarzt eine Selektion durchführen... Ein großer Prozentsatz der Kranken hatte Phlegmone, vor allem an den Füßen. Sie wurden durch die

Holzschuhe verursacht. Oft bedeuteten Holzschuhe, die die Häftlinge bekamen, eine Art Todesurteil.‹ Im Dezember 1942 besichtigten fünf Direktoren der IG Farben die Produktionsstätte... Den Herren kamen zwei jüdische Häftlinge entgegen, Reymond van der Straaten und Fritz Löhner-Beda, der sich auf seinen Holzschuhen nur noch dahinschleppte. Einer der Direktoren zeigte auf Löhner-Beda und sagte: ›Der Jude dort könnte auch etwas rascher arbeiten.‹ Am Abend dieses Tages wurde Fritz Löhner-Beda totgeschlagen. ›Kennst du den?‹ fragte einer der Leichenträger seinen Kameraden Oszkár Betlen, als sie den Toten zum Krematorium trugen. Nein, Betlen hatte ihn nie gesehen. ›Das ist der, der die ›Lustige Witwe‹ gemacht hat‹. Einer der fünf Herren, der IG-Farben-Direktor Otto Ambros, schrieb nach der Reise ins Konzentrationslager Auschwitz-Monowitz einen Brief an seine Kollegen Fritz ter Meer und Ernst Struß: ›Außerdem wirkt sich unsere neue Freundschaft mit der SS sehr segensreich aus. Anläßlich eines Abendessens, das uns die Leitung des Konzentrationslagers gab, haben wir weiterhin alle Maßnahmen festgelegt, welche die Einschaltung des wirklich hervorragenden Betriebes des KZ-Lagers zugunsten der Buna-Werke betreffen.‹ Alle fünf Herren machten nach dem Kriege Karriere in der chemischen Industrie der Bundesrepublik Deutschland. Wer von ihnen den Häftling Fritz Löhner-Beda hat totschlagen lassen, konnte man nicht mehr feststellen. Man versuchte es auch gar nicht. Die Mörder selbst hatten ein reines Gewissen. Otto Ambros antwortete einem Reporter des *San Francisco Chronicle* auf die Frage, was er im Kriege getan habe: ›Das ist doch schon lange her. Es hatte mit Juden zu tun. Wir denken darüber nicht mehr nach‹.«[14]

Diesen Abgründen aus den Bereichen »feiner Gesellschaft« muß ich einfach etwas entgegensetzen. Aber was nur? Dieses ganze Buch.

II Psychotherapie im 20. Jahrhundert

Dieses Buch ist aus der Perspektive des Psychotherapeuten geschrieben, doch von einem, der auch als psychologischer Berater arbeitet. Erziehungs- und Familienberatungsstellen sind im allgemeinen stärker auf die sozialen und gesellschaftlichen Verflechtungen eingestellt, als das bei niedergelassenen Psychotherapeuten meist der Fall ist. Trotz solcher Akzentverschiebungen bestehen aber so viele Übereinstimmungen zwischen beiden Bereichen, daß ich des besseren Verständnisses wegen im folgenden nicht weiter unterscheide, sondern insgesamt von Psychotherapie spreche.

Im ersten Teil hatte ich aus dieser vielfältigen Arbeit berichtet und die konkreten Erfahrungen unter einigen zentralen Gesichtspunkten näher betrachtet. Bevor ich nun weitergehe und detaillierter über einzelne Lebensläufe berichte, möchte ich einen Moment innehalten und die psychotherapeutische Perspektive selber etwas genauer anschauen, jedenfalls so weit das mit unserem Thema zu tun hat: Geschichte in uns. Ich gebe einige Hinweise, wie ich die Möglichkeiten und Aufgaben von Psychotherapie einschätze angesichts der chronischen Verletzung elementarster menschlicher Bedürfnisse und Rechte in diesem 20. Jahrhundert, speziell in Deutschland.

Zunächst einmal kann ich sagen: Wir leben im Jahrhundert der Psychotherapie. Vor 100 Jahren war sie noch ein weitgehend unerforschtes Gebiet, doch kurz darauf wurden die Grundlagen zu all den vielfältigen Formen von Psychotherapie gelegt, die wir heute kennen. Genau 1900 veröffentlichte Sigmund Freud sein bahnbrechendes Buch über die Traumdeutung, bahnbrechend in seinen Aufschlüssen zum Traum selber, in seiner neuartigen theoretischen Konzeption und in den therapeutischen Perspektiven. Sein Werk insgesamt entwickelte seitdem einen einzigartigen Charakter, bringt bis heute Wissenschaftstheoretiker in Schwierigkeiten, die Psychoanalyse einzuordnen, erregte heftigsten Widerspruch und begeisterte Zustimmung, gewann international großen Einfluß in Alltag, Gesellschaft, Wissenschaften, macht, jedenfalls in meiner Sicht, weiterhin das Zentrum aus im weiten Feld der kaum noch überschaubaren Psychotherapieformen. Es hat auch am Ende dieses Jahrhunderts nichts an Aussagekraft eingebüßt, vorausgesetzt, wir erlauben uns einen einigermaßen selbstbewußten Umgang mit diesem monumentalen Werk, ohne andererseits seine Vielschichtigkeit gar zu sehr zu verkürzen.

Denn da ist Freuds Anspruch exakter Wissenschaftlichkeit, wie er typisch war für die zeitgenössische Physik und Biologie, also die Naturwissenschaften. Da ist andererseits seine unbeirrte Infragestellung individueller und gesellschaftlicher Fassaden, die man eher von Philosophie, Literatur oder Kunst erwartet hätte. Und da ist der praktisch tätige Psychotherapeut, zu dem die Patienten von weither strömten, weil sie sich Heilung von konkreten Leiden erhofften.

An diesem letzten Aspekt wird besonders deutlich, warum ich hier von einem Jahrhundert der Psychotherapie spreche: Die Verbreitung dieser Heilkunst, damals noch unerhört, ist heute, allen weiterbestehenden Vorurteilen zum Trotz, etwas ganz Normales geworden in der entwickelten westlichen Welt, ein Massenphänomen geradezu. Sie ist längst nicht mehr wegzudenken aus unserem so überwältigend komplizierten und unüberschaubaren Leben. Die Individualisierung in den hochentwickelten Gesellschaften, also der Wegfall klarer und verbindlicher Normen zugunsten ständig vergrößerter Wahlmöglichkeiten und -zwänge, würde uns der massenhaften Verzweiflung überantworten, hätten wir nicht die verschiedensten Möglichkeiten von Therapie und psychosozialer Beratung zur Verfügung. All das, was inzwischen dem Individuum aufgetragen ist an eigener Sinnstiftung, an eigener Herstellung seines Lebensplans, seiner

Biographie, hängt hinsichtlich des Erfolgs wesentlich davon ab, ob wir uns überhaupt auskennen im »eigenen Haus«, ob wir mit Störungen umzugehen vermögen, ob wir zwischen alten und neuen Lasten, zwischen Einschränkungen aus der Vergangenheit und Aufgaben im Heute zu differenzieren wissen, ob wir uns in der Pluralität unserer Persönlichkeitsanteile und in der Vielfalt unserer Außenbezüge zurechtfinden. Seelische Einschränkungen, mit denen früher gut zu leben gewesen wäre, können heute unseren Lebensweg ruinieren. Psychotherapie und Beratung sind dabei nicht mehr wegzudenkende Hilfen.

Ich wies sodann auf Freuds Infragestellen individueller und gesellschaftlicher Fassaden hin. Hier liegt ein zweiter Grund, um vom Jahrhundert der Psychotherapie zu sprechen. Die Haltung, die Freud in den Jahren vor der Veröffentlichung der »Traumdeutung« entwickelt hatte, war wesentlich bestimmt von Aufdecken, von Schauen hinter die Tabus, von Erkennen überhaupt erst einmal der Tabus, von Sichtbarmachen vielfältiger Illusionen. Immer wieder verwies er darauf, daß die psychoanalytische »Kur« nicht ohne Schmerzen abgeht, und er verglich sie mit der Arbeit eines Chirurgen. Er erforschte die Widerstände, die solchen Operationen geradezu notwendigerweise entgegengebracht werden, er erforschte, wie mit ihnen umgegangen werden kann, und erkannte auch die in ihnen zugleich verborgenen Mitteilungen und Wünsche. Solche Widerstände waren nicht nur bei den Individuen zu beobachten, sondern sie bestimmten auch wesentlich die Resonanz in der Öffentlichkeit. Freud sprach davon, daß er den Kränkungen der Menschheit eine weitere und sehr tiefe hinzugefügt hätte: »Mit dieser Hervorhebung des Unbewußten im Seelenleben haben wir aber die bösesten Geister der Kritik gegen die Psychoanalyse aufgerufen… Zwei große Kränkungen ihrer naiven Eigenliebe hat die Menschheit im Laufe der Zeiten von der Wissenschaft erdulden müssen. Die erste, als sie erfuhr, daß unsere Erde nicht der Mittelpunkt des Weltalls ist, sondern ein winziges Teilchen eines in seiner Größe kaum vorstellbaren Weltsystems. Sie knüpft sich für uns an den Namen Kopernikus, obwohl schon die alexandrinische Wissenschaft ähnliches verkündet hat. Die zweite dann, als die biologische Forschung das angebliche Schöpfungsvorrecht des Menschen zunichte machte, ihn auf die Abstammung aus dem Tierreich und die Unvertilgbarkeit seiner animalischen Natur verwies. Diese Umwertung hat sich in unseren Tagen unter dem Einfluß von Ch. Darwin, Wallace und ihren Vorgängern nicht ohne das heftigste Sträuben der Zeitgenossen vollzogen. Die dritte und empfindlichste Kränkung aber soll die menschliche Größensucht durch die heutige psychologische Forschung erfahren, welche dem Ich nachweisen will, daß es nicht einmal Herr ist im eigenen Hause, sondern auf kärgliche Nachrichten angewiesen bleibt von dem, was unbewußt in seinem Seelenleben vorgeht. Auch diese Mahnung zur Einkehr haben wir Psychoanalytiker nicht zuerst und nicht als die einzigen vorgetragen, aber es erscheint uns beschieden, sie am eindringlichsten zu vertreten und durch Erfahrungsmaterial, das jedem einzelnen nahegeht, zu erhärten. Daher die allgemeine Auflehnung gegen unsere Wissenschaft, die Versäumnis aller Rücksichten akademischer Urbanität und die Entfesselung der Opposition von allen Zügeln unparteiischer Logik.«[1]

Die besonders von Freud sich herleitende Grundhaltung des Aufdeckens in der Psychologie ist, verbunden mit ähnlichen Tendenzen in Kunst, Literatur, Philosophie, Sozialwissenschaften, zu einem bestimmenden Moment dieses Jahrhunderts geworden, zu einem Motor des Fortschritts, allerdings auch zum Anlaß und Objekt vielfältigster Widerstände. Sie markiert einen zentralen Konflikt zwischen Tradition und Veränderung, der sich in diesem Jahrhundert besonders zugespitzt hat. Da die Psychotherapie hier einen herausgehobenen Platz einnimmt, ist dies für mich ein Grund mehr, vom Jahrhundert der Psychotherapie zu sprechen.

Auch für den dritten eingangs genannten Bereich, in dem

Freuds Werk bahnbrechend war, für die Überlegungen zur Wissenschaftstheorie, enthält das Zitat eine wesentliche Wendung: »Mahnung zur Einkehr«. Was hier auf den ersten Blick eher philosophisch oder gar theologisch wirken mag, ist ein Kernpunkt aller Psychotherapien, die mit Dialog und Einsicht zu arbeiten versuchen. Psychotherapie ist in diesem Sinne eine Hilfe zur Einkehr, zur selbstverantwortlichen Veränderung, und ihr geht als unerläßliche Vorbedingung die eigene Einkehr des Therapeuten, dessen eigene Analyse, voraus. Und das ist nicht nur ein methodisches Grunderfordernis für die praktische Tätigkeit, sondern stellt zugleich etwas bahnbrechend Neues bis tief in den Bereich der Theoriebildung dar: Der Forscher schaut nicht nur nach außen, auf die Welt, die anderen, sondern auch oder sogar vorrangig in sich selber. Dies war und ist ein unerhörter Anspruch, denn was fällt uns Menschen schon schwerer als die Selbstreflexion? Und dies gilt bis heute in weiten Bereichen unseres Lebens, obwohl auf der anderen Seite einiges von diesen Einsichten inzwischen Eingang gefunden hat in Alltag, Gesellschaft und bis hin zu den Naturwissenschaften.

Freuds Anspruch auf Selbstreflexion, die damit verbundenen Verheißungen, aber auch die unumgehbaren Schmerzen und Verunsicherungen, dies alles gehört zutiefst zur speziellen Gestalt dieses 20. Jahrhunderts, über das wir angesichts seines näherkommenden Endes vermehrt und, wie mir scheint, auch mit etwas Abstand nachzudenken beginnen.

Nachdem ich nun also auf der allgemeinen Ebene die in meinen Augen zentralen Dimensionen von Psychotherapie skizziert habe, beziehe ich dies auf das zuvor genannte Thema: Wie stellen, speziell in Deutschland, Psychotherapeuten sich heute zu den Abgründen dieses Jahrhunderts? Hier gibt es einige Klippen.

Als erstes denke ich an unsere Ausrichtung auf den leidenden Menschen. Deshalb sucht man uns ja auf, und dementsprechend steht das Leiden unserer Klienten im Mittelpunkt. In diesem Ausschnitt der Gesamtwirklichkeit kennen wir uns mit der Zeit besonders aus. Vielfach haben wir selber unseren Beruf wesentlich aufgrund eigenen Leidens gewählt. Dadurch aber sind wir erst recht in Gefahr, diese Seite überzubewerten. Denn es gibt noch eine andere, ihr Gegenstück: das Leidenlassen. Das wird häufig übersehen. Weder in der Welt noch speziell in Deutschland aber waren es Naturkatastrophen, von denen dieses Jahrhundert geprägt ist, sondern der Wahnsinn und die Untaten von uns Menschen.

Ich meine nun, daß diese vorrangige Leidensperspektive von uns Psychotherapeuten einen blinden Fleck darstellen kann, wenn es darum geht, Folgen aus der (deutschen) Geschichte zu untersuchen. Er besteht zusätzlich zum allgemeinen Widerstand in der Gesellschaft, eigene Täterbezüge wahrzunehmen, und zusätzlich zur Täter-Opfer-Umkehrung. Ich spreche auch aus eigener Erfahrung und möchte das an einem Beispiel erläutern.

Ich denke an die Arbeit mit einer Familie, über die ich schon vor Jahren in meinem Buch über Psychotherapie mit behinderten Kindern geschrieben habe, »eine Familie im Trauma«. Mir war hier so konkret wie kaum zuvor aufgegangen, wie weit die Fäden unserer Verwirrungen zurückreichen können, bis zum 1. Weltkrieg und noch früher. Der Bericht über diese intensive Familientherapie enthielt folgendes Detail über den sechsjährigen Sohn:

»Nach längerer Zeit, in einer gemeinsamen Sitzung, malte Bernd ein Bild: Eine Burg ohne Fenster, ohne Tor, ohne Zugbrücke, davor ein Fliederbusch. ›Flieder mag ich so gern.‹ Er sah aus wie ein Dornenbusch. Daneben gab es drei spitzige Bäume. Eine Sonne, wie sie sonst auf Bildern in dieser Altersstufe regelmäßig vorkommt, fehlte. Dafür sah man vier Vögel in der Luft, für das Alter ungewöhnlich gut gezeichnet. ›Das sind Aasgeier. Das ist hier nämlich nach der Schlacht‹.«[2]

In meinen relativ ausführlichen Interpretationen zu diesem Bild und überhaupt zur Dynamik und Geschichte dieser Familie fehlte bezeichnenderweise dieser Punkt: Wer sind die Aasgeier? Wer hat die Schlacht geführt? Es fehlte also die Frage nach der Täterschaft. Diese »Familie im Trauma« betrachtete ich ausschließlich unter der Perspektive des Leidens, nicht unter der des Leidenlassens. Das aber erkenne ich jetzt rückblickend eindeutig als blinden Fleck meinerseits und geradezu als einen Kunstfehler, denn es gab so viel, was vor allem die Eltern sich gegenseitig antaten, daß es allein hinsichtlich der aktuellen Familiendynamik wichtig gewesen wäre, diese Botschaft des Bildes zum Thema zu machen: »Das sind Aasgeier. Das ist hier nämlich nach der Schlacht.«

Ich belasse es bei diesem Beispiel, habe an anderer Stelle[3] weitere Hinweise auf meine eigene Verleugnung von Täterbezügen gegeben. Ich zeige also nicht nur auf andere. Nach meiner Erfahrung, gerade auch der mit mir selber, hat Giordano[4] recht, wenn er meint, wir Deutschen sähen uns gar zu leicht als »Opfer«. Davon ist das therapeutische Sprechzimmer nicht ausgenommen. Um so wichtiger ist es mit Blick auf die historische Wahrheit und im Interesse eines wirklichen Gelingens von Therapien, besonders in Deutschland dieser Wirklichkeit ins Auge zu sehen, bei den Klientinnen und Klienten, bei ihren Bezugspersonen, bei uns Therapeuten selber.

In engem Zusammenhang mit diesem Punkt steht die zweite Klippe für uns Psychotherapeuten angesichts der Abgründe des 20. Jahrhunderts: das Schuldthema. Ich weiß aus vielen Gesprächen und aus manchen Diskussionen nach eigenen Vorträgen, welche Emotionen dies bis heute in Deutschland wecken kann und welche Überraschungen hier zu erleben sind, auch mit ansonsten ganz liberal wirkenden Leuten. Insbesondere die Projektionen wuchern angesichts dieses Themas. »Das Ausland«, »die Juden«, »die junge Generation« würden »uns« beschuldigen, würden nie »damit« aufhören und wollten doch eigentlich »nur unser Geld«. Das sind nicht einmal bloß Stammtischparolen. Was uns Psychotherapeuten betrifft, so kommt eine weitere

Quelle möglicher Verzerrungen hinzu: die Verwechslung von Schuldgefühlen und Schuld. Mit ersteren haben wir nämlich in unserer täglichen Arbeit viel zu tun, und zwar meist als ein eher irrationales Behaupten von Schuld. Von daher entwickeln manche von uns die Gewohnheit, in jedem Schuldthema etwas derart »Irrationales« zu vermuten. Sie wollen es – jedenfalls in der Tendenz – dann aufzulösen helfen.

Das aber ist diametral dem entgegensetzt, wie mit wirklicher Schuld umzugehen ist. Ich zitiere Frau Gerlicher, über die ich später berichte[5], mit einer Briefstelle: »Ich könnte zahllose Geschichten erzählen, wie Psychotherapie die Auseinandersetzung blockieren kann, wie überhaupt Schuld an sich tabuisiert wird... Wie geht man mit Schuld um? Ganz einfach, man hält sie aus. Es gibt nur den Weg, sie zu ertragen, jeder Mensch lädt Schuld auf sich, man muß sich ihr stellen.« Bei solcher Klärung können Psychotherapeuten helfen, bei allem, was darüber hinausgeht, aber nicht. »Wegmachen« läßt sich nichts.

Eine dritte Klippe, ebenfalls eng benachbart, liegt in der Tendenz zu einer speziellen Berufsblindheit. Gerade weil wir den eingeschliffenen Sichtweisen in Gesellschaft und Alltag einen Spiegel entgegenhalten, der auf das dahinter Verborgene gerichtet ist, sind wir in der Gefahr, unsere Zugangsweise zur Wirklichkeit für überlegen zu halten. Sie ergibt sich gerade aufgrund des beträchtlichen Erfolgs unseres Vorgehens. Wann aber verlassen wir den Bereich, für den wir wirklich Fachleute sind? Ich kenne viele Beispiele, wo voreilig Schlüsse auf anderes Gebiet gezogen wurden, insbesondere auf das von Gesellschaft, Politik, Geschichte, dies vielleicht noch mit der Begründung, Freud hätte das ja auch gemacht. Das Resultat sind dilettantische Verallgemeinerungen. Vor diesem Hintergrund ist es mir wichtig, Einsichten aus anderen Fachbereichen in meine Überlegungen aufzunehmen.

Dies ist erst recht erforderlich, wenn wir uns einer Frage zuwenden, die dieses ganze Buch durchzieht: Was ist normal?

Hier sehe ich als vierten Punkt eine große Klippe für uns Psychotherapeuten, nämlich zu verkennen, daß gerade »Normalität« ein gesellschaftliches Konstrukt ist. Ausgerichtet auf Individuum und Familie, sind wir in Gefahr, diesen Bereich zu verabsolutieren, innerpsychischen Verhältnissen vorschnell einen überzeitlichen Charakter zuzuschreiben. Dann aber entgeht uns, wie sehr sich insgesamt die Rolle von uns Menschen in der Gesellschaft, im Leben überhaupt, bis hinein ins »Privateste« seit längerem verändert hat. Wir hängen am Bild des autonomen und selbstverantwortlichen Individuums, machen hier unser Bild von Normalität fest – und dabei haben die Nazis beispiellos vorgeführt, zu welchen Taten ganz »normale« Menschen in der Lage sind, wenn sie nur in »höherem« Auftrag handeln. Wie schon verschiedentlich in diesem Buch gezeigt, können wir das nicht einfach als »Rückfall in die Barbarei« von uns schieben. Es hat mit uns zu tun, den ganz »normalen« Menschen, auch mit uns Nachkommen, denn wir tragen vieles aus der Geschichte in uns.

Immer wieder bemerke ich, wie schwer wir uns nicht nur im Alltag, sondern gerade auch als Psychotherapeuten damit tun, diese gesellschaftliche Bedingtheit etwas konkreter zu verstehen – erst recht angesichts der Nazi-Vergangenheit und ihrer Fortwirkungen. Als Psychotherapeuten kommen wir aber am Ende dieses 20. Jahrhunderts nicht umhin, uns stärker mit diesen Fragen zu befassen. Eine wichtige Hilfe kann dabei etwa das Werk des polnisch-britischen Soziologen Zygmunt Bauman sein, hilfreich auch darin, daß er selber seine eigenen Schwierigkeiten im Zugang zu diesem Bereich mitteilt. Er selber hätte, wie üblich in der Soziologie, lange Zeit den Holocaust nur als ein Faktum neben vielen anderen gesehen. Erst als Mitte der achtziger Jahre seine Frau ein Buch über ihre Erfahrungen im Warschauer Ghetto verfaßte, ging ihm seine Verleugnung auf. Daraufhin und nach genauerer Einsicht in die Ergebnisse historischer Forschung änderte er seine Perspektive diametral: »Der Holocaust war kein Bild an der Wand, sondern ein Fenster, durch das Dinge sichtbar wurden, die normalerweise unentdeckt bleiben. Und was zum Vorschein kam, geht nicht nur die Urheber, die Opfer und die Zeugen des Verbrechens etwas an, sondern ist von größter Bedeutung für alle, die heute leben und auch in Zukunft leben wollen. Der Blick durch dieses Fenster verstörte mich zutiefst, aber je bedrückter ich wurde, desto mehr wuchs in mir die Überzeugung, daß es äußerst gefährlich ist, diesen Blick nicht zu tun.«[6] Und das meine ich auch für uns Psychotherapeuten.

Was Bauman durch dieses »Fenster« so radikal anders sah, hat zentral zu tun mit unserem Verständnis von »Normalität«. Massenmord, Völkermord, verwaltungsmäßig geplanter und industriell durchgeführter Mord in größtem Umfang waren nämlich in Wirklichkeit sehr »normal«, fielen nicht aus »der Zivilisation« heraus, sondern hatten im Gegenteil diese zur Vorbedingung. Weil uns individualistischen Leuten im Westen und dabei uns Psychotherapeuten noch in erhöhtem Maße solche Sichtweisen meist unvertraut sind, zitiere ich eine weitere zentrale Stelle aus Baumans Werk: »Die Moderne machte den Genozid möglich, als sie das zweckgerichtete Handeln von moralischen Zwängen emanzipiert hatte. Die Moderne ist zwar nicht die hinreichende Ursache des Genozids, aber ihre notwendige Bedingung. Die Fähigkeit, menschliches Handeln in großem Maßstab zu koordinieren, eine Technologie, die es erlaubt, in großer Entfernung von dem Objekt des Handelns wirksam zu agieren, eine minutiöse Arbeitsteilung..., das Anhäufen von Wissen, das dem Laien unverständlich ist und damit die Autorität der Wissenschaft erhöht..., sind die integralen Attribute der Moderne. Aber sie bedingen ebenso die Ersetzung der Moral durch instrumentelles Handeln... und ermöglichen damit den Genozid, sofern Kräfte existieren, die entschlossen sind, ihn durchzuführen. Mit anderen Worten, mittels einer radikalen

Schwächung moralischer Hemmungen und der Durchführung großangelegter, von moralischer Beurteilung unabhängiger... Projekte stellt die Moderne die Mittel für den Genozid bereit.«[7] Diese Sätze könnten mißverstanden werden, als sollten die Nazi-Verbrechen relativiert werden. Ich sehe sie in umgekehrter Bedeutung: Sie relativieren »Normalität«. Und sie geben eine sehr nüchterne Antwort auf die in diesem Buch von Anfang an gestellte Frage: Wie ist es möglich, daß massenhaft und berufsmäßig ganz »normale« Menschen als Staatsbedienstete Folter und Mord verübt haben und es weiterhin tun, dazu ausbilden, es anordnen? Eine Antwort lautet: Das gehört zentral zum »Projekt der Moderne«.

Angesichts dieses Befundes tun gerade wir individuumzentrierten Psychotherapeuten gut daran, innezuhalten und mit eigenen Antworten eher zu zögern. Wohl aber können wir in unserem Bereich die Augen aufhalten. Ich denke etwa an Herrn I.[8] und Herrn Geppert[9], an die Eltern von Frau Sartorius[10], von Frau Burgfeld[11] und von Frau Gerlicher.[12]

Das »Normale« und das Böse, insbesondere das absolut Böse[13], liegen heute sehr eng beieinander. Vor dieser Klippe stehen nicht nur wir Psychotherapeuten, sondern ebenso Philosophen, Theologen, Pädagogen... Das Böse in der Hauptsache auf der individuellen Moral zu basieren, geht nicht mehr. Ich denke an jemanden, bei dem der Folterer vorher sein Bedauern ausdrückte – aber dann erfüllte er seine »Pflicht«. Das steht für vieles. Interessiert da noch die »persönliche Moral«?

Bauman schreibt an anderer Stelle: »Das Böse braucht keine fanatisierten Anhänger und auch kein begeistertes Publikum. Allein der Selbsterhaltungstrieb genügt.«[14] Das verweist auf die »Banalität des Bösen«, wie etwa Hannah Arendt sie herausgearbeitet hat.

Und doch, ein Widerspruch ist möglich, zum Glück. Denn die andere Seite ist, »daß der Selbsterhaltungstrieb die moralische Pflicht nicht notwendigerweise besiegt... Die Tatsache, daß

144

einige wenige widerstanden, entkräftet die Logik der Selbsterhaltung und beweist, daß es immer Entscheidungsmöglichkeiten
gibt.«[15]

Es bedeutet mir viel, einige solche Menschen kennengelernt
zu haben, insbesondere ehemalige Häftlinge des KZ Dachau.
Von ihnen haben auch wir Psychotherapeuten viel zu lernen.

Eine Psychologie des Bösen unter dieser Perspektive ist
dringend erforderlich, aber noch nicht sehr entwickelt und
schon gar nicht verbreitet. Ein bemerkenswertes Buch stammt
hierzu, wie im vorhergehenden Kapitel kurz zitiert, von dem
nordamerikanischen Psychotherapeuten Peck. Sein Originalti-
tel markiert besser als die deutsche Übersetzung *(Die Lügner)*
die Brisanz dieses Themas: *People of the Lie.* Noch kompetenter
wird dies bei Wurmer analysiert, besonders in seinem Buch *Die
zerbrochene Wirklichkeit.* Und ebenso will ich auf das Werk von
Ervin Staub wenigstens hinweisen: *The roots of evil. The origin
of genocide and other group violence.* Hier wird in einem weiten
Überblick eine Sozialpsychologie des Bösen in diesem Jahrhundert entwickelt, zentriert um den Holocaust, zugleich mit Blick
auf den Völkermord der Türken an den Armeniern, auf das
»Verschwindenlassen« in Argentinien und auf Kambodscha:
»genocide to create a better world«.

Genau das aber ist, siehe auch die Analysen von Bauman, der
(Alp-) Traum der Moderne. Und von daher stellt sich für uns
Psychotherapeuten genau so wie für alle anderen die Frage nach
unserem Standort. Es genügt nicht, unser Eintreten für »Werte
des Humanismus« zu beteuern. Das machen die Folterer der
Welt und ihre Auftraggeber ebenfalls. Deshalb warne ich vor
einer Idealisierung unserer Berufsgruppe und vor der Über-
schätzung ihrer Möglichkeiten allein wegen ihrer »Menschlichkeit«. Auf »gute Absichten« allein ist kein Verlaß.

Wenn wir aber die von Freud ausgesprochene »Mahnung
zur Einkehr« auch für uns selber berücksichtigen und darin die
heute verfügbaren Erkenntnisse aus Geschichts- und Sozialwis-

senschaften über den Zusammenhang von »Normalität« und Verbrechen etwas stärker einbeziehen, können wir meines Erachtens etwas Wichtiges tun: den Schlaf stören, der dem (Alp-) Traum der Moderne zugrundeliegt. Dazu ist Voraussetzung, daß wir erst einmal unser eigenes Leben und das unserer Klientinnen und Klienten im Zusammenhang dieser Abgründe des 20. Jahrhunderts und seiner Vorgänger zu begreifen lernen. Dann aber können wir mit dazu beitragen, diesen Tendenzen etwas entgegenzusetzen.

III Lebensläufe im Spannungsfeld von Komplizenschaft und Ablösung

Während ich zuvor eine Reihe zentraler Themen bearbeitet und dabei eher Momentaufnahmen einer größeren Zahl von Personen wiedergegeben habe, konzentriere ich mich in den folgenden drei Kapiteln auf einzelne Lebensläufe und ihre jeweils komplexen Zusammenhänge mit deutscher Geschichte.

1 »... ihm sein Kreuz zurückgeben«

Es war ein Ferngespräch, und die Frau am anderen Ende wirkte gehetzt und sehr unter Druck. Sie heiße Burgfeld, habe mein Buch über die seelischen Auswirkungen der Nazizeit gelesen. Das lasse ihr keine Ruhe mehr. Sie sei sich klar, daß dieses Thema viel mit ihr zu tun habe. In den Therapien, von denen sie in den letzten 15 Jahre mehrere gemacht habe, sei es aber nie darum gegangen. Ob sie zu mir kommen könne? Ich gab ihr einen Termin in meiner Praxis und fragte sie, ob sie mir zuvor noch ein paar Informationen schicken könne, etwa in Form eines Lebenslaufs.

Eine Woche später kam ein Päckchen an, etwa 80 Seiten handschriftlicher Aufzeichnungen, voll mit Einzelheiten. Ich hatte Mühe, beim ersten Überlesen den roten Faden zu finden. Der Vater war Angehöriger der Waffen-SS auf einer niedrigen Rangstufe gewesen, aber innerhalb einer Einheit von herausgehobener Bedeutung. Sie selbst wurde 1941 geboren, erlebte als kleines Kind schwere Bombenangriffe, wurde zusammen mit Mutter und Großeltern evakuiert. Der Vater war länger in sowjetischer Kriegsgefangenschaft. Frau Burgfeld scheint insgesamt eine Kindheit und Jugend ohne Lichtblicke gehabt zu haben, geprägt von Alleinsein, Überforderung, Sprachlosigkeit. Dies zieht sich auch durch ihr ganzes weiteres Leben. Es ist gekennzeichnet von Krankheiten, Enttäuschungen in Beruf und Beziehungen, Depressionen. Sie stand kurz vor dem Selbstmord, wurde durch ein religiöses Erlebnis davor bewahrt und suchte endlich therapeutische Hilfe. Sie löste sich aus einer problematischen Partnerschaft, wechselte den Beruf, kümmerte sich anscheinend erstmals wirklich um ihre eigenen Belange. Rückfälle ließen allerdings nicht auf sich warten.

In bemerkenswert offener Weise berichtete sie in der ersten Sitzung über ihr Leben und ihre gegenwärtige Situation. Ihre körperlichen Schmerzen, bedingt durch eine chronisch gewordene Krankheit, wesentlich aber immer wieder verstärkt bei seelischen Schwierigkeiten, hatten in letzter Zeit so überhandgenommen, daß sie sich länger krankschreiben lassen mußte. In dieser für sie schwer erträglichen Situation hatte sie sich entschlossen, wieder nach einer Therapie zu suchen, und beim Lesen meines Buches war ihr spontan die Idee gekommen, daß in der Nazi-Vergangenheit ihrer Familie ein bisher verborgener Schlüssel für ihre vielfältigen Schwierigkeiten liegen könnte. Besonders sollte es um die Beziehung zum Vater gehen, um die Ablösung von ihm, um ihren Wunsch, »ihm sein Kreuz zurückzugeben«. Ihre Probleme mit der Mutter seien in ihren bisherigen Therapien relativ weit durchgearbeitet worden. Beide Eltern ständen diesen Bemühungen voll Unverständnis gegenüber. Ihr Vater drückte es drastisch so aus: Sie solle doch »endlich Schluß machen mit ihrer Psyche«! Auch sonst neige er zu harten Äußerungen. Frauen hätten nach seiner Ansicht keine Seele. Das gebe er zwar lachend von sich, aber: »Alles so was meint er in Wirklichkeit völlig ernst.«

Zum Ende des zweistündigen Gesprächs hin veränderte sich Frau Burgfelds Verfassung dramatisch. Während sie zuvor durch ihre offene und spontane Darstellungsweise beeindruckt hatte, stockte sie jetzt, ihr Gesichtsausdruck verhärtete sich. In ihrem Kopf sei ein Vorhang heruntergegangen, ein Rolladen.

148

Das kenne sie gut von sich. Was dies zu bedeuten hatte, wurde erst später klar.

In diesem Erstgespräch hatte wesentlich mitgewirkt, daß wir uns ja bereits etwas kannten, sie mich durch die Lektüre meines Buches und ich sie aufgrund ihrer Aufzeichnungen. Aus ihnen gebe ich einige zentrale Passagen wieder.

»Seit der ›Fliegergeschichte‹ (einem Bombenangriff, bei dem sie allein in der Wohnung war; M-H) soll ich hypersensibel gewesen sein. Bevor künftig der eigentliche Alarm gekommen sein soll, habe ich die Familie durch mein Weinen geweckt. Ob das so stimmt, ich weiß es nicht. Mit meiner Mutter komme ich da nicht voran.« Wahrscheinlich hat Frau Burgfeld auch sonst viel mitbekommen?

»Ich erinnere mich an viel Hunger.« Sofort folgt ein Rückzieher: »Obwohl das so sicherlich nicht stimmt. Es gab wenig zu essen. Aber gehungert habe ich als Kind sicherlich nicht. Aber ich habe das Gefühl heute noch, daß ich sehr gehungert habe.« Was mag da stimmen, das Gefühl, die Erinnerungen, die Erzählungen in der Familie?

Aus dem Alter von fünf bis sieben Jahren: »Ich lief oft allein hinter einem Zug her und sammelte den verlorenen Koks ein. (Was wurde ich dann gelobt.) … Ich wurde immer zum Einkaufen geschickt, mußte immer darauf achten, daß mir nicht zu viele Marken abgenommen wurden. Ich wurde dazu angehalten, mich vor die Waage zu stellen und auf das Gewicht zu achten… Und wehe, die Qualität war nicht, wie gewünscht. Ich wurde umgeschickt und verging vor Angst und Scham.« Sie war überfordert, kannte die Zahlen noch nicht und mußte trotzdem das Gewicht kontrollieren: »Wochenlang haben sie mit mir geübt.« Es war über das damals »normale« Maß der Überlastung von Kindern hinaus eine Situation, insgesamt keinen Rückhalt zu haben, gnadenlos ausgeliefert zu sein, nur durch extremes Leisten wenigstens kurzzeitige Anerkennung zu finden. Das zog sich über viele Jahre hin.

»Ich kann mich nicht erinnern, daß meine Mutter zärtlich zu mir war. Wenn ich krank war, hat sie geschimpft... Ich habe mich als Last empfunden. Und sicherlich war ich das auch für sie. Bei allem, was sie mit ihrer eigenen Mutter durchgemacht hat, mit ihrer Krankheit, ihren Sorgen und und und.« Frau Burgfeld hat von früh an die Erwachsenen verstanden.

»In dieser Zeit begann in meinem Kopf etwas ›runter zu gehen‹. Ich nannte es viel später eine schwarze Wand und dann Rolladen. Wenn ich etwas nicht aushielt, ging die Wand runter. Gleichzeitig weiß ich, daß ich mir merkte: Du tust jetzt, was sie wollen, aber vergiß ja nicht, daß du es anders willst... Mein Alter war etwa sieben Jahre, als dieser Mechanismus eingesetzt haben muß.«

Einige Zeit darauf kam der Vater aus der Kriegsgefangenschaft zurück. Damals setzte ihr chronischer Hautausschlag ein, wie sie später mitteilte. Sie mochte ihren Vater sehr: »Mit meinem Vater ging ich wahnsinnig gern in den Wald. Er erklärte mir alles mögliche. Ich war fasziniert. Vor allem hatte ich ihn ganz allein. Und nur mir allein erklärte er das alles. Das schönste war, einen Maiglöckchenstrauß aus dem Wald zu Mutters Geburtstag zu holen. Das war unser Geheimnis. Meine Mutter mochte das nicht, wenn wir verschwanden. Heute weiß ich, daß sie vor Eifersucht verging. Sie hat uns diesen Strauß dann so vermiest, daß es aufgegeben wurde.« Was drückt sie hier aus? Eine typisch ödipale Dreieckssituation? Andeutungen von sexuellem Mißbrauch im weiteren oder engeren Sinn? Oder kleine Lichtblicke in einer von seiten der Mutter bis dahin durch Kälte und chronische Überforderung bestimmten Welt?

Als sie sechzehn Jahre alt war, kamen die Spannungen in der Familie auf den Siedepunkt: »Meine Mutter wollte, daß meine Großmutter das Haus verläßt... Meine Großmutter hockte in ihrem Zimmer, ich hing in der Luft, durfte nicht mehr mit ihr sprechen... Das Essen wurde ihr vor die Tür gestellt. Es war einfach grauenvoll. Ich weiß genau, daß ich den Tod kommen sah. Ich konnte mich nicht artikulieren. Wir haben ja auch nie Sprechen miteinander gelernt. Meine Großmutter war tagelang verschwunden... Sie hatte sich von einer Brücke heruntergestürzt. Alle fielen über die Tote her. Kein Erbarmen, kein Mitleid. Niemand dachte daran, was sie gelitten haben muß... Allen Bekannten mußten wir schreiben: plötzlicher Herztod. Wann meine Schuldgefühle einsetzten, weiß ich nicht mehr genau bzw. wann ich nicht mehr damit fertig wurde. Ab dem 19. Lebensjahr bis zum 38. Lebensjahr wurde ich in meinen Träumen cirka dreimal in der Woche von meiner Mutter umgebracht oder rannte um mein Leben. Irgendwann in der Therapie gab es einen Moment, wo ich meine Schuld annehmen konnte und begriff, daß ich damit leben muß.« Sie meint hier eine Mitschuld am Selbstmord der Großmutter. Was blieb ihr an Auswegen? »Meine Flucht in die Krankheit nahm zu.«

Das Erwachsenenleben war geprägt von einer Fortsetzung der Kindheitsthemen: Überforderung von außen und innen, Härte, namenlose Angst, Beziehungsabbrüche, Einsamkeit, Schuldgefühle, Tragen der Last anderer, Verwirrung. Dies also waren grundlegende Erfahrungen ihres Lebens, vor allem verbunden mit der emotional unzugänglichen Mutter. Darüber hatte sie in ihren bisherigen Therapien viel gearbeitet.

Hinsichtlich der Beziehung zum Vater, um die es jetzt in der neuen Therapie zentral gehen sollte, klangen in der bereits zitierten Stelle etwas freundlichere Töne an. Aber auch das scheint nur teilweise gegolten zu haben. »Mein Vater erzählte ständig vom Krieg. Die Geschichten wiederholten sich immer wieder. (Hier stimmt das Wort immer) Vor vier Jahren ist mir erstmalig aufgefallen, daß wir alle ihn noch nie gebremst haben. Ich nahm auf einem Spaziergang all meinen Mut zusammen und bat ihn, nicht mehr davon zu sprechen. Solange ich ihn kenne, würde jedes, aber auch jedes Gespräch, egal welchen Inhalts, beim Krieg enden. (Ich bin innerlich 1000 Tode gestorben.) Mein Vater blieb stehen, erstaunt, ungläubig, ›sprachlos‹ schaute er mich an (als käme er von irgendwo her) und meinte: ›Ist das so, rede ich seit 40 Jahren davon ...‹ Wie das dann in unserer Familie so üblich ist, wurde es recht radikal: Fast zwei Jahre sprach er nicht mehr vom Krieg. Was mich aber viel mehr erstaunte, er hat mich nicht geschnitten, deswegen. Allgemein straft er mich mit Verachtung, Übersehen, Demütigung, Kleinmachen. Er kann austeilen – und wie – aber nichts einstecken. Oh welche Ähnlichkeit: Ich teile auch aus und konnte nicht einstecken. Das hat sich aber geändert – harte Therapiearbeit im Laufe der Jahre.« Hier ist bereits das Thema der Ablösung und der damit verbundenen extremen Angst angesprochen.

Über seine politischen Einstellungen heißt es: »Ich bin frühzeitig mit Politik aufgewachsen. Ich erinnere mich, daß mein Vater geschockt war, als die Debatten wegen der Bundeswehr übertragen wurden. Er lehnte ein Heer ab. Er macht oft den Eindruck, als sei er ein ganz ›Linker‹ (vor allem auf Menschen, die ihn nicht kennen). Er geht nicht zur Wahl, liest die ›SZ‹, den ›Spiegel‹ und einseitige Naziliteratur (meine ich). Er haßt besonders die Juden, die Schwarzen, na, die Roten mag er auch nicht besonders. Mein Vater legt Wert darauf, kein Offizier gewesen zu sein. Aber er hatte den totalen Durchblick, und alle anderen waren doof. (Na, ähnlich sah ich auch vieles, bis ich meinen Hochmut einsah und vor allem schaffte, mein Verhalten zu verändern.) Ich weiß kaum etwas über seine Zeit in der Waffen-SS, aber irgendwie habe ich ständig das Gefühl, er ist nicht von den Inhalten weg. Er ist gradlinig und doch nicht. Er hat Schuld, wie er betont, und doch hat er keine. Mein Vater weiß für alles ein Rezept. Ausführung Null. Vor allem gilt nur seine Sichtweise. Gelingt es, ihm klarzumachen, daß es noch viele, viele gibt und jeder Mensch eine andere Wahrnehmung hat, dann sieht er das kurz ein. Dann ist wieder alles wie vorher. (Ich will ihn nicht ›erziehen‹, ich möchte nur manchmal erreichen, daß ich auch eine – meine Meinung haben kann.) Ich habe als Kind immer gemeint, gewünscht, er ist so etwas wie einer der Männer des

20. Juli! Heute weiß ich (leider noch nicht lange), daß mein Vater unsicher und ›klein‹ ist. Er erhöht sich ständig. Seine Überlebensmöglichkeit.«

Selbst in der Kritik am Vater versetzt sich Frau Burgfeld noch intensiv in ihn hinein. Und sie hat Jahrzehnte gebraucht, um zu – von außen betrachtet – völlig naheliegenden Einsichten zu kommen. Ihn mit Abstand zu betrachten, scheint außerordentlich schwierig zu sein.

»In den letzten zwei Jahren habe ich einige Male mit meinem Vater sprechen können über seine Vergangenheit. Ich hatte immer Angst, er stirbt mir. Es wurde fast ein Zwang in mir, mit ihm zu sprechen. Meine Mutter wollte diese Gespräche nicht. Aber mein Vater war bereit dazu. Ich konnte einigermaßen entspannt mit ihm sprechen. Ich war ohne Aggressionen, ich war m. E. toleranter geworden. Ich wollte ihn verstehen, warum hat er in dieser Scheiß-SS mitgemacht. Gleichzeitig frage ich mich, warum ich ihn verstehen will, warum kümmere ich mich um ihn. Er, er, er. Ich habe mir seine Erklärungen angehört, seine Sichtweisen verstanden. Ich habe erstmals gesehen, daß es seine Sichtweisen gibt. Ich habe mich auch über die Nazizeit informiert und erkenne inzwischen, daß vieles nicht o.K. ist, wie er es schildert. Darüber hätte ich früher mit ihm diskutiert. Aber ich habe kleine Fortschritte gemacht, das brauche ich nicht mehr. Er sieht's so, wie er's sieht.«

Und was ist der »Lohn« dieses Verzichts auf Aggressionen, dieser weitgehenden Selbstaufgabe? Wird sie etwas Genaueres über seine SS-Tätigkeit und über die bisher verschwiegenen Teile seines Kriegslebens erfahren? Im Gegenteil: »Erstmals bekam ich mit, daß um 1936 einem jüdischen Nachbarn geholfen wurde, Deutschland zu verlassen...« Eine typische Nazi-Familie, und auch sie hatte »ihren« Juden. Es ist dann kein Wunder, daß es später bei der »Entnazifizierung« keine Probleme gab. Aber das Verwirren der Kinder geht bis heute weiter.

Allmählich hat Frau Burgfeld zu erkennen gelernt, wie dies

bewerkstelligt wird. »In Gesprächen verurteilt mein Vater die Greueltaten, die an den Juden begangen wurden. Dann gibt's Augenblicke, da meine ich, ich spinne! Da wirft er hin (und mir nimmt's den Atem, ich kann nichts sagen, ich verdränge sofort und bekomme daheim die Wut): ›... die KZ, die Vergasungen... wenn's die wirklich gegeben hat.‹ (›Voraussetzung, es stimmt,‹ sagt er)... Manchmal sehe ich ›eigenartige‹ Literatur (Selbstverlage). Ich habe mal vor langer Zeit versucht, darüber zu sprechen. Aber da werde ich abgeschmettert mit den Worten: Das verstehe ich nicht, heutige Sichtweise, ich werde beeinflußt von den falschen Leuten, ich war nicht damals dabei, ich war nicht brotlos, ich erlebte nicht die jüdische Geschäftswelt und und... Meine Eltern waren sicherlich, wie es so ›schön‹ heißt, Mitläufer. Vom Kopf her ist mir einiges klar. Manchmal denke ich, ich möchte von ihnen hören, ich habe gewußt, beiseite geguckt, geschwiegen. Das könnte ich packen; aber immer sind's die anderen, und sie wußten von nichts. Vielleicht könnte ich ihn einmal klar hassen und dann endlich mit ihm abschließen. Überhaupt – Schuld haben meine Eltern nie an etwas. Es sind immer die anderen. Ich suche Schuld zuerst bei mir. Das ist fast zwanghaft. Erst in allerletzter Zeit denke ich manchmal auch, es könnte auch ›Schuld‹ beim anderen sein.«

Das ist eine Schilderung, die für viele Familien in Deutschland nach 1945 Gültigkeit hat. Die Unklarheit, das Beschwichtigen, die Doppelbödigkeit und das Verleugnen eigener Schuldbeteiligung auf seiten der Älteren führten dazu, daß es die Kinder waren, in denen sich Schuldgefühle festsetzten. Und das wiederum wird ihnen bis heute noch als »Schuldkomplex« vorgeworfen.

Eine besonders verwirrende Rolle kam dem »Kreuz« zu, von dem Frau Burgfeld gesprochen hatte in ihrer Ankündigung, sich vom Vater zu lösen,«ihm das Kreuz zurückzugeben«. Die elterliche Wohnung hängt voll mit Kreuzbildern, bis vor wenigen Jahren auch die ihrige. Ihr Vater ist Hobbymaler und besessen von diesem Thema. Was das wirklich bedeutet, sei ihr völlig unklar. Die Eltern waren in der Nazizeit aus der Kirche ausgetreten. Später wurden Frau Burgfelds nachträgliche Taufe und ihre Konfirmation zu großen Ereignissen hochstilisiert. Als sie aber wirklich Kontakt in einer kirchlichen Jugendgruppe gefunden hatte, wurde ihr die weitere Teilnahme unerbittlich verboten! Was hat es mit dem Kreuz auf sich in dieser Familie? Welche Bezüge mag es zum Hakenkreuz geben? Ist es ein verdecktes Mittel, sich vom Täter zum »Opfer« umzudefinieren?

Am Ende ihres 80seitigen Briefes gab Frau Burgfeld in eindrucksvoll verdichteter Weise ihre derzeitige innere Situation wieder. »Ich habe den Eindruck, ich breche zusammen, ich bin nicht in mir. Ein Erlebnis der letzten Tage ist vielleicht noch wichtig. Das derzeitige Manöver führt direkt vor meiner Tür vorbei. Tag und Nacht. Vor allem diese elenden, großen Panzer brausen durch den Ort. (Meine Erinnerung an Krieg ist das Geräusch der Panzer [Amerikaner], die 1945... einrückten ...) Am Abend lese ich in *Verleugnet, verdrängt, verschwiegen* und meine, ich muß an diesen Nazivater ran. Es hatte Klick gemacht. In der Nacht träume ich von vorbeiziehenden Juden. Ich bemerke, daß irgendetwas nicht stimmt, die Lumpen sind so ›fein‹, eben unecht, und Schmuck ist an einigen Stellen der Kleidung, und ich erkenne, das wird auch geprobt im Manöver. Ich stürze zu den Menschen, schlage auf sie ein, beschimpfe sie, weine, schreie sie an, wie sie so was üben könnten. Das ginge zu weit. Irgendwie sind plötzlich Männer in Zivilkleidung da, wollen die Szene filmen. Ich bin außer mir und erwache mit dem Gedanken, das ist sein Kreuz. Vater, ich will es nicht mehr. Ich spürte ein Kreuz auf meinen Schultern. Dein Kreuz geht mich nichts an. Ich habe eine kurze Weile geweint, konnte nicht mehr schlafen, bin aufgestanden und habe beschlossen, alle Hebel in Bewegung zu setzen, seelische Hilfe zu bekommen. Schlagartig waren die Schmerzen... fort. Die Migräne (seit Wochen) ebenso.«

Mir scheint, Lüge und Täuschung, von denen dieser Traum

handelt, sind in Familie Burgfeld verdichtet im Symbol des Kreuzes, dieses selber ist usurpiert von Eltern, die sich selbst zu Leidenden stilisieren – und in Wirklichkeit ihre Schuldlast auf die Tochter abgewälzt haben. Ein verzweifelter Mut auf ihrer Seite gehört dazu, wenn sie mit fast fünfzig Jahren in einem Brief an einen fast Fremden schreiben kann: »Sein Kreuz geht mich nichts an.«

Mit diesen Aufzeichnungen hatte Frau Burgfeld sich mir in hohem Maße anvertraut. Die Angst, gerade dann wieder eine »Bauchlandung« zu machen (ein Ausdruck, den sie oft verwendete, wenn sie über die Beziehung zu ihren Eltern sprach), lag sicherlich besonders nahe, und von daher läßt sich ihr »Rollladen« am Ende des ersten Termins verstehen: Ist es möglich, daß ich hier ohne erneute Verletzung »landen« kann?

Die Notizen, die sie sich in der Zeit bis zur zweiten Sitzung machte, kreisten vor allem um ihren Vater. Ihr sei erst jetzt aufgegangen, wie sehr er sich stets als der »Gute« hingestellt habe. Auch hätte die Mutter sie immer angehalten, in ihren abendlichen Gebeten besonders für den guten Vater zu danken. Das hätte sie besonders verwirrt, weil die Eltern in der Realität dauernd aneinander herumnörgelten. Sie würden sich doch eigentlich hassen. Allerdings, sicher sei sie sich in diesen Wahrnehmungen bis heute nicht. Andere Leute sind längst geschieden, ihre Eltern aber hielten zusammen wie Pech und Schwefel, und ganz besonders, wenn sie etwas über »Damals« sagen sollten. Der Vater habe doch nur einen Fuhrpark geleitet. Die Eltern wiegelten alles massiv ab, letztlich seien sie doch nur ärgerlich, den Krieg verloren zu haben. Sie seien auch heute noch gegen Juden und Behinderte. Ihr selber sei erst jetzt bei diesen Notizen aufgefallen, daß alle ihre Partner genauso waren: einer noch zuletzt in die SS gegangen und ihren Anschauungen verhaftet geblieben, einer auf der Führerschule, einer ein Behindertenfeind… Frau Burgfeld selber wollte nie Kinder. Jetzt sei ihr klar, daß es »deshalb« war.

156

Sie berichtete in der ganzen nächsten Zeit eine große Menge von Einsichten und Details, fragte nach, ob ich es aushalten könne, machte weiter, schrieb aber in ihr Tagebuch: »Es ist langweilig, Herrn Müller-Hohagen meine ›Erkenntnisse‹ zu schildern. Ich glaube, es ›langweilt‹ ihn auch. Beim letzten Treffen hatte ich den Eindruck, oder war's der Freitag – Ende der Arbeitswoche? Warum frage ich nicht nach?«

Wie aber sollte sie direkt nachfragen angesichts der katastrophalen Erfahrungen, die sie damit in ihrer Familie gemacht hat? Darauf kam sie in einer anderen Notiz zu sprechen: »Eine wirkliche Auseinandersetzung ist auch heute noch nicht möglich! Vater ist so tief verwundet. Das packt er nicht, solche Gespräche.« Also wieder ist sie fort von sich selbst, voll Verständnis für den »guten« Vater. Aber die Fortsetzung dieser Gedanken lautet: »Und da er irgendwann blockt, weil's ihn zu sehr erschüttert«, das hat sie dick durchgestrichen und statt dessen in großer Schrift hingesetzt: »Vater ist arrogant, unverschämt. Leute, die er nicht mag, demütigt er, zeigt seine Verachtung, ist übel ironisch, überheblich.« Mit Hilfe solchen – mühsam gewonnenen – Abstands konnte sie dann anfügen: »Ich will kein Kind mehr sein. Ich will weg von den Fängen der Eltern.«

In einer Tagebuchnotiz, die sie mir einige Wochen später zuschickte, kam deutlich zum Ausdruck, wie wenig sie es kannte, in der Gegenwart zu leben. »These: ? Mir fällt auf: Ich halte (klammere) mich an Kindheitserinnerungen, um an meine Gefühle zu gelangen bzw. überhaupt an ein Gefühl.« Eine Freundin hielt ihr vor, sie solle sich doch endlich von ihrem Vater lösen, er sei schließlich ein alter Mann. »Obwohl es stimmt, macht mir der Gedanke ›alt‹ Probleme – ich empfinde ihn selten als alt.« Sie hängt an dem Vater ihrer späten Kindheit, an dem Vater, der mit ihr in den Wald ging. Die Schrecken der Jugendzeit dagegen verband sie in den Aufzeichnungen mit der Mutter. »Wo blieb Vater? Er ließ mich allein? Wie war ich damals?... Innerlich starb ich oftmals. Aber das wurde verdrängt – das Zittern!! Ich hatte keine Freundinnen, niemanden!! Angst, das Wort kannte ich nicht. Dafür jetzt zur Genüge…«

Man kann wohl sagen, daß die Beziehung zum Vater einen wesentlichen Teil dessen ausmachte, was bis dahin die Plattform ihres Lebens war. Er hatte ihr noch am ehesten Halt gegeben. Oder war es nur das Bild, das sie sich von ihm erträumte? Sich von ihm zu lösen, mußte besonders schwer sein und setzte die Entwicklung einer neuen Plattform voraus, in der Therapie, ebenso aber auch im Alltag.

Mehrere Hauptthemen gab es in dieser Phase ihrer Therapie. Ihre gestörte Wahrnehmung in vielen Bereichen zählte besonders dazu. Eigene Überlastung nahm sie nicht oder erst viel zu spät wahr, nämlich dann, wenn ihre Schmerzen unaushaltbar wurden und sie z. B. bewegungsunfähig vor Migräne im Bett lag. Über Menschenkenntnisse verfügte sie in hohem Maße, doch verließen sie diese, sobald es um ihre zentralen Belange ging. Sie übernahm die Sicht der anderen, verdrängte ihre eigene. Entsprechend berichtete Frau Burgfeld hinsichtlich ihres Identitätsgefühls von tiefen Brüchen. Sie käme sich vor, als sei sie mit einer Schere durchgeschnitten. Nicht nur ihre Wahrnehmungen, sondern auch ihr Wille, ihre Wünsche waren systematisch durchkreuzt worden. Hatte sie sich einen Pullover zu Weihnachten gewünscht, aber nur ja nicht einen gelben, so lag natürlich gerade solch einer auf ihrem Gabentisch. Als sie 18 Jahre alt war, zwang ihr Vater sie, die alle Waffen verabscheute, mit psychischer Gewalt, eine seiner Pistolen in die Hand zu nehmen und auf eine Zielscheibe zu schießen. Zitternd vor Angst hätte sie es schließlich gemacht – und ins Schwarze getroffen. Diese »Heldentat« sei jahrelang in der Familie breitgetreten worden und damit ihr Widerwille verlacht.

Anhand vieler Details wurde deutlich, wie eng all dies mit dem Verhalten ihres Vaters zusammenhing. Er definierte die Wahrheit, nur sein Weg war der richtige. Ein Brief, den er im Jahre 1990 an seine inzwischen fünfzigjährige Tochter schrieb, vermag dies noch näher zu demonstrieren. Sie hatte ihm einen Zeitungsartikel über ein Massaker der Wehrmacht geschickt.

»Dein Brief vom zweiten Advent! –
Er war für mich eine freudige Überraschung – dieser Brief! Und ich danke Dir dafür. Natürlich hast Du das Recht, Fragen zu stellen, das wäre ja noch schöner. Leider hat uns unsere liebe Mama (seine Frau; M-H) immer daran gehindert, Meinungsverschiedenheiten auszutragen bzw. zu bereinigen. Aus ihrer Sicht in bester Absicht, aber leider ist mit permanenter ›Friede, Freude, Eierkuchenstimmung‹ kein Problem aus der Welt zu schaffen. Natürlich geht es nicht so, wie die Grünen es versucht haben – schade drum, sie haben diese ganze Ökofrage ja überhaupt salonfähig gemacht. Hoffen wir, daß sie es packen. –
Nun aber zu Deinen Fragen in Sachen jenes Vorfalls! Das ist eine schwere Frage, die Du beantwortet haben willst. Zunächst einmal danke ich meinem Schicksal, daß ich in diesem Kriege nicht in eine derartige Situation gekommen bin. Dann ist noch vorauszusetzen, daß meine… Ausbildung von Weltkriegsoffizieren geleitet wurde. Wir waren kein Parteihaufen, sondern eine Truppe, die in ständiger Konfrontation – leistungsmäßig gesehen – mit der Wehrmacht stand. Wie ich später erkannt habe, waren wir tatsächlich eine Auslese… Die Genfer Konvention gehörte zum Unterricht. Ich machte ja auch noch einen Unterführerlehrgang, und dann – war ja auch Deine Mutter, was für ein selbstbewußtes und schönes Mädchen. Also, aus der damaligen Sicht waren Situationen wie die in dem Artikel einfach unvorstellbar. Ich will Dir hier nicht vorbeten, was die Genfer Konvention in Sachen ›Partisanenkrieg‹ ausführt, das ist bereits die Grenze in Sachen Vergeltung. Jedenfalls könnte ich mir einen Einsatz wie im vorliegenden Fall überhaupt nicht vorstellen. Frauen und Kinder überhaupt nicht. Weißt Du, das ist meiner ganzen Einstellung sowieso konträr. Ich hätte mir, so glaube ich sicher zu sein, derartige Zumutungen ganz bestimmt vom Leibe gehalten. Ich werde

159

versuchen, hinter diese Geschichte dort zu kommen. Passiert ist sie. Wehrmachtseinheiten waren beteiligt, d. h. die Ausführenden. Der Artikel dort ist einseitig gesehen und schlecht recherchiert, ändert natürlich nichts an der Tatsache ...

Was mich an dem Artikel störte, war der Vergleich Lidice und Oradour. Das zeigt die Sachkenntnis des Schreibers ganz deutlich. Es fehlt nur noch die Ardennenoffensive dabei. Aber das ist ein anderes, weiteres Kapitel.

Liebe Tochter, auch ich trage an der Schuld, die wir auf uns geladen haben. Es wird immer in Kriegen zu solchen Ausschreitungen kommen – danach gibt es leider immer wieder das ›Wehe den Besiegten‹.

Für mich waren die Leute dort schlecht geführt – die armen Würstchen, ich kann diese ›Täter‹ nur bedauern. Man sollte doch annehmen, daß ein einigermaßen normaler Mensch sein Leben lang daran trägt. Da müßte man direkt katholisch sein, um Vergebung noch auf Erden zu erlangen. –

Wenn ich mir jetzt diese armen Schweine da am Golf ansehe im Fernsehen, die wissen ja überhaupt nicht, was auf sie zukommt – so wie wir in letzter Konsequenz es ebenfalls nicht wußten. Dazu noch die mir doch recht zweifelhaft erscheinende Moral. Denn jetzt stehen doch dort eine Menge Reservisten in der Wüste. Das schlechte Gewissen, diesen Verrückten überhaupt erst die Möglichkeit gegeben zu haben, derartig aufzurüsten. Wir müssen zusehen – und Ende dieser Woche marschieren die Schlachtflieger aus Oldenburg in die Türkei. Darauf habe ich gewartet, bereits seit einiger Zeit. Das ist der Preis für den ›atlantischen Schutzschild‹! –

Liebe Tochter, ich kann wenig mehr sagen. Jedenfalls ist die große Illusion mit der ganzen demokratischen Freiheit ein Riesenschmarrn. Sieh Dir doch unsere Wiedervereinigung an. So froh ich bin, daß wir wieder ein Land sind – aber die Begleitumstände – es ist einfach unwürdig und ein Trauerspiel. Aber wenn der Bundestag über Abgeordnetendiäten berät, da sind sie voll

160

da, diese Berufsdemokraten. Auch da habe ich überhaupt keine Illusionen – aber vielleicht besser noch als Grenada- und Panamasyndrom im Hinterkopf.

Also, liebe Tochter, hoffen wir, daß der Kelch, der da augenblicklich ›gezeigt‹ wird, nicht auch noch ausgeleert werden muß. Dir würden jedenfalls die letzten Hoffnungen schnellstens schwinden. Was dann passiert, von der UdSSR ganz zu schweigen. –

So, für heute genug. Wenn noch mehr Fragen offen sind – bitte – so lange ich lebe, kannst Du mit einer Antwort rechnen. Ich hoffe, Dir hilft es weiter. –

… Das wär's für heute… aber auch sonst wird uns doch wohl der Gesprächsstoff nicht ausgehen – oder?

Du siehst, es bleibt noch so manches zu erklären und zu berichten – und das finde ich sehr gut, und damit ›tue recht und scheue niemand‹ auch im Jahre des Heils (!) 1991.«

Dieser Brief stellt auch in allgemeiner Hinsicht ein Dokument ersten Ranges dar, stammt er doch von einem jener Menschen, die sich immer nur als »Rädchen in der Maschinerie« bezeichneten, wenn später nach ihrer Verantwortung und Schuld gefragt wurde. Hier aber zeigt sich, typisch für viele von ihnen, mit welchem Maß an psychischer Gewalt, Wirklichkeitsverdrehung und Einfordern von Loyalität auch nach 1945 gearbeitet wurde, bis heute. Vor dem Hintergrund dieses Briefes ist besser zu verstehen, wieso es für Frau Burgfeld so schwierig ist, sich aus dem Bannkreis dieses Vaters zu lösen. Es stimmt nichts in seinem Brief. Die Wirklichkeit wird auf den Kopf gestellt, die von damals und die von heute, die zwischen Vater und Tochter (»liebe Tochter«), zwischen den Eheleuten (»die liebe Mama«), die Wahrheit des Zeitungsberichts (»schlecht recherchiert«) bis hin zu dem Angebot oder eher der Drohung: »Wenn noch mehr Fragen offen sind – bitte – so lange ich lebe, kannst Du mit einer Antwort rechnen.« Der Brief enthält keine einzige Antwort, sondern einen Appell nach dem anderen an das »Verständnis«, die Loyalität und Komplizenschaft der Tochter. Darin liegt seine vorrangige Wirklichkeit. In seiner geschwätzigen Bedrohlichkeit vermittelt er einen Eindruck von der gewalttätigen Wirklichkeitsverdrehung unzähliger NS-Täter gegenüber ihren Kindern, Schülern und sonstwie Abhängigen.

Als ein vor diesem Hintergrund erst recht sehr bewegendes Thema stellte sich im weiteren Verlauf heraus, wie konkret Frau Burgfeld die Lasten beider Eltern trug. Besonders ihre Schmerzen hatten damit zu tun. In einer Stunde, als sie gerade über ihre »arme Mutter« sprach, faßte sie sich an die schmerzende Schulter, hielt selber verblüfft inne: »Da leide ich ja die Schmerzen für meine Mutter!« Und eine halbe Stunde später hatten diese sich schon ein wenig gelöst. Sie entlastete die Eltern, bestrafte unbewußt sich selber, anstatt sich von ihnen zu distanzieren.

Damit ist zentral das Thema der Loyalität zu ihren Eltern und insbesondere zum Vater angesprochen. Seine vielen Übergriffe hatte sie ja nur deshalb von Kindheit an ausgehalten, weil er ihr zugleich Schutz und auch einiges an der so vermißten Wärme gegeben hatte. Sie durfte ihn nicht verlieren. Und zusätzlich galten in ihrer Familie »eiserne Grundsätze« des Zusammenhaltens. Nichts durfte aus der Familie nach außen gelangen. Und »Burgfelds« schafften alles. Sich aus diesem Bann lösen zu wollen, allein der Gedanke daran führte zu heftigsten inneren Reaktionen, zu unklaren Schuldgefühlen, zu Migräne und anderen Schmerzen, zur Verschlimmerung weiterer Krankheiten, zu Phantasien, die Therapie abzubrechen, weil es ihr so schlecht ging – oder zu gut. Immer wieder wies ich besorgt auf Gefahren besonders beim Autofahren hin. Zunächst mit Erstaunen fing sie an zu begreifen, daß ihre vielfältigen selbstdestruktiven Tendenzen Bestrafungen darstellten, wenn sie die Loyalität zur Familie, wenn sie deren »eiserne Grundsätze« auch nur in Ansätzen mißachtete. Manches Mal fühlten wir uns wie erschlagen angesichts der Wucht des Loyalitätsthemas.

Auf der Grundlage dieser schwer zu erringenden und immer wieder brüchigen Einsichten in ihre so nachhaltige »Treue«-Bindung an die Eltern kam sie weiter voran in ihrer Auseinandersetzung mit dem Vater in seiner Eigenschaft als Nazi. Das war ja auch vorher schon thematisiert worden, doch jetzt, von der erarbeiteten Plattform aus, hatte sie mehr Rückhalt.

In einer Stunde, als ihr allgemeines Überwältigtwerden durch den Vater in enger zeitlicher Nähe stand zu ihrem Bericht über die offensichtliche Ermordung eines geistig Behinderten in ihrer Umgebung, verdichteten sich schließlich in mir die verschiedenen Mosaiksteinchen aus den bisherigen Berichten zu der Frage: »Halten Sie es eigentlich für möglich, daß Ihr Vater ein Mörder ist?« Zu meiner Überraschung reagierte sie ganz gefaßt: Selbstverständlich sehe sie in ihm einen Mörder, denn er habe sich doch freiwillig zur Waffen-SS gemeldet. Das war aber eine so rationale Antwort, und sie stand so im Gegensatz zu ihrem eben noch aufgewühlten Zustand und auch zu der Familienversion, ihr Vater hätte im Krieg »nur einen Fuhrpark geleitet«, daß es sich wohl kaum um die volle Wahrheit handeln konnte, weder ihre innere noch die des Vaters. Sie hatte vielmehr die Flucht nach vorn angetreten – und wieder ihren Vater geschützt. Doch dann ging ihr das Thema buchstäblich unter die Haut, es kribbelte sie am ganzen Körper, sie ließ die Frage in sich hinein. Und sie sagte: »Ich bin viele Tode gestorben für ihn – mein ganzes Leben lang.« Also erhob sich erst recht die Frage, was alles er verdeckte und was sie in unbewußter Komplizenschaft zu verdecken half. Ist er ein Mörder? Vor dieser Frage standen und stehen immer noch viele Menschen in Deutschland.

Wenn wir uns den Brief ihres Vaters vor Augen halten, werden wir von direkten Fragen an diese Eltern keinen Aufschluß mehr erwarten. Den Entnazifizierungsbescheid hatte Frau Burgfeld zwar einsehen dürfen, doch prangte darauf wie bei so vielen Nazis: »Nicht belastet«. Die eine Möglichkeit, zu einer genaueren Aufklärung zu gelangen, läge darin, sich an die ent-

sprechenden Archive zu wenden. Die andere Möglichkeit für
Frau Burgfeld besteht im immer noch stärkeren Ernstnehmen
ihrer inneren Wahrheit, im Wahrnehmen dessen, was sie sowieso
von früh an mitbekommen hat. Beide Richtungen der Ablösung
sind mit vielen Ängsten und Widerständen behaftet. Daran hat
auch Frau Burgfeld selber manchen Anteil. Sie ist nicht nur das
»Opfer« der Eltern oder der »Umstände«.

Allmählich wurde diese Seite, nämlich ihre Komplizenschaft,
sichtbarer. Schon früh legte sie Wert darauf, daß ich dies nicht
übersähe. So betonte sie die Ähnlichkeiten mit ihrem Vater, in
ihrer Ungeduld, ihrem Hochmut, der Verachtung, ihrem »Nie-
derwalzen« anderer.

Heftig bewegt, schilderte sie später, wie vor 20 Jahren ein
alkoholabhängiger Partner sie ein »SS-Weib« nannte, als sie ihm
die Trennung androhte, falls er nicht mit dem Trinken aufhörte.
Tapfer hatte sie damals ihre Auseinandersetzung mit ihm weiter-
geführt, aber der Vorwurf, den sie doch sogleich als Abwehrma-
növer seinerseits verstand, rührte tief in ihr etwas an und blieb
haften. Auf Jahre hinaus sei sie innerlich abgestorben gewesen.
Es war jetzt das erste Mal, daß sie überhaupt darüber sprach, und
das fiel ihr extrem schwer. Sie merkte, welch schweren Verdacht
sie in sich selber über all die Jahre herumgeschleppt habe und wie
jeder mögliche Anklang von etwas »Nazihaftem« in ihren
Handlungen sie sofort ins Gegenteil hatte gehen lassen. Sie wollte auf keinen Fall als »aggressiv«, d. h. »täterhaft« dastehen.

Zunächst hatte ich diese Anteile vor allem in ihrem Zusammenhang mit den Entlastungsmanövern zugunsten der Eltern
betrachtet. Sie warf sich etwas vor, was für diese doch weit entscheidender galt. Sie war die »Schuldige«, die »Unmögliche«,
und damit blieb die Wahrheit über die Eltern weiterhin ver-
schleiert. Es war sehr wichtig, diesen »Mechanismus« der Stell-
vertretung zu hinterfragen. So wie viele Täter sich zum »Opfer«
erklären[1], so vermittelte sie umgekehrt von sich das Bild einer

»Täterin« oder zumindest von jemandem, die auch »solche Züge« hat und der deshalb kein Recht zusteht, die Eltern nachhaltig zu kritisieren. Darin sehe ich einen (unbewußten) Akt von Komplizenschaft, hilft diese Selbstverdächtigung doch wesentlich mit, Schuld- und Verbrechensbeteiligungen der Eltern zu verbergen. Es ist Unterstützung nicht bei der Ausführung der Taten, sondern bei deren Vertuschen.[2]

Doch jetzt ging es stärker um die andere Seite, um ihre Komplizenschaft, ihre Identifikation mit den Eltern, ihre »Nazi-Anteile«, die Strukturen also, die sie mit den Eltern gemein hatte. Diese Seite anzuschauen, fiel ihr verständlicherweise schwer. Sie fürchtete, »in Wirklichkeit doch ein Naziweib zu sein oder ganz, ganz viele Anteile in mir zu haben, die ich gut kaschieren kann… Mit den Worten Opfer/TäterIn/bestrafen läuft nichts. Ich bin seit unserem Gespräch wie leer im Hirn, richtiggehend blockiert. Ich wollt' auch noch anderes schreiben, heule mich aber momentan wund. Es erleichtert nicht. Ich danke Ihnen, bis demnächst.«

Zwei Monate später teilte Frau Burgfeld in einem Brief mit: »Ich habe das undeutliche Gefühl, in eine wichtige Phase zu gehen. Die wirkliche (?) Ablösung von den Eltern!?? Ich wage Gedanken weiterzudenken oder weiterzuspinnen… Ich möchte mit Ihnen ganz konkret besprechen, was mich dazu bewegt hat, so in eine ganz andere Richtung zu gehen, als meine Eltern sich das so dachten. Ausgelöst hat diesen Gedanken eine vor einiger Zeit von Ihnen gestellte Frage… Es war diese Thematik, meine Eltern haben etwas gegen Juden, Asylanten etc. Ich kenne das bei mir gar nicht, Haß auf Fremde usw. Und wodurch bin ich nun zu ›meiner Meinung‹ gelangt? Ich konnte Ihre Frage nicht beantworten… Ich weiß nur noch, daß ich Ihnen von einem schrecklichen Film, den ich mir als 19jährige mit der Schule ansehen mußte, erzählte. Und von meinem fürchterlichen Erschrecken (Schock?) danach. Für mich brach damals etwas zusammen. Was? Wäre das die Möglichkeit gewesen, den Vater kritisch zu sehen?

Und meinen eigenen Weg zu gehen! War das der Moment, wo ich ›die Schuld‹ übernahm? Denn, was hatte er mich Jahre mit seinem Kriegsscheiß berieselt und mit den vielen falschen Tönen. Und ich bewunderte ihn so sehr. Außerdem gehörte er ›mir‹ irgendwie, denn mit ihm ging ich spazieren, und er redete mit mir ganz allein. Und dann dieser Film, der ja die Wahrheit zeigte. Und ich glaubte diesem Film. Und dann habe ich wohl, wie so oft in meinem Leben, vermengt. Ich möchte da mal genauer hinsehen. Ich weiß nicht, wie? Was mich so mutig macht, Ihnen das vorzutragen, war wohl unser letztes Gespräch. Die Welt stürzte nicht ein, als ich von meinen innersten Ängsten und Zweifeln sprach. Es war zwar entsetzlich, aber selten habe ich die andere Seite eines Zustandes so deutlich gespürt, ausgesprochen/angesprochen verlor ›es‹ seine Kraft. Ausgesprochen war es nur noch halb so viel wert/schlimm. Ich war lange Zeit (Wochen) leer. Ich kann den Zustand, in dem ich mich befand, nicht anders beschreiben. Ich habe an den bösen Nazidreck lange, lange nicht gedacht. Ihren Brief habe ich ständig mit mir herumgetragen und oft und oft gelesen, als sollte er mich schützen. Er/Sie haben mir sehr geholfen mit Ihren nachträglichen Zeilen.«

Was also war nach diesem Film – es handelte sich um *Mein Kampf* von Erwin Leiser – in ihr vorgegangen, oder wofür steht diese Erinnerung? Identifiziert mit ihrem Vater war sie schon lange, hatte ihn idealisiert, negative Aspekte seiner Erscheinung verleugnet, und als diese Aufteilung jetzt zutiefst in Frage gestellt war, hielt sie daran fest, indem sie dem Vater erst recht die positiven Anteile zuschrieb und die Kehrseite bei sich festmachte. Sie verstärkte offensichtlich ihre Identifikation mit dem Aggressor-Vater, veränderte ihr Bild von sich selber, nicht aber das seinige, nahm das »Nazi-Weib« in sich auf. Das wiederum war ein unerträgliches Selbstbild, das weitgehend verdrängt wurde, sich aber in Form der zugehörigen Schuldgefühle immer wieder doch bemerkbar machte.

Das Ausmaß ihrer tatsächlichen Übernahme problematischer elterlicher Züge war erheblich. Sie stellte sich nicht nur unter Verdacht, so zu sein wie die Eltern, besonders wie der Vater, sondern sie war es auch in erheblichem Maße. Sie bewegte sich auf den Schienen der Eltern, nur mit dem Unterschied, daß sich ihre »nazihaften« Handlungen kaum oder gar nicht gegen andere richteten, sondern gegen sie selber. Dies aber machte sie auch während der Therapie mit einer Wucht und Erbarmungslosigkeit, daß es jedenfalls für mich immer wieder schwer auszuhalten war und ich ihr wiederholt ernste Vorhaltungen machte. Das alles war ihr völlig unbewußt, »es geschah«, es »lief ab«, vor allem durch die Wahl massiv überfordernder Arbeitsverhältnisse und durch deren zusätzlich noch übermäßig gewissenhafte Ausübung, und es »lief ab« als dessen Folge in Form von Krankheiten einschließlich Klinikaufenthalten, verbunden mit extremen Schmerzen, dies wiederum Ursache gesteigerten Medikamentenmißbrauchs. Das alles wirkte »schicksalhaft«, und war doch wesentlich gemacht von ihr selber, durch ihre unglaubliche Überforderung, eine Unerbittlichkeit sich selbst gegenüber, die durchaus Anklänge daran erkennen ließ, wie die SS Menschen geschunden hat. Damit verwies sie unbewußt auf ihre Eltern.

Diese Funktion ihrer selbstdestruktiven Tendenzen, nämlich neben der Komplizenschaft auch eine zunächst unbewußte Anklage der Eltern zu enthalten, galt es in der Therapie mehr und mehr herauszuarbeiten. Frau Burgfeld deckte zwar die Eltern, aber im Unterschied etwa zu einem Herrn D.[3] hatte sie ihre Identifikation mit den Aggressoren nicht noch verschärft durch eine solche mit der Macht überhaupt. Von Kälte und Gefühllosigkeit anderen, insbesondere leidenden Menschen gegenüber war bei ihr nichts zu bemerken. Doch die Eltern klar zu sehen, das war immer wieder gleichbedeutend mit den schwersten Anklagen, und immer wieder zog sie es unbewußt vor, selber zu »büßen« und nur darin sehr versteckt etwas zu äußern, was im therapeutischen Rahmen dann als indirekte Kritik verstehbar werden konnte.

Was ihre Ablösung von den Eltern ebenfalls sehr erschwerte, war ihre unbewußte Übernahme von deren Vernebelungsstrategien. Im Brief des Vaters sind diese überdeutlich abzulesen. Ich selber brauchte aber recht lange, um zu begreifen, daß Frau Burgfeld durchaus Vergleichbares vornahm. Sie war zwar bemerkenswert klar in vielen Stellungnahmen, speziell auf politischem Gebiet, war hier eindeutig abgegrenzt von den Eltern, doch half gerade das paradoxerweise mit, ihr eigenes Vernebeln zu übersehen. Dieses nämlich richtete sich gegen sie selber, gegen ihre Fortschritte, gegen das Umsetzen ihrer Einsichten in ihre Lebenssituation, in deren klare Wahrnehmung überhaupt. Sie wirkte partiell blind in dieser Richtung. Sie hatte Erkenntnisse über Erkenntnisse – doch es änderte sich nichts. Damit aber blieb sie ihren Eltern verhaftet. Dies zu bemerken, war eine wesentliche Voraussetzung, um dann doch voranzukommen.

Ein Lebenslauf also zwischen Komplizenschaft und Ablösung – Frau Burgfeld hat mir viel von dem damit verbundenen extremen Spannungsfeld gezeigt: zwischen Identifikation mit den Angreifern und dem Bewahren eigener Menschlichkeit, zwischen fremden Schienen und zu sich selber Stehen, zwischen Hilfsbereitschaft für andere und Wüten gegen die eigene Person, zwischen Anklage und Schuldbewußtsein.

Und ich halte es für wichtig, gerade ihr mitzugeben: Verbundenheit zwischen Menschen kann stärker sein als die Nazis und ihre Fortwirkungen. Hermann Langbein, österreichischer Häftling in Auschwitz, der dort mit anderen zusammen eine Widerstandsorganisation aufbaute, vielen Menschen das Leben retten half, Nachrichten an die Alliierten übermittelte, er nannte eines seiner Bücher: *Die Stärkeren*. Daß er damit nicht die Nazis meinte, ist klar. Solche Menschen brauchen wir zur Orientierung, und erst recht, wenn die Ablösung von den Nazi-Eltern so schwer ist wie bei Frau Burgfeld.

2 »Dann bekommt alles so eine ungeheure Dimension«

»Früher habe ich gedacht, man macht ein paar Jahre Therapie, und dann ist es so, als hätte man eine normale Kindheit gehabt (jetzt fragen Sie mich bloß nicht, was das ist). Eigentlich kann man nur erkennen, was wirklich war, sozusagen den Nebel aufklaren – neulich habe ich geträumt, daß ich an der Weser war (ich bin an ihrem Ufer aufgewachsen), und diese in Wirklichkeit schmutzige, braune (!) Brühe war zu klarem Wasser geworden (eigentlich ein schöner Traum).«

Die Fachschaft Psychologie einer westdeutschen Universität veranstaltete eine öffentliche Vortragsreihe über Kontinuitäten aus der deutschen faschistischen Vergangenheit. Ich berichtete in diesem Rahmen über meine Erforschung von seelischen Auswirkungen der Nazizeit. Dazu gehörten auch einige Ausführungen zum Thema der von Deutschen und im Namen Deutschlands begangenen Schuld, dies mit Bedacht gerade in einem Vortrag an ein vorwiegend psychologisch orientiertes Publikum, denn ich kenne hier zur Genüge die Tendenz, reale Schuld mit Schuldgefühlen zu vermengen und damit erstere zu verleugnen. Meine Darlegung dieses Punktes war weit davon entfernt, anklägerisch zu sein, und doch verlief die an sich lebhafte Diskussion ausgesprochen schwierig. Sie kreiste in eigentümlich zäher Weise um das Schuldthema. Im Hörsaal tat sich gruppendynamisch mehr an dumpfen Kontinuitäten kund, als ich angesichts von Veranstalter und Ort erwartet hätte.

Drei Tage später erhielt ich von einer mir unbekannten Frau Gerlicher folgenden Brief:

»Ich hatte das Glück, gestern abend Ihren Vortrag an der Uni zu hören, und es ist mir einfach ein sehr tiefes Bedürfnis, Ihnen zu schreiben. Ich bin Jahrgang 59, meine Eltern sind 34 bzw. 36. Ich habe zwei Jahre meines Lebens in der Psychiatrie verbracht und mache seit 10 Jahren Psychotherapie. Ich möchte Ihnen nur sagen, daß ich sehr dankbar bin für Ihren Vortrag (auch wenn mich das wieder mal in eine Krise stürzt – aber es ist eine heilsame). Die bundesdeutsche Psychiatrie ist voll mit Menschen, die nicht bereit waren, die ›Ver-rücktheit‹ des dritten Reiches, ihre direkte Vergangenheit und die ihrer Eltern mit dem Deckmantel der Scheinnormalität zu umhüllen. Voll mit denen, die es nicht lassen konnten nachzufragen und die man dafür eingesperrt hat, voll mit denen, die zwischen Täter- und Opferidentifikationen zerrissen werden. Progressive Psychiater gestehen einem zu, individuelle Kindheitsverletzungen erlebt zu haben, die sich in Naziphantasien symbolisch ausdrücken. Wenn man darauf besteht, daß es keine Symbolik ist, sondern Realität, und sei es, daß man die Realität der Eltern ausdrückt, dann geht die Klappe runter. Die Psychoanalyse hat sich Konzepte gebastelt, in denen es sehr viel um Wut geht, die Unfähigkeit, sie zu empfinden, sie auszudrücken u. ä. Darunter liegt ein Meer von Leid, vor dem die meisten zurückschrecken. Nicht nur die Unfähigkeit zu trauern, vor allem auch die Unfähigkeit zu leiden, Angst zu ertragen – vor allem in diesen Dimensionen – versperrt den Weg. Mir ist es vor drei oder vier Jahren erst gelungen, die Geburtsjahre meiner Eltern mit den damaligen politischen Verhältnissen in Zusammenhang zu bringen, obwohl mir letztere rein rational schon viel länger klar waren. Ich habe Eltern, die in ihrer frühesten Kindheit (und niemand wird mehr leugnen, wie prägend diese ist) in einer Herrenmenschenideologie aufgewachsen sind. Ich kenne diese tiefe Erleichterung, daß sie zumindest zu jung waren, um Täter zu werden (abgesehen von den Grausamkeiten, zu denen auch Kinder ja wohl fähig sind). Ausgehend von dieser Erleichterung wage ich zu ahnen, wie es Menschen gehen muß, die Täter-Eltern haben. Ich hatte zumindest Gelegenheit, ihnen in der Psychiatrie zu begegnen. Was ich erst seit kurzem zu ahnen beginne, ist das unermeßliche Leid meiner Eltern, die Angst der Bombennächte, der Alltag des Todes, die

Angst vor Repression, die Furcht, von der eigenen Mutter umgebracht zu werden, wenn ›die Russen kommen‹. Die eigenen
Kindheitserinnerungen, wie bei uns der Fernseher mitten in einer Reportage abgestellt wurde mit dem Kommentar: ›Das muß
endlich mal ein Ende haben.‹ Weiter durfte nicht geredet werden, und die gerade noch erhaschten Bilder von Leichenbergen
setzten sich für immer fest als etwas, das nicht thematisiert wird.
Das Leid, die Schuld, die Angst, das Grauen wird an die Kinder
weitergegeben. In verschiedenem Maß und verschiedenen Varia-
tionen. Die einen setzen die Tradition des Verdrängens fort, die
anderen zerbrechen daran. Ich könnte zahllose Geschichten erzählen, wie Psychotherapie die Auseinandersetzung blockieren
kann, wie überhaupt Schuld an sich tabuisiert wird... Wie geht
man mit Schuld um? Ganz einfach, man hält sie aus. Es gibt nur
den Weg, sie zu ertragen, jeder Mensch lädt Schuld auf sich, man
muß sich ihr stellen. Ich habe eine 7jährige Tochter. Seit kurzer
Zeit kann ich wirklich zulassen, daß ich schuldig geworden bin
an ihr, insofern als ich ihr meine Lebensangst, meine Verzweiflung und meinen Haß weitergegeben habe. Seit ich mir das ein-
gestehen kann, kann ich aber auch aktiv werden, d. h. ich habe
ihr eine Kindertherapie verschafft. Die Analytikerin war auch
gleich ganz besorgt, mir meine Schuld auszureden, was mich am
Ergebnis der Therapie schon wieder sehr zweifeln läßt. Ich und
nur ich allein habe dieses Kind angeschrien, verletzt, alleingelassen, und manchmal ertrage ich diesen Gedanken kaum, weil ich
nur zu gut weiß, was psychisches Leid bedeutet... Wissen Sie,
wie es ist, durch diese Stadt zu laufen und das faschistische Potential jedes einzelnen zu spüren? Da kann man nur wochenlang
das Haus nicht verlassen. Aus Angst vor diesem Potential und
nicht zuletzt aus Angst vor dem eigenen...
P.S. Dieser Brief war ein Stück Arbeit.«

Wen mochte ich in dieser Frau Gerlicher vor mir haben? Zwei
Jahre Psychiatrie, zehn Jahre Psychotherapie, »das faschistische

Potential jedes einzelnen« – war sie eine Paranoikerin, eine Frau voll Mißtrauen und Übertreibung? Solch ein Verdacht kam mir eher am Rande. Auf jeden Fall hatte sie recht: »Wie geht man mit Schuld um? Ganz einfach, man hält sie aus.« Da war sie den meisten, die sich in jener akademischen Diskussion zu Wort gemeldet hatten, weit voraus. Mir taten diese Worte gut, war doch eine gewisse Verunsicherung zurückgeblieben. Und allein wenn ich an die Reihe von Zumutungen während dieser einen begrenzten Diskussion zurückdachte, nur weil ich von Schuld sprach, dann stellte ich mir im Vergleich vor, wie es Frau Gerlicher von klein auf ergangen sein mochte, nur weil sie die »Tradition des Verdrängens« nicht mittrug.

Dies schrieb ich ihr in meinem Antwortbrief und dankte ihr für ihre klaren Worte. Ich schloß mit dem Satz: »Ich jedenfalls möchte Sie ermutigen, mit Ihren Wahrnehmungen nicht hinter dem Berg zu halten, so weit Sie das entsprechende Risiko ertragen können und das Gegenüber bereit zu sein scheint, sich so etwas vor Augen halten zu lassen.«

Zehn Tage später erhielt ich einen umfangreichen Brief von über 30 eng beschriebenen Seiten. In einer Begleitnotiz heißt es: »Ich wollte Ihnen schreiben, d. h. ich mußte es tun. Über eine Woche hat es gedauert, vom Anfang des Briefes bis zum Schluß. Ich habe in Angst und unter inneren Zweifeln und Druck geschrieben... Immer wieder habe ich mich gefragt, was ich mit diesen ganzen Seiten eigentlich anfangen will, abschicken ist ja schon beinahe eine Zumutung (meine Schrift ist auch nicht die beste). Ich habe geträumt, ich wäre wieder in der Klinik, und ich wußte, daß ich da hingehöre und wieder herausfinden muß, bin im Traum umhergeirrt und konnte den Brief beenden, als ich für mich wieder wußte, wie es weitergeht... Meine persönliche Konsequenz aus allem ist im Moment, daß ich umziehen werde. Mich mit Menschen umgeben, mit denen ich mich solidarisieren kann.

Trotz aller Zweifel schicke ich Ihnen die ganzen Seiten in einem Umschlag. Es ist mir in allen Therapien nie gelungen, ›frei zu assoziieren‹, in diesem Brief habe ich unzensiert geschrieben, die ›Schere im Kopf‹ immer wieder zur Seite gelegt. Früher habe ich viel Tagebuch geschrieben, ich hätte jetzt nicht schreiben können, ohne zumindest potentiell alles an jemanden zu richten. Ich würde es nicht ertragen, diese Seiten in meinem Schreibtisch zu verstauen, und ich schicke sie Ihnen trotz aller Bedenken. Heben Sie sie auf, schmeißen Sie sie weg, lesen Sie sie oder nicht, das stelle ich ganz ehrlich Ihrem Belieben anheim... Sie können mit dem Umschlag machen, was Sie wollen.«

Eigentlich hatte Frau Gerlicher mich durch Vortrag, Diskussion und Brief kennengelernt, und doch hielt sie es für möglich, ich könnte den Brief einfach wegwerfen! Diese Vorsicht verwies demnach auf Erfahrungen, nicht wahrgenommen zu werden und Resonanz gerade nicht zu erhalten, wenn sie sich persönlich zeigte. Aber sie ging das Risiko ein. Auch wenn ich hier nur Auszüge wiedergeben kann, so hoffe ich doch, wenigstens einige der zentralen Aussagen nachvollziehbar zu machen.

»Ich habe eine Schreibtischschublade, in welcher ich die wirklich wichtigen Dinge meines Lebens sammle... Ihr Brief liegt jetzt auch dabei. Es ist ein gewaltiger Unterschied, ob man jahrelang für sich allein wahrnimmt, sich vielleicht in einzelnen Situationen mal verständigen kann – oft dann aber auch mit Leuten, die daran zugrunde gehen – oder ob da plötzlich einer von den Menschen, die man immer als auf der anderen Seite stehend empfunden hat, diese Wahrnehmung so voll bestätigt. Ich erfahre gerade nur allzu deutlich, daß dies noch einmal einen ganz neuen Prozeß in mir auslöst, mich sehr an meine Grenzen bringt... Vor drei Jahren, als ich die Schule begann, habe ich mich wohl zum ersten Mal grundsätzlich entschieden zu leben... Im letzten Herbst habe ich in wochenlangen Kämpfen diese Entscheidung noch einmal gefällt, und es ist gut, zu spüren, daß sie wirklich steht. Aber es ist mir im Moment eine sehr große Stütze, Ihnen schreiben zu können...

Wenn ich im Zusammenhang mit Ihnen von ›auf der anderen Seite stehend‹ spreche, dann meine ich die Seite, auf der man zwar einigermaßen klar sieht, aber dennoch lebt, auf der Menschen um Wahrheit und Anstand kämpfen und die Sicherheit besitzen, dennoch zu lieben zum Beispiel. Man muß hassen können und lieben, leiden und lachen. Ich weiß, daß ich sehr stark immer nur die schlechtere Seite kann und, das ist das Fatale daran, dies die Quelle meiner persönlichen Schuldverstrickung ist. Manchmal erscheint es wie ein physikalisches Gesetz. Ein unüberschaubarer Berg von Schuld, Grauen und Elend. Der Großteil leugnet ihn in unvorstellbarer Weise, der Rest erstickt daran...

Wenn ich jetzt mit dieser Hilfe, die mir Ihr Vortrag, Ihr Buch und Brief waren, versuche, das alles wirklich noch mal anzuschauen, aber eben nicht allein, sondern im Kontakt mit Menschen, dann bekommt alles noch einmal so eine ungeheure Dimension, da wird auf jede Situation meines Lebens noch einmal ein anderes Licht geworfen... In meinem Kopf bildet sich der furchtbare Satz: Vor Auschwitz sind alle Menschen gleich, nicht mehr vor Gott, sondern vor Auschwitz. Und wenn ich die ganze Dimension dieses Satzes erfasse, dann sitze ich nur noch zitternd am Schreibtisch... Ich habe mir so sehr gewünscht, daß ich verrückt bin, verstehen Sie das? Genauso verzweifelt, wie ich mir gewünscht habe, normal zu sein. Sie haben in gewisser Weise eine Illusion in mir zerstört, und ich habe wieder das Gefühl, in der Mitte durchzureißen. Wenn das stimmt, was ich sehe, dann ist die Welt in Auschwitz untergegangen, und wir tradieren den Untergang, wenn es nicht stimmt, leide ich an einer Wahrnehmungsstörung, die nicht erklärbar und nicht teilbar ist und gebe mir besser den Gnadenschuß. Wenn ich frei wählen dürfte, ich würde die zweite Möglichkeit bevorzugen, aber ich weiß, daß sie nicht zutrifft.

174

… Mir fällt immer wieder ein, wie mir mein Analytiker in mühevoller Kleinarbeit versucht hat beizubringen, Gedanken und Phantasien zu äußern. Ich habe immer wieder diese Grenze verloren zwischen Realität (?) und Denken. Nur, ist da nicht eine völlig berechtigte Angst in einer Zeit, in der kein Mensch mehr in der Lage ist, sich etwas Grausames vorzustellen, was nicht schon tausendfach ausgeführt wurde? Wie kann man unbelastet an menschliche Phantasien rangehen, wenn da immer dieses Wissen ist, daß die Menschen in allernächster Nähe, daß Eltern, Verwandte usw. dies alles ausgeführt haben? Freunde, Bekannte, die mit mir bei meinen Eltern waren, haben ebenso wie Therapeuten aus meinen Erzählungen Gedanken bekommen wie: Da liegen Leichen im Keller. Das ist noch zu ertragen, wenn man das in guter psychologischer Manier als verdrängte, abgetötete Persönlichkeitsanteile sieht. Es ist kaum noch zu ertragen, wenn man es realistisch sieht. Meine Eltern waren Kinder in dieser Zeit, mein Großvater war Ortsgruppenbauernführer… Manchmal ist mit meinem Vater ein Anflug von ehrlichem Gespräch möglich, der Rest lügt wie gedruckt, das habe ich von klein auf am eigenen Leib erfahren. ›Man wird nicht nur schuldig, durch das, was man tut, sondern auch durch das, was man unterläßt‹ (ein Zitat von Margarete Mitscherlich [1987], auf das ich mich in meinem Buch bezogen hatte; M-H). So gesehen, hat diese Familie einen Berg wirklicher Leichen im Keller…

Wissen Sie, ich galt Zeit meines Lebens als zu empfindlich, zu ernst, zu tiefsinnig, als zu moralisch. Ich bin deshalb sowohl verlacht als auch gefürchtet als auch bestraft worden. Ich gehöre zu einer Generation, die man versucht hat zu kaufen. Die Kinder der Wirtschaftswunderzeit. Man wollte uns dezent und ohne Blicke stillschweigend die Leichen rüberschieben, man wollte uns dafür mit Luxus bezahlen… Ich habe eine 28jährige Schwester, die ist ein Musterbeispiel dafür. Bei mir hat es – und ich weiß nicht einmal so genau, warum – nicht funktioniert. Mein Schweigen haben sie sogar sehr oft und lange bekommen, aber nur aus Angst. Von klein auf ist es mir immer wieder passiert, daß ich in völliger Naivität Wahrheiten verkündet habe, und dann ging es aber los. Dann stürzten Welten ein, und ich war schuld. Und da begann es, daß ich glaubte, verrückt zu sein, mit fünf Jahren habe ich mir gewünscht, nie geboren zu sein, weil ich so furchtbar spürte, daß ich nicht in diese Welt passe, trotz besten Bemühens immer wieder alles ganz anders sah. Ich hatte Todesangst vor zu liebenden Familienmitgliedern (obiger Lebensgefährte meiner Oma, der mich prompt mit 10 Jahren sexuell mißbrauchte), vor der Erstklaßlehrerin, die alle so schätzten, sie hatte doch schon meine Eltern unterrichtet (später habe ich erfahren, daß sie als überzeugte Nationalsozialistin 45 einen Selbstmordversuch verübt hatte – ach die arme Frau = Kommentar der Eltern – weiterer Bestrafung entkam, weil der ganze Ort zu ihr hielt) usw. usw. ... Und wenn ich an die Diskussion im Anschluß an Ihren Vortrag denke, dann waren da einige von diesen Leuten, und die schreien unbewußt nach Hilfe, und die wollen ihre Leichen loswerden, und die wissen es aber nicht. Die bieten sie Ihnen an und werfen sie Ihnen vor die Füße und um die Ohren. Und ich bekomme solch eine Angst, weil ich nicht weiß, ob die nicht auch alle das ›ego te absolvo‹ eines Schönhuber eines Tages annehmen werden...

Ich kenne das, wie das läuft, als Kind der ewige Außenseiter, diejenige, welche an den Marterpfahl gebunden wird, wie schnell macht man da mit, wenn sie endlich mal jemand anders finden. Ich hatte das Glück, bereits als Kind da vieles sehr klar zu sehen und nicht mitzumachen, um den Preis des Außenseitertums. Fragen Sie mich nicht, woher diese Fähigkeit kam, mein Verdienst war es nicht. Nur, da wird die Welt wieder sehr absurd, wenn man irgendwann feststellt, daß man stolz auf Dinge ist, die einem unendliche Qual bereitet haben. Immer hatte ich das Gefühl, mich entscheiden zu müssen zwischen Täter und Opfer, ich habe die Opferseite gewählt (sie wurde mir auch aufgezwungen), aber ich habe sehr früh die Vorstellung von Kampf damit verbunden, ich habe bald begriffen, welche Chance in meiner Angst liegt, daß sie, richtig verstanden, eine Waffe ist, nichtsdestotrotz bin ich oft genug fast daran zerbrochen.

Ich bin aufgewachsen in einer norddeutschen Kleinstadt, ich habe sie als eine Gemeinschaft verbündeter Henker empfunden und geglaubt, ich sei verrückt, heute weiß ich, daß die Wahrnehmung stimmt. Meine Oma beschimpfte mich als Zigeunerin, als dreckig und verdorben, ein Gefühl, das ich bis heute mit mir herumschleppe, d. h. inzwischen kenne ich die Situationen, in denen es auftaucht, z. B. bei meiner blonden Therapeutin, aber da ist es langsam mal möglich, diese Dimension anzugehen. Nur, wenn einen die Frau eines Ortsgruppenbauernführers als Zigeunerin beschimpft, ist es dann so unerklärlich, weshalb man in Todesangst lebt?

… (Meine andere Großmutter) hat sich, nachdem ihr Mann gefallen war, nach 45 einen Lebensgefährten gewählt, dem ich alles zutraue. Wahrscheinlich ist auch dieser Mensch sehr früh unvorstellbar zerstört worden, aber da ist so meine Grenze, da gibt es keine Ansatzpunkte mehr, das ist nur noch ein Schwein. Ich glaube mich dunkel zu erinnern, daß er bei der SS war, einer von denen, die Menschen in Gaskammern schicken, genauso wie sie Ungeziefer im Garten vernichten, und denen vor Rührung die Tränen kommen, wenn ihr Pudel stirbt… Mein Hauptproblem war nicht, die Gestalten meiner Kindheit loszuwerden, sondern Dinge an ihnen zu finden, auf die ich aufbauen konnte…

Man hat mich bestraft, weil ich dem SS-Schwein die Achtung verweigerte, man hat mich bestraft für meine Angst und meine Not, man hat mich gehaßt für meine bloße Existenz. Nur mein Vater, der hatte so etwas wie Liebe für mich, aber davor hat er sich gefürchtet… Wenn ich in Therapien versucht habe, diese Reaktionen von Haß auf mich zu klären… dann gibt es da sicher die ganz individuelle Dynamik… Nur in dem Moment, in dem man diese ganze Dimension der Nazi-Zeit mit betrachtet, erhält das einen furchtbaren, unerträglichen, realen Hintergrund. Da geht es nicht mehr um unbewußte Todeswünsche von Eltern in bezug auf ihre Kinder, da geht es um Mordversuche.

Ich glaube, daß sich da unter anderem in der Psychiatrie sehr viel wiederholt. Ich erinnere mich an einen Mitpatienten (er ist inzwischen tot), der sich in einem psychotischen Schub den Schädel rasierte und bei jedem die Assoziation KZ-Häftling auslöste. Ich habe mit angesehen, wie er niedergespritzt wurde, von einem Arzt der aufgeschlossenen Sorte, dem es zumindest noch unangenehm war, der ansonsten bemüht war, Wahninhalte zu verstehen, aber da hat er sich nicht mehr herangetraut...

Ich habe nach der Klinik mit einem Mann zusammengelebt, der an der Nazi-Problematik zugrunde ging. Sein Vater hatte sich 45, als die Amerikaner kamen, aufgehängt, er hatte wohl allen Grund dazu. Die Mutter war zu einem Jahr Gefängnis verurteilt worden. Wir haben einmal gemeinsam seine Familienphotos betrachtet. Mir wurde speiübel. Da saßen sie im Garten, und das Bewußtsein ihres Herrenmenschentums war nur allzu sichtbar. Dieser Mann war ein begabter Musiker, neben Psychiatrieaufenthalten hatte er auch eine Therapie begonnen. Der Selbstmord des Vaters wurde sehr wohl thematisiert, die Gründe dafür nicht, der Gefängnisaufenthalt der Mutter ebenfalls nicht. Er hat seine Eltern zu sehr geliebt, zu viel auch an Positivem bekommen (welch absurder Satz), all die Schrecken konnte er nur in seinen psychotischen Zuständen hinausschreien, er war bis in den letzten Winkel seiner Seele zerrissen, in einen Teil, der ›schillernd‹, begabt und sehr klarsichtig war, und einen Teil, der die zum eigenen Fleisch gewordenen Verbrechen der Eltern nicht ertrug, diese hinausschrie und gleichzeitig fortsetzte, der Obdachlose und Ausländer auf der Straße aufsammelte und jeden, der ihn liebte, zu zerstören suchte. Ein Täterkind par excellence, hat die Eltern geliebt und ihre Taten gehaßt, sie hinausgeschrien und wurde dafür geknebelt. Manchmal von einer Klarsicht, die alle erschreckt, mitunter voller Blindheit für die,

die vor ihm stehen. Kann Freund und Feind nicht unterscheiden (oder kann er es zu gut?), kann auf jeden Fall überhaupt nicht taktieren und zerstört lieber sich als andere…

Und immer wieder spüre ich, daß ein Teil meiner Angst die Angst vor dem Schuldigwerden ist. Ich werde nicht aufgeben, freiwillig werde ich nie aufgeben, mich weiter zwischen alle Stühle setzen, mir klaren Wissens auch Prügel holen, vor allem, das ist so mein Problem, mir mehr Solidarität bei den Menschen zu suchen.

Ich habe auf viele Arten versucht, Schmerz und Leid in mir abzutöten, immer entstand daraus sofort Leid, welches ich zufügte. Ich nehme es wieder auf mich und werde für verrückt erklärt, man teilt meine Angst in rationale (ich fall durchs Abitur) und irrationale (die Mehrzahl meiner Mitmenschen erscheint mir im Mördergewand). Meine Therapeutin hat mir sehr geholfen, meine Wahrnehmung ernst zu nehmen, immer wieder hat sie mir bestätigt, daß ich ganz reale Dinge sehe, die Gefahr intuitiv richtig erfasse, aber häufig die Möglichkeit zum Guten übersehe. Erst dadurch konnte ich leben. Nur in Begegnungen mit Menschen, die das Böse leugnen, da kippt es mir oft über…

Wenn ich das Leid zulasse, kann ich nicht leben, wenn ich abhärte, kann ich es auch nicht. Ich kann es nur, wenn jeder ein Stück davon auf sich nimmt. Ich kann nur leben, wenn ihr den Alptraum mit mir teilt, kann nur zu Menschen finden im Entsetzen, im Grauen. Ich habe als Kind mich darin geübt, Dinge zu vergessen, ganz bewußt versucht, schlimme Erlebnisse zu streichen, die Emotionen verschwanden, die Erinnerung daran verlor ich nie, später im ›Wahn‹ brach alles wieder hervor, ich mußte wieder gezielt eindämmen und Stück für Stück hervorholen…«

Das war der Brief einer ungewöhnlich klarsichtigen Frau, die in ihren Wahrnehmungen alleingelassen und bekämpft worden war, dadurch erst recht die Schuldlast ihrer Familie und noch der weiteren Umgebung aufgebürdet erhielt, für verrückt erklärt

wurde, dies auch selber mit sich machte und die völlig Recht
hatte mit dem Satz: »Ich kann… nur (leben), wenn jeder ein
Stück davon auf sich nimmt.« Das ist es, was gebraucht wird,
damit nicht gilt: »Die einen setzen die Tradition des Verdrängens
fort, die anderen zerbrechen daran.« Den Zusammenhang zwischen diesen beiden Seiten deutscher Realität nach 1945 fand ich
selten so prägnant beschrieben wie in diesen beiden Briefen.

Frau Gerlicher sprach offen auch ihre massive Selbstmord-
neigung über viele Jahre hinweg an. Das machte mir Angst. Und
sie verstärkte sich, wenn ich daran dachte, daß dieser Briefwech-
sel so viel von neuem in ihr bewegte. Genügte es, sie in Therapie
zu wissen? Worin bestand meine Verantwortung? Dies waren
die Hauptfragen in mir, als sie mich einige Zeit nach diesem Brief
anrief. Ich sagte ihr meine Bedenken, allerdings noch eingeklei-
det in eine eher etwas »therapeutische« Form. An ihrer Reaktion
war zu merken, daß ihr dies mißfiel. Klarer noch wurde dies in
ihrem nächsten Brief:

»Vielleicht war meine Reaktion am Telefon etwas vorschnell, und ich bedaure es dann auch sehr. Sie sagten, wenn ich
mich umbringe, dann würden Sie enttäuscht von mir sein oder
so ähnlich, ich habe dann von ›bester Therapeutenmanier‹ gesprochen, weil das für mich kein Kriterium ist. Die Suizidfor-
schung hat vergessen zu bedenken, daß ein Unterschied ist zwischen denen, die es wirklich getan haben und tot sind, und
denen, die gerettet wurden. Wer sich noch Gedanken und Phantasien über das Verhalten der Menschen nach seinem Tode
macht, der ist sehr stark im Leben verhaftet. Vielleicht sind ja die
erfolgreich, die dies nicht mehr tun. Die Überlegung zum Selbstmord ist eine eher kühle.« Frau Gerlicher beanspruchte ihre
Freiheit und wehrte sich gegen Beeinflussungsversuche meinerseits. »Kurzfristig rettet es, wenn man spürt, daß jemand anders
wirklich will, daß man lebt, auf Dauer muß man für sich allein
einen tieferen Grund dafür finden. Den habe ich gefunden, das
weiß ich sicher… Daß Sie mir am Telefon gesagt haben, ich solle

mich nicht umbringen, das wäre nur ein weiterer Sieg der Nazis, daß mein persönlicher Kampf ein politischer ist und eine Aufgabe, das hat mir sehr gut getan. Auch wenn ich den Grund zum Weiterleben in mir gefunden habe, so spüre ich, daß ich ihn ohne Solidarität nicht oder nur äußerst schwer aufrecht erhalten kann. Ich bin mit Ihren Sätzen im Kopf aufs Wohnungsamt, und ich habe wieder Kraft und Klarheit daraus bezogen.«

Es kommt wirklich auf Nuancen an, wenn man sich angesichts des Nazi-Abgrunds zu verständigen sucht. Für mich jedenfalls war wichtig an diesen Zeilen, daß Frau Gerlicher ihre volle Freiheit für sich beanspruchte und andererseits in der Lage war, eine Sorge um sie auch als etwas Freundliches zu erleben. Seitdem kann ich die Verantwortung für sie bei ihr lassen, ohne mich aber in unverbindliche Distanz zu begeben.

Und es wurde mir auch verständlicher, welchen Zusammenhang bei ihr die Selbstmordthematik mit den Nazi-Hintergründen und deren Verleugnung hatte. Das existentiell nötige Ehrlichsein zwischen den Menschen ist nicht möglich, wenn Nazi-Zusammenhänge im Bereich dessen, was als »normal« gilt, also besonders im Alltag, gar zu sehr verleugnet werden. Deshalb kann man die folgenden Sätze auch einmal umgekehrt lesen, nämlich als Aussagen über eine verrückte »Normalität«: »...Die letzten Wochen waren und sind noch einmal aus verschiedensten Gründen unendlich schwer für mich. Mindestens ein Tag pro Woche geht für diese Gedanken drauf,« nämlich an Selbstmord. »Kann nur leben, wenn ich ehrlich und wirklich sein darf. Sobald mir das eingeschränkt wird (und das ist ja wohl die Regel) tauchen die Selbstmordphantasien und -absichten auf.«

Es war ihr ein großes Bedürfnis und zugleich sehr peinlich, dies alles zu schreiben. Am Anfang dieses Briefs hieß es: »Nun sitze ich also schon wieder da und schreibe, ich halte es einfach nicht anders aus... Die einzige Ruhe, die ich kenne, ist die, in der jemand die Gedanken in meinem Kopf versteht. Immer wieder komme ich überall mit dem Nazi-Thema an, weniger aus missionarischem Eifer denn aus reiner Selbsterhaltung. Man muß sehr vorsichtig dabei sein, die Leute laufen nur so weg... Mein Kopf ist so zum Platzen voll, wenn ich bewußt versuche wegzupakken, dann hüllen mich die Nebelschwaden ein. Ich wollte einfach für mich schreiben, so wie früher, in Tagebücher, es geht nicht. Ich muß es an jemand richten, sonst halte ich es nicht aus...« Und am Ende findet sich der Satz: »Bis dahin bleiben mir nur seitenlange Briefe, die mir auch schon wieder peinlich sind.«

Die Gründe für ihre Schwierigkeit nennt sie selber: »Es ist so furchtbar schwer, hier in diesem Land, sich mit sich selbst zu befassen. Jeder Fehler, den man betrachtet, wenn man es mit aller Konsequenz macht, der führt immer wieder in die Nazizeit. Diese Qual, die kenne ich von klein auf, dieses Erschrecken, jede Handlung überprüfen, welche Konsequenz hätte sie damals gehabt? Ich frage mich nur, warum man so selten meine Angst verstanden hat... All diese ach so normalen Dinge, wohin haben die hier denn schon geführt, das kann man doch nicht vergessen. Gerade all die Zustimmer, Bejaher, die, die nichts getan haben, außer sich nicht zu wehren. Ohne größere Handlungen Blutlachen an den Händen. Wie soll man denn seit 45 noch Vertrauen in allgemein übliche, menschliche Regungen haben? Warum schien ich denen immer so unverständlich?«

Frau Gerlicher stellte hier eine Frage, die sie auf der inhaltlichen Ebene in ihren Briefen bereits selber beantwortet hatte. »Unverständlich« schien sie, weil sie konkret an Schuld erinnerte, nicht nur allgemeine Zusammenhänge ansprach. Das ist etwas »Unverzeihliches«, wie ich selber in jener Diskussion und anderswo mitbekommen habe. Frau Gerlicher kennt dies genau, und wenn trotzdem jene Frage ihr keine Ruhe ließ, dann rührte das wohl aus einer tiefen Verunsicherung auf der existentiellen Ebene her. Wie ist es nur möglich, daß so viele Menschen über die grundsätzlichen Fragen hinweggehen? »Es ist so furchtbar schwer, hier in diesem Land, sich mit sich selbst zu befassen. Jeder Fehler, den man betrachtet, wenn man es mit aller Konsequenz macht, der führt immer wieder in die Nazizeit.« Wenn diese grundlegende Wahrnehmung von der Umgebung nicht geteilt wird, steckt darin eine tiefe Bedrohung – für alle.

Zugleich fragte ich mich aber, ob sie jene Konsequenz nicht gar zu sehr auf sich selber anwandte und damit immer wieder in Gefahr war, sich selbst zu zerstören, dies letztlich dann zum »Wohl« der Verharmloser. »Die einen setzen die Tradition des Verdrängens fort, die anderen zerbrechen daran.« Ich stellte ihr daher die Frage, »ob Sie nicht vielleicht doch zu sehr in das andere Extrem von der Position der Verdränger gehen, nämlich kaum noch loszukommen von der Nazi-Vergangenheit einschließlich ihrem Weiterleben. Es ist außerordentlich schwer, so einigermaßen die Balance zu halten zwischen Klarsichtigkeit und Verdrängen – gerade in einer Welt, die selbst ja alles andere als in Balance ist.« Wem nützt es, wenn wir uns zermartern?

Auch wenn ich eine Verantwortung für Frau Gerlicher nicht mehr auf mir fühlte, so freute ich mich doch, als sie zu Beginn ihres nächsten langen Briefes schrieb: »Nun habe ich mir im August vier Wochen Ferien erkämpft, und das tut sehr gut.« Sie fügte hinzu, daß sie durch Daueranstrengungen der vergangenen Jahre tief erschöpft gewesen war und ihr letzter Brief aus einer Situation kam, »in der ich innerlich ziemlich am Ende war«. Gleichzeitig wurde mir noch deutlicher als zuvor, daß ich mir um sie keine überfürsorglichen Gedanken zu machen brauchte. In bezug auf die Nazi-Thematik schrieb sie: »Wobei ich auch weiß, daß ich nur so viel zulasse, wie ich auch wieder ertragen kann, allerdings auch kein Quentchen weniger. Das ist so eine grundlegende Erfahrung mit mir selbst. Auch wenn ich oft mit mir hadre, weil es eben wirklich immer bis an die äußerste Grenze ist, so bleibt mir die Sicherheit, daß es eben auch nicht darüber ist. Wissen Sie, ich habe für mich immer wieder gesehen, daß in meinem Leben nichts zu klären war, ohne an dieses Thema Nazizeit zu kommen. Aber auch wirklich nichts. Ich habe mich in dieser Entscheidung nie als frei empfunden, insofern als man da wirklich einen Riesenpacken mitbekommt, und man hat die Wahl, ihn aufzumachen und dem Anblick standzuhalten oder ihn als ›Nebel‹, Lügen und zerstörende Wiederholungsdynamik mitzuschleppen. Das sind meine Wahlmöglichkeiten… Ich gehöre zu einer ganz begünstigten Reihe von Menschen. Ich gehöre zu den reich beschenkten. Ich habe einen Lebenstraum. Als Kind war es der unerschütterliche Glaube an Hoffnung, er hat sich konkretisiert. Mein Lebenstraum ist mein Studium und das sich anschließende Berufsbild. Hier vereinigen sich meine Fähigkeiten mit meinen moralischen und politischen Vorstellungen zu einer realen Möglichkeit… Vielleicht hat es früher bessere Daseinsformen gegeben. Für ein Dasein nach 45 könnte ich mir kein besseres vorstellen… Ich habe Empfindungs- und Erfahrungsbereiche, die den meisten Menschen nicht zugänglich sind. Als der Lebensgefährte meiner Großmutter starb, da habe ich ihn tage- und nächtelang um mich gespürt, Einlaß suchend, den ich verweigert habe.«

Diese wenigen Sätze sind von außerordentlicher Dichte und Bedeutung. Frau Gerlicher hat einen »Traum«, eine Perspektive, eine Orientierung, war schon als kleines Kind erfüllt von tiefer Hoffnung, und sie weiß heute, welchen Weg sie gehen wird. Sie weiß es gerade aus ihrem Ringen mit der allgegenwärtigen Nazi-Thematik. Doch dann folgt auf diese Sätze ganz und gar nicht zufällig der Hinweis auf jenen Lebensgefährten der Großmutter, von dem sie im zweiten Brief nur in Klammern mitgeteilt hatte: »der mich prompt mit 10 Jahren sexuell mißbrauchte«. Frau Gerlichers Erringen und Festhalten ihres »Traums« erfolgte in konkreter Auseinandersetzung mit Leuten wie diesem Mann: »Ich hatte Todesangst vor zu liebenden Familienmitgliedern.« Ihr »Traum« und die Todesangst haben miteinander zu tun.

Über den Mißbrauch schrieb sie jetzt erstmals genauer: »Was ich Ihnen noch erzählen wollte: In Ihrem Vortrag, da war ich einen Moment ganz verwirrt. Als Sie als Beispiel für die Bedeutung von Traumata den sexuellen Mißbrauch erwähnten. Zum einen war es das Gefühl, als lese jemand aus mir vor. Die beiden großen Horrorkapitel meines Lebens: die kollektive Geschichte und der individuelle Mißbrauch, in beiden Kapiteln der gleiche Haupttäter, dieselben Mittäter und Verdränger. In beiden Kapiteln eine völlige Mißachtung von Leben, der Grenzen eines schwächeren Individuums, die Verabsolutierung spontaner Triebregungen, bedenkenlos, hemmungslos, grausam. Das ist eine ungeheure Parallele. Ähnliche Tabuisierung der beiden Themen auch in Öffentlichkeit und Familie. Ähnliche Schuldzuschreibungen für die Opfer.«

Frau Gerlicher sprach damit genau etwas aus, was mir seit Jahren immer deutlicher geworden ist: Bei Mißhandlungen und bei sexuellem Mißbrauch sind Zusammenhänge mit verbrecherischen gesellschaftlichen Hintergründen von erheblicher Wahrscheinlichkeit, von sehr viel höherer jedenfalls, als wir in unserem »Normalverständnis« annehmen. Und da wir uns in Deutschland befinden, geht es um deutsche Tradition, dabei insbesondere die des »Dritten Reichs« und seiner Fortwirkungen.

Trotz dieser klaren Einschätzung hat mich überrascht, was Frau Gerlicher in der Folgezeit entdeckte: Sie ist nicht nur von jenem Stiefgroßvater sexuell mißbraucht worden, sondern auch vom eigenen Vater!

Dabei war doch er eine vergleichsweise positive Gestalt in ihrem Leben. Ich erinnere an ihren Satz: »Manchmal ist mit meinem Vater ein Anflug von ehrlichem Gespräch möglich, der Rest lügt wie gedruckt.« Später schrieb sie, wie glücklich sie war, als ihr Vater wenigstens ein bißchen Stellung bezog in fatalen Diskussionen über deutsche Vergangenheit: »Ich liebe ihn, weil ich weiß, daß er nicht so denkt, tief drinnen Mensch blieb. Ich bin wütend, weil er tut, was er immer getan hat: Er geht.« Im Nachspann des Briefes hieß es:

»Wieder ein Stück Hoffnung: Mein Vater läuft nicht mehr

weg, wenn ich mit ihm über die Nazi-Zeit spreche. Im Gegenteil, er hat großes Interesse daran. Ich habe ihm den Giordano
zum Lesen gegeben, er hat nicht abgelehnt wie früher. Der zeit-
liche Abstand ermöglicht ihm langsam, darüber zu sprechen...
Er war drei Jahre bei den Pimpfen. Irgendwann hatte er keine
Lust mehr, der 12jährige muß strafexerzieren, kurz vor Kriegsende erhielt sein Vater einen mahnenden Brief bezüglich des
Verhaltens seines Sohnes. Ich liebe ihn sehr in diesem Moment.
Dafür, daß er die Lust an den Pimpfen verloren hat, dafür verzei-
he ich ihm alle früheren Zornausbrüche. Das ist mir ungeheuer
wichtig. Daß er weinen kann, wenn er von den Bombenangriffen
erzählt, die er als Kind erlebt hat. Ich kann mir gut vorstellen,
wie schwer es für einen Mann seines Jahrganges ist, solche Dinge
zuzugeben. Er mußte sich so verschließen, wie er es tat. Schade
nur, daß er mir nicht früher vertraut hat, als Kind schon, das
hätte mir diese gnadenlose Einsamkeit erspart. Und doch bin ich
sehr glücklich, einen Vater zu haben, der wenigstens nicht zu
diesen Ewiggestrigen gehört, einen, der so was wie ›humane
Orientierung‹ bewahrt hat und entwickelt.«
    Ein halbes Jahr später aber schrieb Frau Gerlicher: »Eigent-
lich ist alles ganz folgerichtig gelaufen, die Logik meines Lebens.
Irgendwas war noch nicht in Ordnung, das habe ich ja gewußt,
war ja auch immer noch in Therapie, ein dunkler Fleck... Ich
bekomme einen Brief von meiner jüngeren Schwester, mit der
ich seit Jahren nichts anderes als Höflichkeitsfloskeln ausge-
tauscht habe. Sie hat eine Therapie angefangen, will mit mir reden über unsere Kindheit, ein komischer Satz in ihrem Brief,
ganz abrupt schreibt sie über einen ›Er‹, der ja alles leugnet. Sie
kann nur meinen Vater meinen, und mir wird auch gleich mul-
mig, weil ich mir vorstellen kann, was er leugnet. Nämlich das,
was ich auch nie wahrhaben will, daß er seine Töchter mißbraucht hat. Es gab jahrelang eine gute Zusammenarbeit zwischen mir und verschiedenen Ärzten und Therapeuten, daß das
ja nie rauskam... Also ich telefoniere mit meiner Schwester...

Nach dem ersten Telefongespräch war ich am Ende, aber so wie schon seit Jahren nicht mehr. Dieser nun nicht mehr zu leugnende Mißbrauch und dieser extreme Haß von allen Seiten, selbst noch von meiner Schwester. Ich stand in meiner Küche und hatte das Gefühl, es klebt an mir, dieser Haß auch von allen Seiten, der mir für Momente wieder erschien wie eine Reaktion auf irgend etwas, woran ich schuld bin, etwas wie eine angeborene Mißbildung. Ich stand in der Küche und überlegte ernsthaft, ob es jemals einen Menschen gegeben habe, der mich in letzter Konsequenz nicht doch gehaßt habe, verachtet, benutzt, sich selber aufzubauen. Aber es fielen mir welche ein, dem Himmel sei Dank... Aber ich hatte das Gefühl, ich fand mich relativ plötzlich und unversehens im Dreck, ganz, ganz tief im Dreck.«

Der Vater war der Mensch gewesen, bei dem sie am ehesten noch einen Anflug von Geborgensein erfahren hatte – doch um welchen Preis! Auch dies hatte eine furchtbare Logik, aber nicht die ihres Lebens, wie Frau Gerlicher aus ihrer Perspektive des abhängigen Kindes immer annehmen mußte, sondern es war die furchtbare Logik dieser Nazi-Familie. Sie sah dies heute in ihrem Brief mit aller Deutlichkeit: »Mein Großvater ein Schlächter, mein Vater ist ein harmloses Schwein gegen ihn. Ich wußte, wie ich mich verhalten muß, um, ja, um was? Mein Vater hat zumindest nie mein Leben bedroht (das ist doch eine hinreißende Aussage über den eigenen Vater), das bringt mich immer wieder zu Fall, daß ich schon froh bin, wenn man nicht mein Leben bedroht, und alles andere nehme ich dankbar in Kauf.« Sexuell mißbraucht zu werden, gab ihr eine Daseinsberechtigung.

Folgerichtig war der einzige Ausweg gewesen: »Als Kind schon habe ich nur vergessen und mich in den Wahn geflüchtet. Lieber vom Teufel und bösen Geistern verfolgt als von den eigenen Angehörigen. Ich habe innerlich nicht in dieser Welt gelebt als Kind, hatte auch bis zu meinem Klinikaufenthalt keine Erinnerungen. Damals war das Thema des sexuellen Mißbrauchs auch noch viel stärker tabuisiert als heute, obwohl es mich wundert, daß nie jemand drauf kam, es lag so auf der Hand... Mir selber wurde das ganze langsam erst Jahre später bewußter... Und dann habe ich immer wieder versucht, das in die Analyse zu bringen, aber es wurde eher eine gute Zusammenarbeit im Sinne von: Wie verhindern wir Klarheit und weichen dem Entsetzen aus? Ich denke mir sogar, das war in Ordnung damals. Ich hätte es gar nicht verkraftet. Das, was jetzt so aufbricht, das wäre zu einem früheren Zeitpunkt mein Tod gewesen, das hätte ich nicht ertragen... Ich glaube meinem Vater, daß er nicht mehr zum Exerzieren bei den Pimpfen wollte, daß es ihm zuwider war. Es gibt sie nicht, die Bildzeitungsmonster, es ist alles viel differenzierter, das ist ja das Furchtbare... Der Wahnsinn war sicherer als diese Welt, stand mehr in meiner Macht... Ja, mein Vater beschäftigt sich in den letzten Jahren auch mit der NS-Zeit, aber er macht immer wieder diesen großen Bogen um Auschwitz, nicht offen, aber emotional, das ist nur ein Name für ihn, über den man nicht spricht. Ich sehe da schon die Wurzel seiner unglaublichen Brutalität, die er ja auch strikt leugnet.«

Zehn Wochen später: »Ja, meine persönlichen Auseinandersetzungen sind weitergegangen, an Fakten ließ sich leider nicht viel erschließen, die meisten Familienunterlagen sind... untergegangen, aber es gibt immer ja noch die inneren Fakten, dieses klare emotionale Wissen um die Massenmörder, die einen großgezogen haben. Ich glaube, es bleibt ein Leben lang erschreckend... Neulich habe ich im Fernsehen *Hotel Terminus* (Sitz der Gestapo in Lyon mit Klaus Barbie als Chef; M-H) gesehen, es ist furchtbar, diese deutschen Interviewpartner, ich kenne sie alle, dieser Schreck wieder, das, ja, genau das waren die wohlanständigen, die freundlichen Menschen meiner Kindheit. Jahre habe ich damit verbracht, mich für irre zu halten, weil sie mir immer nur Übelkeit verursachten. Das wird mich immer wieder fassungslos machen.«

In der folgenden Zeit pendelte Frau Gerlicher hin und her

zwischen einem tiefen Verständnis für ihren akut kranken Vater und seinen Werdegang einerseits und zum anderen ihrer klaren Wahrnehmung dessen, was er ihr Entsetzliches angetan hatte: »Ich leide mit diesem Kind, das wohl nie mehr befreit werden kann, und ich hasse diesen Mann, der daraus wurde. Und was das für die eigene Person bedeutet, werden Sie als Therapeut wohl wissen.«

Gerade weil ich etwas von der Destruktivität kenne, mit der die Mißhandelten und Mißbrauchten sich selbst zu zerstören drohen in unbewußter Komplizenschaft und in damit verbundenen Wiederholungszwängen, in den fremden Schienen ihrer Familien, in Identifikation mit den Aggressoren, deshalb schrieb ich ihr energisch zurück: »Sie haben sich übergenug um ihren Vater gekümmert, und wenn er hinter seiner Wand bleiben will oder auch nicht anders kann, dann soll er doch dort bleiben und alle terrorisieren, die das aushalten wollen, aber nicht Sie! … Ich finde, Sie haben die Last ihrer Familie überreichlich getragen, bei allem weiteren täte es mir leid um Ihre vertane Kraft, jedenfalls soweit Sie denen noch helfen möchten…«

Ich war erleichtert, als Frau Gerlicher sich nicht, wie ich etwas befürchtet hatte, »ermahnt« fühlte durch meine Worte, sondern eher bestätigt. Ihr sei inzwischen selbst klargeworden, »daß es nicht rückwärts gehen kann und ich da gerade Mist baue… Wenn ich ehrlich bin, komme ich immer wieder zu dem Ergebnis, daß meine Familie einfach ein ziemlich widerliches Pack ist, egal ob krank, gesund oder sonstwie, man allerdings schon oft schief angesehen wird, wenn man so was äußert, er-staunlicherweise auch von Therapeuten, das hat hier in Deutschland sicher auch mit der Nazizeit zu tun, weil man ab einem gewissen Punkt die Menschen, von denen man abstammt, ›ver-nebeln‹ muß. Ich finde es eine Unverschämtheit von meinen Eltern, von mir Hilfe zu erwarten, denn sie haben selber nie versucht, mir Hilfe zu geben, sich z. B. damals, als ich in der Klinik war, nur zurückgezogen.«

Das sind klare Worte von einer Person, die extrem miß-braucht worden ist, Worte, mit denen sie eine zerbrochene Wirklichkeit (siehe Wurmser) beschreibt, zu deren Weiterwir-ken sie aber ihre Beteiligung aufkündigt.

Dabei hilft ihr das, was sie ihren »Traum« genannt hat. Ohne die darin enthaltene Perspektive nach vorn, die, wie sie einmal schrieb, nicht ihr Verdienst ist, aber verbunden mit vielen Schmerzen, wäre sie in Loyalität, Komplizenschaft, blinden Wiederholungszwängen gefangen geblieben und möglicher-weise längst nicht mehr am Leben. Dieser »Traum« stellt einen außerordentlich notwendigen Selbstschutz dar.

Doch er ist noch mehr. Er ist ein Motor und ein Kom-paß. Mit seiner Hilfe kann Frau Gerlicher die Nazi-Welt aktiv in die Schranken verweisen. Sie geht über den Bannkreis ihrer Familie hinaus, über den Bannkreis der allgemeinen Kompli-zenschaft des Schweigens. Sie macht ihre Wahrnehmungen, die sie in einem langen Prozeß als zutreffend erkannt hat, Schritt um Schritt anderen zugänglich, teilt sie mit ihnen, ist mit ihnen verbunden. So haben sie und ich uns durch diesen Briefwech-sel gegenseitig bestärkt. Und auf der Basis solcher Verbun-denheit wird sie den Kreis ihrer Aktivität immer mehr aus-dehnen. Sie hat ihr Studium, das eng mit diesem »Traum« verbunden ist, schon weit vorangebracht, hat die anfänglichen Ängste überwunden, doch so »schwachsinnig« zu sein, wie sie von einem Psychiater diagnostiziert wurde und es selber teil-weise glaubte.

Ich telefonierte mit ihr wegen dieses Textes. Dabei sprachen wir über ihren »Traum«. Ihr gefiel besonders das Wort »aktiv«. »Das ist etwas ganz Zentrales in meinem Leben, ein Grundmu-ster. Ich bin von zu Hause ausgezogen, ich habe mir Leute ge-sucht, mir ist einfach klar: Du mußt was tun, die Sachen in die Hand nehmen. Nur weil ich wußte, daß ich das kann, war ich in der Lage, auch so in die Tiefe zu gehen, nach innen, in der Therapie. Therapie ist aber nicht alles, sie ist für mich nur dann gut, wenn immer wieder der Punkt kommt, wo es sich real niederschlägt.«

Ich fragte sie nach einem konkreten Beispiel. Ihr fiel im Moment kein prägnantes ein. Einen Tag später rief sie an. Beim Wäscheaufhängen war ihr plötzlich ein Traum in Erinnerung gekommen, den sie vor zwei Jahren hatte. Vor einem Haus, das wohl das ihrer Eltern sein sollte, stürzte sie in eine Abwassergrube, versank in dem Unrat, rührte sich nicht, denn ihr stand vor Augen, was »man« ihr eingeschärft hatte, nämlich in Gefahr ganz still zu verharren. Sie wußte, daß sie nur noch zwei Minuten zu leben hatte – da warf sie die Maßregeln beiseite, bewegte sich und kam frei!

»Und es ist mir äußerst wichtig, solche Erfahrungen anderen Leuten mitzuteilen, ihnen Mut zu machen, daß es geht und daß wir auch wieder rauskommen können, daß wir immer wieder eine Chance haben.«

3 »Das Elend« – »Der Horror« – »Das abgrundtief Böse« – »Die Vergötterung«

Sie heiße Sartorius, lebe in Frankreich und rufe von dort aus an, sei aber Deutsche, habe vor ein paar Tagen mein Buch *Verleugnet, verdrängt, verschwiegen* gelesen, das darin Dargestellte treffe sehr auf sie zu, und deshalb möchte sie in Therapie zu mir kommen. Diese mit unverkennbar französischem Akzent ausgesprochene Anfrage verblüffte mich im ersten Moment, denn wie sollte angesichts der beträchtlichen Entfernung eine Therapie möglich sein? Das sei kein Problem, sie habe oft geschäftlich in Deutschland zu tun und besuche dabei regelmäßig ihre Tochter in der Nähe von München. Und außerdem solle es hier nur zusätzlich zu einer bereits beendeten Therapie um den bisher nicht bearbeiteten Nazi-Hintergrund gehen. Es war etwas Drängendes in ihrer Anfrage. Wir vereinbarten einen Termin, und ich bat sie zuvor um einen Lebenslauf.

Sie schickte diesen in zwei Versionen, sorgsam getippt und sehr umfangreich die Fassung an den früheren Therapeuten in Frankreich und zum anderen schnell hingeworfene Zeilen, die sie ausdrücklich nur als »Postscriptum« ihrem Begleitbrief anfügte. Diese begannen mit den Worten: »Was auch nicht in jenem Lebenslauf steht, ist, daß meine Mutter mir gesagt hat, daß sie mehrmals an Heidruns Säuglingsbett gestanden hätte damals (als die Tochter von Frau Sartorius behindert zu sein schien; M-H) und überlegt, ob sie das Kind nicht mit dem Kissen ersticken solle. ›Sie wollte mir ein Leben mit diesem Krüppel ersparen.‹ Ich habe dies noch nie jemandem gesagt. Ich muß es sagen. Ich fühle mich so schuldig, weil sie ja meine Mutter ist und ich ihr Kind.«

Offensichtlich war Frau Sartorius inzwischen durch die Therapie sehr vorangekommen, denn seinerzeit in jenem ersten Lebenslauf hatte sie sich noch recht verschleiernd ausgedrückt. Der Hauptakzent lag dort auf ihrem schweren Schicksal. Nur indirekt fand sich ein Hinweis auf das, was sie mir am Telefon gesagt hatte: Ihr Vater war ein ziemlich hoher Nazi gewesen. Von welcher Bedeutung dies für ihr eigenes Leben sein mochte, war ihr erst durch die Lektüre meines Buches aufgegangen.

Von daher ist es aufschlußreich, die beiden Lebensläufe zu vergleichen. Der frühere begann damit, daß ihr Vater sich freiwillig zur Front gemeldet hatte und in amerikanische Gefangenschaft geriet, während die Familie – Frau Sartorius, geboren 1938, und ihre zwei älteren Brüder sowie Mutter und Großmutter – sich nach schrecklichem Marsch noch mit einem der letzten Schiffe über die Ostsee retten konnten. Die Folgezeit war geprägt von schwerer materieller Not, extremer Härte von seiten der Mutter und später auch des Vaters, weiteren Entwurzelungen. Offensichtlich als Reaktion darauf entwickelte sie erhebliche Verwahrlosungstendenzen und wurde zum Außenseiter der

Familie. Dies war für die anderen um so peinlicher, als sich der Vater schon bald wieder eine geachtete Stellung aufbaute. Schwierigkeiten wegen der »Entnazifizierung« hatte er offensichtlich nicht. Während er bis zu seinem Tod als anerkannte Persönlichkeit dastand, führte sie eher ein Vagabundenleben, wechselte alle paar Jahre Stellung und Wohnort. Ebenso hielten sich Partnerschaften nie für längere Zeit. Ihre einzige stabile Beziehung sei die zu Heidrun, ihrem unehelichen Kind. Das Hauptgewicht ihrer Darstellung lag darauf, von anderen schlecht behandelt worden zu sein. Eigene Anteile deutete sie aber an.

Und dies war ihr, wie aus dem Postscriptum, der neueren Version ihres Lebenslaufs, ersichtlich, inzwischen weitaus zugänglicher. Zwar schrieb sie: »In meiner Herkunftsfamilie war ich der Jud,« und ihr ältester Bruder hätte immer »SS und Jude« mit ihr gespielt, einen Stock als Spielzeuggewehr auf sie gerichtet, und sie mußte alles tun, was er wollte, doch fügte sie hinzu: »Ich glaube aber, dies ist nur die eine Seite. Ich bin oft auch ›SS‹ gewesen in meinem Leben.« Und ihr war klar: »Ich möchte, ich muß mich mit diesen beiden Anteilen in mir auseinandersetzen. Ich will Mensch werden.« Diese Sätze rührten mich sehr an und machten mir verständlich, was sie in der Therapie suchte.

Die prüfenden Blicke beim ersten Termin kamen wohl von beiden Seiten. Doch ganz schnell sprang Frau Sartorius ins Unbekannte, ohne daß sie sich überhaupt Zeit genommen hätte, sich im Zimmer umzuschauen oder etwa mit mir über das Honorar und andere Bedingungen der Therapie zu sprechen. Sie müsse es einfach loswerden. Sie sei heute wieder »dem Elend« begegnet, zum ersten Mal seit langen Jahren. Sie konnte ihre Fassung nicht bewahren und weinte. Bei ihrer Ankunft in München drängte sich auf einem Bahnsteig ein Knäuel von Menschen, bepackt mit Kartons, Bündeln, bindfadenumwickelten Koffern, offensichtlich Polen auf dem Weg nach Hause. Sie sei wie betäubt vor dieser Szene gestanden und könne erst jetzt wieder zu sich kommen. Das sei ihre Flucht. Die stehe ihr jetzt so vor Augen.

In den folgenden Minuten verstärkte sich aber in mir der Eindruck, daß hier etwas nicht stimmte. Ich zweifelte nicht an ihrem Bericht, nahm teil an der Erschütterung durch die unerwartete Begegnung am Bahnhof, und doch, ihr Weinen, ihre Bewegtheit traten gar so unvermittelt auf. Zwar kannte sie mich durch das Buch in gewisser Hinsicht und hatte von daher Vertrauen entwickelt, aber ansonsten war doch nichts geklärt. Würden wir überhaupt miteinander arbeiten können? Diese Ungewißheit, und das noch angesichts des heiklen Themas ihrer Nazi-Hintergründe, mußte doch Ängste in ihr auslösen. Hatte sie denn hier einen Boden? Sie war wohl auf der Flucht nach vorn.

Ich unterbrach sie also und meinte, auch wenn sie jetzt verständlicherweise so bewegt sei, so müßten wir uns doch erst einmal darum kümmern, hier den Rahmen für solche Mitteilungen herzustellen, müßten uns über die Bedingungen dieser Therapie verständigen. Mir schien, daß sie mich erstaunt und auch unwillig anschaute. Ich war mir durchaus bewußt, wahrscheinlich nicht sehr einfühlsam auf sie zu wirken mit diesen Worten, aber es ging darum, eine Ebene von Klarheit zwischen uns herzustellen.

Die Honorarabsprache schien ihr lästig zu sein – obwohl sie durchaus nicht über unbegrenzte Finanzmittel verfügte. Eine leidlich regelmäßige Terminabfolge ließ sich für den überschaubaren Zeitraum des nächsten Jahres planen. Und es war wichtig, die Art der Therapie zu klären, nämlich im Sinne einer Fokaltherapie, in der ihr Nazi-Hintergrund den »Fokus« darstellte, also den zentralen Bereich, auf die ihre Mitteilungen und alle Entwicklungen in der Therapie wesentlich zu beziehen wären, natürlich nicht zwanghaft, sondern im Sinne eines roten Fadens. Schließlich hatte sie ja bereits eine intensive Therapie hinter sich.

In der zweiten Doppelstunde am nächsten Tag wirkte sie weitaus weniger angespannt. Sie sei sehr erleichtert nach unserem ersten Gespräch gewesen, in dem sie sich vieles von der Seele geredet, manches zum ersten Mal überhaupt jemandem mitgeteilt hätte. Ihr Vertrauen zu mir, das zuvor nur aus der Buchlektüre herrührte, hatte sich also ausweiten können. Da mir dieser »Boden« von Anfang an so wichtig war, fragte ich näher nach. Jetzt überraschte sie mich mit einer Mitteilung, die ganz im Kontrast stand zu dem soeben abgegebenen Stimmungsbild: Ihre Tochter hätte gestern wissen wollen, wie ich gewesen sei, und da hätte sie, wie aus der Pistole geschossen, erwidert: »distanziert«. Ja, und das stimme, so hätte sie mich erlebt, als ich sie unterbrach und auf das Äußere der Therapie zu sprechen kam. Und das hätte sich auch in meiner Körperhaltung ausgedrückt – die sie also genau beobachtete. Die sei so zurückgenommen gewesen. »Eigentlich hätte ich ja gehen müssen, wenn ich ein Kerl wäre.« Sie sei auch dicht davor gewesen in jenem Augenblick. Und sie könne es sich schwer verzeihen, sitzengeblieben zu sein. Diese Mitteilung zeigte, auf wie brüchigem Boden wir uns befanden. Zugleich war es sehr bemerkenswert, daß ihr diese offene und so konkret auf das Hier und Jetzt bezogene Äußerung schon so früh möglich war.

Insgesamt zeigte sich in diesen beiden doppelstündigen Sitzungen eine ganze Reihe von solchen Widersprüchlichkeiten, dies am auffälligsten in der aus den Lebensläufen bereits ersichtlichen Spannung zwischen ihrem Flüchtlingsschicksal, »dem Elend«, und den massiven Nazi-Bezügen ihrer Familie und von ihr selber. Die Eltern anscheinend sämtlicher Partner waren Nazis gewesen und geblieben. Auch in Frankreich fand sie untrüglich entsprechende Männer. Es war sehr ehrlich, dies mitzuteilen, denn in der Partnerwahl drückte sich doch viel von ihr selber aus.

Beim nächsten Mal berichtete sie von den beträchtlichen Schwierigkeiten, in denen sie sich seit längerer Zeit sowohl geschäftlich befand als auch in ihren privaten Beziehungen. Der einzige stabile Bereich war der Kontakt zu Heidrun. Frau Sartorius sah zwar viel Schuld, die sie gegenüber Heidrun auf sich geladen hatte in deren ersten Jahren, aber trotzdem gab es hier eine vergleichsweise sichere Basis.

Ihre Schuld bestünde darin, mit großer Härte und geradezu Grausamkeit Heidrun als Kind immer wieder von sich gewiesen zu haben, und zwar dann, wenn diese sie besonders brauchte. Aus ihrer Therapie war ihr bereits klar, wie sehr dies mit dem Verhalten der eigenen Mutter zusammenhing. Es war geradezu ein Spiegelbild. Diese hatte sie schon als Säugling »konsequent« schreien lassen, doch nicht nur das: Wenn das Baby oder Kleinkind nicht von selbst aufhörte mit seinem »Trotz«, dann nahm die Mutter es in die Arme, und in dem Augenblick, als es sich zu beruhigen oder gar zu lächeln begann, warf sie es mit aller Kraft in seine Kissen und ging weg! Natürlich konnte Frau Sartorius sich nicht mehr daran erinnern, aber die Mutter hätte es später immer wieder mit Behagen und Selbstzufriedenheit erzählt – und ihr dringend geraten, dem eigenen Kind gegenüber nur ja hart zu sein. Frau Sartorius mußte sich sehr überwinden zu dem Geständnis, daß sie tatsächlich den Empfehlungen ihrer Mutter gefolgt war, gegen eine innere Stimme. Das war eine Quelle besonderer Scham.

Was sie hier von ihrer Mutter und von sich selber berichtete, mag für heutige Ohren völlig extrem klingen. Es war aber im Nazi-Reich und lange danach ausgesprochen »normal«. Davon zeugt der eigentlich unglaubliche Erfolg eines 1934 erstmals erschienenen Ratgeberbuchs von Dr. med. Johanna Haarer: *Die deutsche Mutter und ihr erstes Kind*. Es ist bis heute auf dem Markt, natürlich mit gewissen Anpassungen, so auch im Titel: *Die Mutter und ihr erstes Kind*. Ute Benz hat sich eingehend mit diesem Werk der Schwarzen Pädagogik befaßt, das inzwischen auf eine Traumauflage von über 1,2 Millionen kommt, wobei der Verlag die Verkäufe während des Dritten Reichs mitzählt. Damals begründete sich ja auch der fortdauernde Ruhm der Autorin.[1] Ich gebe hier nur folgendes Zitat aus Haarers Erfolgsbuch wieder:

»Liebe Mutter, werde hart! Fange nur ja nicht an, das Kind aus dem Bett herauszunehmen, es zu tragen, zu wiegen, zu fahren oder es auf dem Schoß zu halten, es gar zu stillen. Das Kind begreift unglaublich rasch, daß es nur zu schreien braucht, um eine mitleidige Seele herbeizurufen und Gegenstand solcher Fürsorge zu werden. Nach kurzer Zeit fordert es diese Beschäftigung mit ihm als ein Recht, gibt keine Ruhe mehr, bis es wieder getragen, gewiegt oder gefahren wird – und der kleine, aber unerbittliche Haustyrann ist fertig… Das Kind wird nach Möglichkeit an einen stillen Ort abgeschoben, wo es allein bleibt, und erst zur nächsten Mahlzeit wieder vorgenommen. Häufig kommt es nur auf einige wenige Kraftproben zwischen Mutter und Kind an – es sind die ersten! – und das Problem ist gelöst… Jeder Säugling soll von Anfang an nachts allein sein.«[2]

Was Frau Sartorius von ihrer Mutter berichtet hatte, waren offensichtlich solche »Kraftproben«. Diese hatte so gehandelt, wie es die anerkannten Autoritäten ihrer Zeit dringend vorschrieben. Sie übte dabei Verrat an sich selber, und das gleiche machte dann Frau Sartorius gegenüber ihrer eigenen Tochter. Hier zeigte sich ein bedrückender Wiederholungszwang. Aber eines hatte sie bereits in der ersten Therapiestunde mit Nachdruck hervorgehoben: In ähnlichen Situationen etwas später als Kind hatte sie trotz aller eigenen Not doch noch in den Augen der Mutter deren Verzweiflung wahrgenommen. Sie hatte deren extrem unterdrückte Menschlichkeit, deren mütterliche Verbundenheit für Sekundenbruchteile erfaßt. Ich nehme an, hierin liegt für Frau Sartorius eine wesentliche Quelle, warum sie überlebt hat, warum die Beziehung zu ihrer Tochter doch gedeihen konnte, warum sie sich in ihrer früheren Therapie und dann bei mir anvertrauen konnte. Sie hat eine andere Realität als die der Dr. med. Johanna Haarer und der Nazi-Ideologen wahrgenommen. Und eine ihrer Befürchtungen beim Herkommen war, daß ich versuchen könnte, ihr diese Wahrnehmung der guten Seite ihrer Mutter auszureden – im verständlichen, aber blinden Entsetzen vor »solch einer Mutter«.

Im Zusammenhang mit ihrem Eingeständnis eigener Härte und Gnadenlosigkeit der Tochter gegenüber fragte ich sie, wann sie hier in der Therapie vergleichbar »kalt und schneidend« werden könnte. Sie antwortete prompt: Wenn ich an ihrer Lauterkeit zweifeln würde. Was stand dahinter? Was war das überhaupt für ein »altmodisches« Wort? Ihr fiel ein, wie sie mit zwölf Jahren »mehr Zeit bei der Kriminalpolizei zubrachte als in der Schule«. In ihrer Klasse war gestohlen worden, der Direktor fragte sie alle und drohte an, sämtliche Tische zu untersuchen, und da wurde sie knallrot, doch nur, weil sich dort ein Formular befand, mit dem ihre Schulgeldfreiheit beantragt werden sollte. Sie hatte sich gescheut, es ins Direktorat zu tragen, weil sie sich ihrer Flüchtlingsarmut so schämte. Davon sagte sie jedoch nichts, sondern ließ es eher über sich ergehen, verhört, geohrfeigt und vor der Klasse verhöhnt zu werden. Doch das Schlimmste kam daheim. Sie fand den eigentlich unglaublichen Mut, ihren Vater direkt zu fragen, ob wenigstens er ihr denn glaube, und da antwortete er ausweichend: »Ich würde es ja gern.« Die hier zum Ausdruck kommende Skepsis, das fehlende Vertrauen ließen sie ins Bodenlose fallen.

Davon stellte sich schon bald etwas in der Therapie her. Es kam zu einer extremen Wirrnis mit der Überweisung ihres Honorars. Auch wenn daran noch andere Personen beteiligt waren, so lag es auf der Hand, wie außerordentlich peinlich ihr das sein mußte, ihr, der die »Lauterkeit« so wichtig war. Sie schrieb einen Brief, zwischen dessen Zeilen sich ihre Verzweiflung entfernt andeutete, während sie ansonsten eher eine »Flucht nach vorn« machte und untergründig auch aggressive Töne mir gegenüber anklingen ließ, etwa indem sie in der Anrede meinen Namen verkürzte:

»Lieber Herr Hohagen, mit der Bezahlung der Rechnung ist

so gut wie alles schiefgegangen, was geht… Ich werde es ausbü-
geln. Es geht nicht mit allen Rechnungen so chaotisch zu. – Es
ging mir nicht gut in der letzten Sitzung, ich mochte mich selbst
nicht leiden… Über das mit der Rechnung denke ich nach. Ich
zahle nie oder selten was richtig gerne, aber so in einem einigermaßen tolerablen Rahmen meistens. Dies hier ist schon auffällig.
Lethargie Verpflichtungen gegenüber. Die Sitzung geht mir
nach. Ich fühlte mich wie vernagelt. Aber das treibt mich an, zu
lesen, nachzudenken.« Daß sie sich »wie vernagelt« gefühlt hatte, war mir überhaupt nicht aufgefallen. Es mußte sich tief innen
abgespielt haben.

In einem weiteren Brief wurde sie deutlicher: »Ich muß noch
sagen, wie es mir nach der Sitzung ging. Ich hatte das Gefühl wie
nach einem Ritt über den Bodensee – gerade noch lebendig dem
Horror entronnen. Später fiel mir der Film von Roman Polanski
Rosemaries Baby ein: Sie geht zum Arzt und will endlich Hilfe
und trifft dort den Abgesandten des Teufels.«

Beim darauffolgenden Termin konnte sie sagen, daß ihr während jener Stunde plötzlich eine Ähnlichkeit in der Atmosphäre
meines Therapiezimmers mit dem Haus ihres Großvaters aufgegangen sei. Sie hätte sich nur mit größter Mühe gegen eine sie fast
überwältigende innere Gewißheit stemmen können, in mir einem
Betrüger aufgesessen zu sein, der nur an ihr Verderben denke. Sie
fühlte sich ohnmächtig, ohne eine Chance, sich aktiv zu wehren.
Ihre einzige Möglichkeit, noch einmal davonzukommen, lag
darin, mich nichts merken zu lassen. Die vielen Wochen von damals bis zu den Briefen hatte sie gebraucht, um Abstand von
dieser felsenfest wirkenden Überzeugung zu bekommen und
merken zu können, daß es sich in Wirklichkeit um eine Übertragung von Erfahrungen auf mich handeln dürfte, die ihr nicht
mehr bewußt waren. In Therapie hatte sie sich doch gerade deshalb begeben, weil sie von dem loskommen wollte, was sie in
ihrem Brief als »den Horror« bezeichnet hatte. Was dies alles
bedeutete, konnte aber erst sehr viel später klar werden.

Dazu war Voraussetzung, daß Frau Sartorius es mehr als ein Jahr danach wagte, vom »abgrundtief Bösen« zu sprechen. Sie meinte damit etwas in ihr selber. Sie habe den Verdacht, »abgrundtief Böses« in sich zu tragen.

In der Zwischenzeit hatte sie in extremer Weise agiert – und wieder einmal fast totalen Schiffbruch erlitten. Sie hatte, ohne auch mit mir eingehender darüber zu sprechen, alles auf eine Karte gesetzt, hatte es »der ganzen Welt«, sich selber und bestimmt auch mir beweisen wollen, was für ein »Kerl« sie war, hatte Hals über Kopf einen in Frankreich lebenden reichen Schweden geheiratet. Das Leben als »Flüchtlingsweib«, wie sie sich immer noch fühlte, würde endgültig vorüber sein, »das Elend« überwunden, der namenlose »Horror« gebannt. Das Gegenteil war der Fall. Die Ehe hatte sich schon bald als ein völliges Desaster herausgestellt, der Mann sei »ein Nazi, wie er im Buche steht«, es kam zu üblen Tätlichkeiten zwischen ihnen, »der Horror« lebte voll wieder auf, und auch dieses Mal hatte sie sich nur dadurch zu retten gewußt, daß sie alle »Schuld« auf sich nahm, ihm die Aufhebung der Ehe wegen Nichtigkeit zugestand und ihm seinen »Schaden« voll ersetzte, was fast ihren geschäftlichen Ruin bedeutete. Sie mußte finanziell völlig von vorn anfangen und war zudem in der größten beruflichen Krise. Als sie dies nach Monaten des Vertuschens offenbarte, stand sie – bis auf die Beziehung zu Heidrun – in allen Bereichen ihres Lebens mit dem Rücken an der Wand. Auch mir gegenüber war sie zunächst voll von Schuldgefühlen.

In dieser Situation also teilte sie mir mit, möglicherweise etwas »abgrundtief Böses« in sich zu haben. Und dieser Verdacht hätte sie in den vergangenen Monaten mit derart panischer Angst erfüllt, daß sie vor allem deshalb wider besseren Wissens geschwiegen, die Augen zugemacht, sich isoliert hätte, auch mir gegenüber. Sie hätte gewußt, daß es zum Knall kommen würde, und sie ging mit felsenfester Sicherheit davon aus, daß dann alle in ihr die zutiefst Schuldige sähen.

Ein Traum, den sie einige Zeit später berichtete, drückte diese innere Verfassung sehr plastisch aus: In der Straße vor ihrem Haus wird ein Galgen errichtet. Eine schwarzhaarige, mittelalterliche, also 45 bis 50jährige Frau (»wie ich«) soll gehängt werden. Vorher aber fällt in der Zuschauermenge ein weißgekleideter Mann tot um. Alle kümmern sich um ihn, und die Frau kann entkommen.

Wenn sie es schon nicht geschafft hätte, eine »tolle Ehe« zustande zu bringen, es aller Welt zu zeigen und als eine »Königin« dazustehen, dann wolle sie wenigstens am Galgen die Aufmerksamkeit aller – Frau Sartorius sah sich selber in dieser Frau. Wofür dagegen die Figur des Mannes stehen könnte, wehrte sie strikt ab.

Als Frau am Galgen, als Verurteilte konnte sie also erstmals von ihrem Verdacht sprechen, etwas »abgrundtief Böses« in sich zu haben. Was das näher sein mochte, ließ sich nur ganz allmählich während einer etwa zwei Jahre dauernden Phase innerhalb dieser Therapie herausarbeiten. Das »abgrundtief Böse« war engstens verwoben mit »dem Horror«. Und es hatte zwei Hauptbereiche.

Der erste ist der sexuelle Mißbrauch, den Frau Sartorius als Kind von seiten des Großvaters erlitt – hier die Erklärung für jene Übertragung -, von seiten des Vaters und außerdem noch durch einen Hausbesitzer, von dem die Flüchtlingsfamilie abhängig war. Alle ihre Partnerbeziehungen sind davon geprägt. Wenn es persönlicher wird, kennt sie es kaum anders, als mißbraucht zu werden, außer bei einigen Freundinnen.

Es dauerte Jahre, bis Frau Sartorius im Rahmen der Therapie – und man bedenke die bereits vorhergegangene – wie in einem Puzzle die einzelnen Erinnerungen und Wahrnehmungen zu dieser Einsicht zusammensetzen konnte. Sie hatte es gewußt und hatte es gleichzeitig extrem verleugnet. Meine wiederholten Anfragen in diese Richtung bei entsprechenden Andeutungen hatte sie mehrfach mit auffällig rationalen Begründungen zurückgewiesen, und ich machte sie dann auf diese offensichtlichen Rationalisierungen aufmerksam. Eine ihrer frühesten Mitteilungen war die, daß Heidrun vom eigenen Vater wie auch vom Großvater sexuell mißbraucht wurde, von Frau Sartorius hinter einem Schleier der Verleugnung nicht bemerkt. »Der Horror« und »das abgrundtief Böse« hatten sich über Generationen verbunden. Frau Sartorius war Opfer, aber auch, besonders im Hinblick auf Heidrun, Komplizin. Und sie hatte für sich selber als Erwachsene immer wieder mißbrauchsartige Situationen inszeniert.

Der zweite und noch durchdringendere Hauptbereich des »abgrundtief Bösen« ist der Nazi-Bezug der Familie. Frau Sartorius hatte seine Bedeutung schon früher gestreift, als sie mit Betonung auf dem »Horror« über das Haus berichtete, in dem sie die ersten sechs Jahre ihres Lebens verbrachte. Mit ihm verbanden sich noch weitaus beängstigendere Erinnerungen und Stimmungen als an das des Großvaters. Es war die Villa des über eine Großstadt herrschenden Nazi-Vaters, ein Haus, in das dauernd Uniformierte kamen und auf dessen Treppe der Vater Paraden oder ähnliches abnahm, in dem häufig Empfänge gegeben wurden, vor denen die Mutter hektisch und irgendwie auch für das Kind spürbar aufgeladen war, in »erotischer Kampfstimmung«, und auf denen wohl manches Schreckliche besprochen wurde. Frau Sartorius meinte zu erinnern, daß es mehr als einmal um »Wegbringen« ging und dabei – für sie besonders erschreckend bis heute – um Entfernen der Kinder von ihren Eltern. Völlig sicher sei sie sich dieser Inhalte im einzelnen nicht, aber genauestens wisse sie noch, wie sehr sie von Angst und Schrecken geschüttelt war, wenn Besucher kamen. Deshalb hätte man sie vor größeren Empfängen in den Keller gebracht, und – wie später immer wieder im Familienkreis lachend erzählt wurde – bald schon ging sie dann von selber dort hinunter. Es ist nicht zu unterscheiden, wo es schlimmer für sie gewesen sein mag, in diesem Keller oder in ihrem »Spielzimmer«. Sie erinnert dieses nämlich so, daß es nur ein einziges Spielzeug gab, vor dem sie stundenlang in völliger Einsamkeit saß, während ihre Brüder in der Schule waren und niemand sich um sie kümmerte. Andere Kinder kamen für sie, die Tochter des Nazi-Gewaltigen, nicht in Frage. Da hieß es nur: »Für dich doch nicht.«

In der nächsten Stunde schon erschien dies alles in anderem Licht. Fast anekdotisch sprach sie über das Kindheitshaus. Sie hatte Süßigkeiten in jenem Keller genascht, machte Phantasiespiele mit ihrem Bruder, war der Liebling des Chauffeurs. Sie fragte sich anschließend, ob es vielleicht mit diesem Lakaien zu tun haben könne, daß sie von Kindheit an von Männern angemacht wurde. Hatte er sich an ihr vergriffen, ihre Suche nach Nähe und Wärme ausgenutzt? Ihr fiel ein Traum aus letzter Zeit ein, in dem sie mit einem psychotischen alten Mann im Bett lag. Ich meinte, das sei doch wie manches andere bereits Berichtete ein deutlicher Hinweis auf eine massive Verletzung der Generationenschranke in ihrer Familie. Die Frage lag nahe, ob der Chauffeur für ihren Vater stand. Dazu könne sie nichts erinnern. Aber so viel sei ihr aus ihrer früheren Therapie bewußt, etwas Schwerwiegendes müsse da verborgen sein.

Der eine Teil dieses »Schwerwiegenden« war dann also klar geworden, der tatsächlich verübte massive Mißbrauch durch den Vater. Als noch stärker abgewehrt stellte sich der zweite Bereich heraus: die elterliche Beteiligung an Vernichtungsaktionen. In keinem ihrer beiden Lebensläufe hatte sie davon etwas erwähnt, sondern kam erstmals – unter der Überschrift des »Horrors« – hinsichtlich des Kindheitshauses darauf zu sprechen. Ihr generell panikartiges Erschrecken bis auf den heutigen Tag, wenn es irgendwie darum ginge, daß »Kinder wegkommen«, gehört hierher.

Am deutlichsten aber war die Sprache einiger Träume. Sie befand sich mit Eltern und Bruder in einer Wohnung, der Vater hielt dort in einem Verschlag eine Jüdin, »Fräulein Bechstein«, und bedrängte diese, ihn zu heiraten, mit ihm wegzugehen, doch sie weigerte sich. Hier ging es also um die Thematik von Nazis und Juden, aber noch in stark verschobener und verdichteter Form. Beim Besprechen dieses Traums wirkte Frau Sartorius gehetzt und äußerte nur, sie selber sei ja die »Jüdin« in ihrer Familie gewesen. Sie lenkte also von seinen Bezügen zur Judenvernichtung ab. Die dann naheliegende Frage, ob ihr Vater sie, wenn sie doch »Fräulein Bechstein« sei, verführt habe, konterte sie damals mit dem Scheinargument, Kindsmißbrauch sei ausgeschlossen, da sie von früh an als Erwachsene, also gerade nicht als Kind, genommen wurde. Diese Abwehr lenkte den Verdacht erst recht auf einen Mißbrauch durch den Vater. Sie beteuerte, von ihm weit mehr an Wärme und Schutz bekommen zu haben als von der kalten Mutter.

Mehrere Träume bezogen sich auf diese. Sie hatten zu tun mit tödlichen Bedrohungen. In einem von ihnen hatte sie Heidrun in ein Kinderheim gegeben und fand sie dann tot in einer Mülltonne, zusammen mit anderen kleinen Leichen.

Eine noch klarere Sprache hatte folgender Traum: Kurdische und türkische Babys werden verladen von einem Container zum anderen, sie möchte sich eines nehmen, doch dann sieht sie, daß sie alle HIV-infiziert sind, denn in jedem von ihnen steckt eine Injektionsnadel, sie sind alle heroinabhängig, sind todkrank. Ihre Einfälle zu diesem furchtbaren Traum waren ausgesprochen abwehrend, was in mir erst recht die Vermutung weckte, daß er mit den Nazi-Bezügen der Familie zu tun hatte. Damals wurden Menschen massenhaft durch Injektionen umgebracht, »abgespritzt«, von Ärzten und »Pflegepersonal«, also von Leuten im weißen Kittel. Genauso war doch auch in ihrem Traum vom Galgen jener Mann gekleidet gewesen, der tot umfiel und ihr das Entkommen ermöglichte. Träume sind vielschichtig aufgebaut, und sie können sich durch eine Symbolik auszeichnen, die vom bewußten Erleben weit entfernt wirkt. Aber es kann auch genau umgekehrt sein, und das scheint mir hier der Fall zu sein: Die Injektionsnadeln verweisen ganz konkret und »unsymbolisch«

auf die bis heute in unserem persönlichen Erleben weithin tabuierte Wirklichkeit des Nazi-Reichs, in diesem Falle auf die Perversion ärztlichen Tuns, ausgedrückt unter anderem im »Abspritzen«. Und der Galgen ist im Wesentlichen nicht als etwas »Mittelalterliches« zu verstehen (ihre Aussage, es handele sich um eine – von den Jahren her – »mittelalterliche« Frau, könnte diese Interpretation nahelegen), sondern dieses »Symbol« wurde vor wenigen Jahrzehnten massenhaft wieder aufgerichtet, ganz real.

Wiederum erst längere Zeit später, nämlich als ich Frau Sartorius eine frühe Fassung dieses Kapitels zeigte, kam es bei ihr zu einem Aha-Erlebnis: »Abgespritzt«, wie ich hier geschrieben hätte, dieses Wort sei in ihrer Kindheitswelt oft gefallen von seiten ihrer Eltern! Das wisse sie genau, sie könne sich in aller Klarheit erinnern, nur hätte sie das völlig beiseite geschoben.

Als Kind war Frau Sartorius also in engstem Kontakt mit den Nazi-Verbrechen. Sie hatte die Beteiligung ihrer Eltern mitbekommen, und dies lebte in ihrem Unbewußten fort, in ihren Träumen ebenso wie in ihren Inszenierungen. Es war das abgrundtief Böse ihrer Eltern und des Nazi-Reichs. Sie hatte Recht mit ihrer Befürchtung, nur ging es in allererster Linie um die Verbrechen ihrer Eltern.

Etwas abgrundtief Böses, wie es ihr ja tief innerlich als eine Vorstellung von sich selber vorschwebte, konnte ich dagegen nicht an ihr feststellen. Sie hat zweifellos manches Schlimme in ihrem Leben getan, auch einiges, das sich vielleicht als böse bezeichnen läßt, doch meistens richtete sich dies gegen sie selber. Und auch wenn es gegen andere ging, etwa gegen Heidrun, so war es doch relativiert durch so viele andere Seiten von ihr, durch ihre Ehrlichkeit, ihren Einsatz, ihr Zuhörenkönnen… Warum also hatte sie dermaßen die Schuld auf sich genommen, immer und immer wieder, wie ich gar so häufig auch in der Therapie bemerken konnte? Warum schrieb sie sich ein »abgrundtief Böses« zu?

Dies ist nicht zu verstehen ohne einen Blick auf das, was ich mit Rückgriff wiederum auf eine eigene Formulierung von Frau Sartorius als »Die Vergötterung« bezeichnen möchte. Ein Traum signalisierte, im nachhinein gesehen, diese neue Ebene ihrer Therapie: Sie ist mit einer heutigen Freundin und deren Mann sowie ihrem Jugendfreund bei einem Picknick. Die Freundin bittet sie, mit ihrem Partner zu schlafen, um ein Kind zu empfangen und dieses für sie auszutragen. Der Jugendfreund wäre Frau Sartorius eigentlich viel lieber, aber sie willigt bedenkenlos ein. Alles wäre doch »ganz einfach«. Und dann sieht sie sich in einem Auto fahren, kommt an einen Abhang, über den ein Erdrutsch abgegangen ist, er ist bedeckt mit Wasser, das in der Sonne glitzert, sie überlegt, und ihr kommen doch Bedenken, dort »ins Rutschen« zu geraten. Sie hält an. »Délai«, also Aufschub, Abwarten, ist ihr spontaner Einfall, nachdem sie diesen Traum erzählt hat. Gerade daran hätte es in ihrem Leben gefehlt. Wenn sie das aber jetzt auch in einem Traum vornähme, indem sie die Picknickszene nicht mehr weiterführte und indem sie am rutschigen Abhang anhielt, dann könnte gelten: »Vielleicht bin ich also doch weiter inzwischen!« Sie nahm Distanz ein zu solchem Sog nach unten, zu solcher Bedenkenlosigkeit in menschlichen Beziehungen, eine Distanz, die sie in jener ersten Stunde so schmerzlich und empörend an mir bemerkt hatte und deren Bedeutung für sie selber im Verlauf der Therapie immer sichtbarer geworden war. Damit nämlich konnte sie sich lösen von ihrer Familie, vom »Horror«, vom »abgrundtief Bösen«. Denn das Picknick stand zutiefst für die Familie, und der Traum signalisierte, daß sie sich wirklich auf dem Weg befand, ihr immer mehr die »Treue« aufzukündigen.

Nur: Im Falle von Nazi-Familien, und erst recht bei so direkt an den Verbrechen beteiligten, ist das eine besonders langwierige Arbeit. Zu ihrem Gelingen gehört wesentlich, die Komplizenschaft der Nachkommen mit den Nazi-Eltern zu untersuchen. Genau das ist »die Vergötterung«.

Erst spät in der Therapie ließ Frau Sartorius diesen Ausdruck fallen. Er bezog sich auf ihr Verhältnis zu ihrem Vater. Bis zu seinem Tod – sie selber war damals fast vierzig Jahre alt – hätte sie ihn »vergöttert«. Anschließend suchte sie Beziehungen mit Männern, die ihm frappierend glichen. Der Vater Heidruns dagegen war ein »Versager« gewesen – zur offensichtlichen Zufriedenheit des Vaters. »Der Vater war doch mein Idol«, sagte sie jetzt beim Besprechen eines Traums so selbstverständlich-nebenbei, daß ich besonders aufmerkte. »In die Seelenräume des Mannes zu gehen« – geträumt hatte sie davon, jener Schwede lüde sie ein auf ein Schloß, und in diesem Zusammenhang betonte sie seine Ähnlichkeit mit dem Vater; was lag also näher, als dies zu verbinden? »In die Seelenräume des Vaters gehen?« Sie schaute mich völlig verblüfft an. Und dann konnte sie sagen: »Ja, ich habe ihn vergöttert.«

Er hatte ihr »so viel« anvertraut, Persönliches, Berufliches, ihr gezeigt, wie die Welt zu sehen ist, hatte sie »aufgeklärt«. Wenn er sonntags bei ihr unter der Bettdecke lag, erläuterte er ihr – dies als Teil seines Mißbrauchs – den weiblichen und männlichen Körperbau und im gleichen Atemzug unter anderem den »Wert der Internierungslager«, d. h. der KZ, nämlich »als Schutz der Inhaftierten vor sich selber«. Wie hätte sie sich da distanzieren können?

Sie hatte einen »Reliquienschrank« mit Fotos der Eltern, besonders des Vaters, hütete diese »Schätze« wie ihren Augapfel. Erst jetzt, als wir über »die Vergötterung« sprechen konnten, berichtete sie davon. Und sie faßte den Entschluß, sich davon zu trennen. Aber was solle sie nur mit den Bildern machen? Angesichts dessen, was die Eltern ihr angetan hatten und was ihr inzwischen ja voll bewußt war, wagte ich die Antwort: »Sie könnten sie auch auf den Müll werfen.« Beim nächsten Mal sagte sie, wie »frech« sie diese Bemerkung gefunden hatte, doch auch erleichternd wohl. Sie brachte die Bilder mit – und breitete sie so auf dem Fußboden aus, daß ich mich hätte niederknien müssen, um sie zu betrachten. Als ich das ansprach, war sie völlig verblüfft. Erst dann konnte sie mir die Fotos so in die Hand geben, wie man das üblicherweise macht. Die Loyalität war unübersehbar. Dabei hatten die Bilder für einen Außenstehenden gar nichts »Besonderes« an sich.

»Ich habe mich immer auf die Täterseite geschlagen«, dieses Bekenntnis einer durchgehenden (aber nur für Teilbereiche geltenden) Identifikation mit den Angreifern machte sie, nachdem wir eine Serie von drei Träumen durchgesprochen hatten, deren erster und dritter vom sexuellen Mißbrauch handelten, während im mittleren, von ihr zunächst umgangen, eine Gestalt in dunklen Tüchern im Mittelpunkt stand: »die Tod«, wie sie spontan assoziierte. Darin nur »die Mutter« zu sehen, wäre wohl verkürzt, vielmehr dürfte es überhaupt um die bedrohliche Seite ihrer Eltern gehen, um eine aber nicht »archetypisch« phantasierte, sondern eine völlig reale. Das war schon öfter angeklungen, nur nicht so greifbar wie jetzt in diesem Traum. Die schwarze Figur stand für den Nicht-Aspekt ihrer Eltern, für deren Vernichtungsseite. Kindliche Ängste, ausgelöscht werden zu können, verbanden sich in dieser Familie – wie in so vielen – mit der realen Vernichtungsbeteiligung der Eltern.

Ist es da verwunderlich, daß Frau Sartorius ihren Vater »vergötterte«, auch wenn er sie massiv sexuell mißbraucht hatte? Ist es verwunderlich, daß sie zwanghaft »alle Schuld« auf sich nahm, ihr Leben so führte, daß immer nur sie das »schwarze Schaf« war? Daß sie sich mit den Angreifern identifizierte und selber unerbittlich hart und grausam sein konnte, am meisten allerdings gegen sich selbst? In den fremden und doch von Anfang an so vertrauten Schienen ihrer Eltern, in bedingungsloser Loyalität hatte sie ihr Leben entsprechend der ihr erteilten Aufträge inszeniert.

Und es war nicht verwunderlich, daß sie sich bei der Bearbeitung ihrer »Vergötterung« immer wieder »hinter einer gläsernen Wand« fühlte. Aber: »Diese Sau«, das sei ihr neulich »herausgerutscht« in bezug auf eine Autoritätsperson, deren

Ähnlichkeit mit dem Vater nicht zu übersehen war. Sie sei ganz erschrocken gewesen über ihre »Frechheit«. Und erstmals konnte sie in einem größeren Kreis von Freunden so über ihre Familie sprechen, wie diese wirklich war. Sie hielt den Atem an, aber es passierte nichts nach diesem »Verrat«. In einem Traum tauchte ihr Vater auf, »so mit fünfzig oder sechzig«, und sie wies ihn zurück: »Du hast hier nichts mehr zu sagen, du bist tot!«

Angesichts eines kurzzeitigen und ihr von früher bekannten Zustands von Depersonalisation – sie fühlte sich ganz fremd und spürte eine Leiche neben sich – kam Panik auf, nie aus alldem herauszufinden. Ich vermutete zuerst, die Leiche stehe für den Vater, doch dann ging mir plötzlich auf: Es verhielt sich genau umgekehrt, sie selber war die Leiche und der Vater in ihr. Sie brach in Tränen aus. Das stimme: »Der Vater bewohnt mich!« Alles mache sie wie er, nichts sei ihr Eigenes. Er sei ihre Klugheit, ihr Witz, ihr Charme, einfach alles. Die Brüder hätten sich schon früh distanziert von ihm und lieber seine Prügel in Kauf genommen, er sei ja gar so rachsüchtig, doch sie schaffte das nicht. Sie sei nur er.

Doch konnte das stimmen? Wäre sie nichts als »Vater«? Ich hielt ihrem Versuch einer Selbstvernichtung entgegen, daß sie, der Übermacht ausgeliefert, den Mißbrauch mitgemacht hätte, um zu überleben – und um etwas in sich zu schützen, das wirklich ihr Eigenes sei, etwas ganz Empfindliches, wie ein zartes Pflänzchen. Das hätte zu tun mit ihrer Ehrlichkeit, ihrem Nicht-Aufgeben, ihrem Beharren auf Wahrheit. »Das ist es, Wahrheit, das stimmt völlig«, war ihre spontane Antwort.

»Ich will Mensch werden«, so hatte sie es am Anfang ausgedrückt.

Und jetzt, wo sie darin um so vieles weitergekommen war und begonnen hatte, sich endlich, mit mehr als 50 Jahren, von der Vergötterung ihres Vaters zu distanzieren, jetzt also konnte sie Mitteilungen machen wie diese: »›Arisierung‹, ja, davon war doch dauernd die Rede bei den Eltern, bei ihren Empfängen. Es

wurde in aller Deutlichkeit davon geredet, welche Kinder noch
›arisiert‹ werden könnten und welche zu vernichten wären!« Als
ich nachfragte, ob sie dies real so gehört hätte, fügte sie hinzu:
»Natürlich, warum sonst hätte ich es denn vorgezogen, in den
Keller zu den Ratten zu gehen immer schon, bevor diese Empfänge begannen?« Es hat lange gedauert in ihrer Therapie, bis sie
dies als wirkliche Erinnerung und nicht mehr nur als eher vage
Eindrücke berichten konnte. Dabei war jene nie verdrängt gewesen, sondern führte eine Art sinnentleerten Daseins in ihrem
Inneren, ähnlich wie Frau Sartorius auch von ihrem Mißbrauch
weiterhin gewußt hatte, aber ohne Bezug dazu – Formen von
Verleugnung.

Jetzt also wurde nochmals konkreter sichtbar, in welcher
Welt ganz realer Vernichtungsdrohungen sie aufgewachsen war.
Und sie hatte so wenig an Schutz erfahren, daß ihr nichts blieb,
als sich vor allem dem Vater so dicht wie nur möglich anzunä-
hern, sich mit ihm zu identifizieren, sich gegen seine Entwürdigungen bis hin zum sexuellen Mißbrauch nicht zu wehren, ihn
zu vergöttern, durch all dies ihn zu schützen und sich immer
wieder auf diesen eingefahrenen Schienen selbst zu beschädigen,
sich beinahe umzubringen.

»Ich habe Sie damals hundertmal gehaßt wegen Ihrer Distanz!« Das konnte sie jetzt weit deutlicher sagen als in jener
Anfangszeit der Therapie. Denn inzwischen war ihr bewußt geworden, wie Distanz auf dem Boden von Verbundenheit die
Voraussetzung ist, um leben zu können.

4 Männer und Frauen:
Verbrechen – Komplizenschaft – Liebe

Die Nazi-Verbrechen wurden von Männern und Frauen begangen oder getragen, von beiden, aber in dieser Reihenfolge. Ich
halte es nicht für zufällig, daß meine Berichte in diesem Buch

überwiegend von Frauen handeln. Auf ihrer Seite gibt es ganz allgemein mehr Bereitschaft zur Offenheit. Und dieser Eigenschaft begegnen wir wohl erst recht, wenn es um Bezüge zu den Nazi-Verbrechen geht. Die Haupttäter schlafen ruhig, überlassen die Alpträume anderen.

Hier liegt allerdings eine Gefahr, in Klischees zu denken: die bösen Männer, die armen Frauen. Doch schon in meinem früheren Buch verwies ich darauf, daß die Wirklichkeit im Nazi-Reich unglaublich schillernd war.[1] Das gilt hier beim Blick auf das Geschlechterverhältnis genauso oder eher noch verstärkt. Auch wenn die Verbrechen in aller Regel von Männern begangen und geplant wurden, so war die weibliche Seite nicht unschuldig. Ganz überwiegend machten Frauen mit, unterstützten, wußten vieles. Die Schuld nur bei den Männern zu sehen, wäre eine gefährliche Vereinfachung. Andererseits entspräche es aber nicht der Wirklichkeit, wollte man sie »gerecht« beiden zur Hälfte anrechnen. Da würden wir Männer es uns gar zu leicht machen. Vermehrte Selbstreflexion stünde gerade uns sehr an. Zugleich haben auch Frauen noch manches zu entdecken an eigenen problematischen Bezügen zu den Gewalttraditionen deutscher und sonstiger Geschichte.[2]

Hier zeigen sich bereits einige der Gegensätze und Widersprüche im Geschlechterverhältnis von damals und heute. Sie stehen im Zusammenhang mit der Auflösung vormals verbindlicher Lebensformen. Die spannungsreiche Wechselseitigkeit von Vermassung und Individualisierung, von neuen Zwängen und neuen Freiheiten sind Aspekte eines weiten Bogens rapider gesellschaftlicher Veränderungen in diesem Jahrhundert, in die das Geschlechterverhältnis einbezogen ist. Und die »spezifische Verquickung von Modernität und Barbarei«[3] des Nazi-Reichs hat hier ebenfalls großen Einfluß – bis in die Gegenwart.

Wenn ich die so unterschiedlichen Beziehungen zwischen Männern und Frauen betrachte, wie sie mir heute in meiner Arbeit begegnen, dann bin ich weit entfernt von einseitigen

Zuschreibungen. Frauen können sehr wohl eiskalt sein und hart wie Beton, dies nicht nur ihren Männern gegenüber, sondern eher noch verstärkt zu den Kindern, besonders den Töchtern. Auch sie können Abhängigkeitsverhältnisse gnadenlos ausbeuten bis hin zu schwersten Mißhandlungen und zum sexuellen Mißbrauch. Umgekehrt werden angesichts der notwendigen Aufdeckung männlicher Gewalt die freundlichen, zärtlichen, lebensfördernden Tendenzen vieler Männer oftmals zu wenig berücksichtigt. Ebenso wird leicht übersehen, daß männliche Gewalt, unter anderem auch in Form sexuellen Mißbrauchs, sich keineswegs nur gegen das andere Geschlecht richtet, sondern, ähnlich wie unter den Frauen, ebenfalls gegen das eigene.

Wenn ich also als männlicher Therapeut in diesem Buch vorwiegend von Frauen zu berichten habe, so dürfte das auf vielfältige Hintergründe verweisen. Warum sind Männer allgemein eher zurückhaltend Beratung und Therapie gegenüber? Und warum hat sich bisher kaum einer wegen Nazi-Hintergründen an mich gewandt, so wie es etwa Frau Burgfeld und Frau Sartorius machten? Das könnte doch etwas gerade auch mit diesem Thema zu tun haben. Antworten finden wir nur, wenn wir stärker nach den zugrundeliegenden konkreten Erfahrungen und Tradierungen fragen. Sollte es keine Zusammenhänge mit deutscher Gewaltgeschichte geben? Wie sind Männer denn besonders in diesem Jahrhundert von männlichen Autoritäten zugerichtet worden, von Vätern, Lehrern, militärischen und zivilen Vorgesetzten bis hin zu den waffensegnenden Pfarrern? Ist es da verwunderlich, wenn der Gang gerade zum männlichen Therapeuten schwer fällt? Über aller Aufmerksamkeit für die Gewalt zwischen den Geschlechtern, vor allem ausgehend von Männern, dürfen wir diejenige von Mann zu Mann nicht vergessen.

Entsprechendes gilt für die Gewalt von Frauen gegen andere Frauen, speziell gegen Töchter. Einiges spricht dafür, daß die Wahl eines männlichen Therapeuten auf die besonders proble-

212

matische Beziehung zur Mutter verweist. Das ist allerdings ein Punkt, der auch nach langer Therapie durchaus Anteile behalten kann, die sich noch nicht erhellen ließen. Gar zu verwirrend war oft die Familiensituation. Und wenn Vernichtungsdrohungen sehr real bestanden wie in der Kindheit von Frau Sartorius, kann das Bevorzugen eines männlichen Therapeuten im Gegenteil auf extreme Identifikation mit dem Aggressor-Vater verweisen und damit in verdeckter Weise erst recht auf dessen ganz besondere Destruktivität.

Der Blick auf solche Abgründe führt leicht dazu, nur noch Gewalt als das Bestimmende zwischen Männern und Frauen zu sehen. Das wäre aber ebenfalls eine Form von Verleugnung. Die positiven Möglichkeiten im Verhältnis zwischen Frauen und Männern würden dann übersehen, ihre wechselseitige Unterstützung, ihre Liebe. Deshalb komme ich in diesem Kapitel nicht nur auf die verbrecherische Seite zu sprechen.

Doch zunächst einmal geht es um den Zusammenhang zwischen Nazi-Verbrechen und Geschlechterverhältnis. Um das zu erklären, muß ich etwas weiter ausholen.

Menschen zu foltern und umzubringen, sie tödlich zu bedrohen, ihnen jedes Lebensrecht abzusprechen, ihre Kinder zu rauben, die Eltern im Beisein ihrer Kinder zu ermorden oder umgekehrt, das und vieles andere war im »Dritten Reich« massenhafte und tägliche Praxis in den SA- und Gestapokellern, den KZ und Vernichtungslagern, während der Eroberungskriege, bei den »Sonderkommandos« und unter der Besatzung. Sollen die unzähligen Verbrecher, die Ausführenden wie die Planenden ebenso wie die Komplizen und Komplizinnen, 1945 wirklich allesamt reibungslos in die »Normalität« zurückgekehrt sein? Sollte es nicht so manche von ihnen in Konfliktsituationen – besonders in der Familie – »überkommen« haben, zu den nachhaltig eingeprägten Mitteln zu greifen?

Angesichts der beispiellosen Verbrechen der Nazis an politischen Gegnern, Minderheiten und anderen Völkern übersehen wir zudem leicht die Tatsache, daß auch unter den Partei- und Volksgenossen Verbrechen bis hin zum Mord seit den frühen zwanziger Jahren und noch in den Internierungslagern nach dem 8. Mai 1945 zentrale Mittel der »Konfliktlösung« waren. Auf allen Ebenen des Nazi-Reichs gingen Millionen von Hitler-Anhängern brutal miteinander um. Wenn die Gestapo allen bei ihr aktenkundig gewordenen Denunziationen nachgegangen wäre, so hätte man – in einer saloppen, aber wohl sehr treffenden Bemerkung des Historikers Hermann Graml[4] – »die ganze Veranstaltung ›Drittes Reich‹ schließen können«!

Soll, insgesamt gesehen, diese massenhaft verbreitete Haltung, Mitmenschen ans Messer zu liefern, ihren möglichen Tod zu billigen oder ihn gar selber aktiv herbeizuführen, sich nach der militärischen Niederlage in Nichts aufgelöst haben? Bei klarem Verstand, der allerdings etwas Distanz voraussetzt, kann dies wohl nicht angenommen werden.

Es geht also um Fortsetzungen von verbrecherischen Tendenzen nach 1945 – mit anderen Mitteln, mit anderen »Objekten«. Es wundert mich, daß dieses eigentlich auf der Hand liegende Thema kaum beachtet wird. Mir ist keine wissenschaftliche Untersuchung bekannt, die sich tiefgreifend mit den Verbrechen von Nazis nach 1945 befassen würde, nicht Verbrechen allgemein, sondern gezielt unter dem Vorzeichen von Kontinuität. Natürlich wäre so etwas schwierig zu erforschen angesichts von Schweigen und Leugnen und doppelter Buchführung gerade an dieser Stelle. Aber Fragen stellen, manches für möglich halten, kann man doch wenigstens. Dazu jedenfalls habe ich manche Veranlassung angesichts entsprechender Erfahrungen in meiner Arbeit. Wenn wir nämlich an verschiedene Berichte in diesem Buch denken, von Familie Weyrich und Familie A. bis hin zu Frau Burgfeld, Frau Gerlicher, Frau Sartorius, so haben wir Grund genug, ganz konkret das Fortbestehen verbrecherischer Nazi-Haltungen und -Praktiken für möglich zu halten, die sich besonders gegen Kinder und gegen Frauen richten.

Ob jemand 1959, wie Frau Gerlicher, oder 1946 oder 1941 geboren wurde, gemeinsam ist allen doch, daß sie in Kindheit und Jugend von Menschen umgeben waren, hinter deren meist freundlichem Äußeren sich ein ganz realer Verbrecher – oder auch eine Verbrecherin – verbergen konnte, und die sich auf jeden Fall in ihrer überwältigenden Mehrheit nur sehr bedingt von den Nazi-Verbrechen distanzierten. Kinder aber haben, wie immer wieder angeklungen in diesem Buch, ein feines Gespür für die verborgenen Bedrohungen. Entsprechende Wahrnehmungen, die nirgendwo geteilt werden können, verursachen nur selten so klare Ängste wie bei Frau Gerlicher, sondern eher diffuse, »nebelhafte« Verfassungen, eine schwer zu greifende Verwirrung oder auf der anderen Seite massive Identifikationen mit den Aggressoren und Fortführung ihrer Gewalttätigkeit. Die Bedrohung der nachgeborenen Generationen durch das verbrecherische Potential der Eltern, Großeltern, Nachbarn und Lehrer ist ein angsterzeugender und daher verleugneter Bereich unserer Realität.

Ich behaupte deshalb konkret:

Morde nach 1945 können einen sehr spezifischen Nazi-Bezug haben, insbesondere wenn ihnen etwas unerklärlich Wirkendes anhaftet. Herr Weyrich[5], der sich und seine ganze Familie zu erschießen drohte und am Ende Selbstmord beging, gehört hierher.

Raub und Diebstahl wurden in der Nazizeit massenhaft verübt – und nachher vertuscht. Nicht einmal die in aller Öffentlichkeit durchgeführte »Arisierung« wird bis heute thematisiert, erst recht nicht ihre Tradition in den Familien. Da gibt es noch viel zu entdecken, wie etwa bei Sichrovsky für eine Familie nachzulesen, in der erst die Enkelin die Herkunft des Familienbesitzes wieder herausfand, gegen längeren Widerstand der Zwischengeneration.

Kindesraub kann ungeahnte Kontinuitäten haben; damaliges brutales Wegreißen der Kinder geschieht heute in bestimmten, aber nicht seltenen Fällen als juristisch und psychologisch subtil verpacktes Scheidungsdrama – auf diesem Gebiet mit einem wohl am ehesten gleichen Anteil zwischen Frauen und Männern. Ich spreche hier nur von Familien, in denen diese Kämpfe in einer ganz besonderen Gnadenlosigkeit und Polarisierung stattfinden, einer Aufteilung in die eine, die »absolut saubere«, und die andere, die »absolut verworfene« Partei.

Kindsmißhandlungen heute lassen mich inzwischen ganz selbstverständlich auch familiäre Traditionen bis zum »Dritten Reich« und darüber hinaus vermuten.

Aber sexueller Mißbrauch nach 1945, ausgeübt von Männern gegenüber Mädchen, ist der Bereich, bei dem mir diese Zusammenhänge am allerdeutlichsten geworden sind. Deshalb weise ich hier in diesem Kapitel über Männer und Frauen ganz besonders auf das verleugnete Thema der Verbrechenskontinuitäten hin.

Frau Sartorius wurde sexuell mißbraucht, durch Vater und Großvater. Frau Gerlicher wurde sexuell mißbraucht, durch Vater und Stiefgroßvater. Frau Geppert[6] wurde sexuell mißbraucht durch ihren Stiefvater. Frau Marein[7] wurde sexuell mißbraucht durch ihren Vater. Frau Temmler, über die ich später berichte, wurde vom Großvater sexuell mißbraucht. Eine andere Klientin wurde von ihrem sexuell auffälligen Vater wie eine Geliebte betrachtet, ist angstgepeinigt bis heute, verleugnet aber weiterhin massiv. Bei einer anderen Klientin kam in der Therapie zuerst der sexuelle Mißbrauch durch Vater und älteren Bruder zur Sprache, und später wurde das Festhalten des Vaters an seiner Nazi-Vergangenheit bis heute sichtbar. Frau Burgfeld brauchte lange, um zu begreifen, wie mißbraucht sie ist durch den Vater, allgemein als Mensch, aber auch als Frau, an der Grenze zum sexuellen Mißbrauch oder längst schon darüber. Und überall

216

sind Nazi-Bezüge klar vorhanden oder zumindest sehr wahrscheinlich.

Sexueller Mißbrauch innerhalb der Familie kam »immer schon« vor, ist bekannt als Inzest und auch nicht begrenzt auf Deutschland. Aber ich meine: Sexueller Mißbrauch, begangen von Deutschen oder mit ihnen Verbündeten nach 1945, hat mit hoher Wahrscheinlichkeit Bezüge zum Nazi-Reich.

Mit etwas Abstand betrachtet, sollte dies nicht einmal so sehr verwundern. In der Intimität der Familie und der häuslichen Abgeschlossenheit, im Schutz der Loyalitätsverpflichtungen der Kinder gegenüber ihren Eltern, in einem – oft auch heute noch – praktisch rechtsfreien Raum, oder genauer: in einem Raum eigenen »Rechts«, hier ist doch der beste Boden, um Tendenzen zu leben, die das Licht der Öffentlichkeit scheuen müssen. Wo außer bei der Folter ist jemand extremer ausgeliefert als in der Familie die »eigenen« Kinder? Wo ist die Gefahr des Entdecktwerdens geringer? Wo kein Kläger, da kein Richter. Und es gehört bekanntlich zum Fatalen des sexuellen Mißbrauchs, daß er zu einem Zeitpunkt erfolgt, wo das Kind noch kein klares Bewußtsein dafür haben kann, hier einem Unrecht ausgesetzt zu sein von seiten der geliebten Person. Aber es spürt dunkel etwas davon, wächst in fundamentaler Verwirrung auf, erleidet einen tiefen Verlust seines Vertrauens zu Menschen allgemein und zu sich selber, der oft das ganze Leben massiv belastet. Sexueller Mißbrauch ist ein schweres Verbrechen. Näheres darüber wurde inzwischen in einer großen Zahl von Publikationen belegt.[8] Nicht umsonst hat man ihn vielfach als »Seelenmord« bezeichnet.

Der Vater von Frau Sartorius war konkret und aktiv an der Vernichtung von Menschen beteiligt, und nach 1945 mißbrauchte er die Tochter. Und beides war unfaßbar eng verwoben, auch dies sehr konkret: In ihrem Bett am Sonntagmorgen strich er über ihren Körper, erklärte ihr die weibliche und männliche Anatomie, drang ein – und sprach von den KZ-Häftlingen, deren Eingesperrtsein nur ihrem eigenen Schutz diente, »vor sich selber«, vor der Bevölkerung.

Ich behaupte: Solch ein Ineinander von Ungeheuerlichkeiten hat es in großer Verbreitung gegeben, und das gilt bis heute. Was Frau Sartorius erleiden mußte, dürfte, »statistisch gesehen«, nicht einmal gar so ungewöhnlich sein. Nur die Offenheit, die sie und Frau Gerlicher, Frau Burgfeld und die anderen betroffenen Zeuginnen und Zeugen in diesem Buch zeigten, ist ungewöhnlich.

Ich staune immer wieder über das Ausmaß von Verleugnung. Das gilt besonders für den Zusammenhang zwischen sexuellem Mißbrauch und den Nazi-Verbrechen. Derartiges »Auseinanderhalten« findet sich zu meiner Überraschung sogar bei Alice Miller, die immerhin viel dazu beigetragen hat, Verleugnetes sichtbar zu machen. Sie gehört hierzulande zu denen, die mit großem Nachdruck auf der realen Bedeutung des Inzest beharrt haben. In ihrem Buch *Du sollst nicht merken* von 1981 widmete sie diesem Thema ausdrücklich ein Kapitel. Und genau im Anschluß daran schrieb sie in einer für diese Jahre ebenfalls ungewöhnlich deutlichen Weise über das Tabu der Nazi-Vergangenheit, das sie als Schweizerin mit etwas mehr Abstand in Deutschland festzustellen vermochte, das sie aber in der Diskussion mit deutschen Kolleginnen und Kollegen zunächst erheblich verwirrt hat.[9] Jedoch: Es findet sich nicht der geringste Hinweis auf einen möglichen konkreten Zusammenhang zwischen den beiden Themen. Die Kapitel stehen isoliert nebeneinander.

Und noch mehr: Alice Miller übernahm die Täter-Opfer-Verwirrung. »Das Kind spürt, daß hinter diesen Antworten ein Leiden verborgen ist.«[10] Die Eltern der Nachgeborenen, also in aller Regel Nazis, werden nur im Aspekt ihres Leidens gesehen. »Viele psychosomatische und neurotische Erkrankungen, deren Behandlung ich in der letzten Zeit kontrolliert habe, bekamen eine unerwartete neue Wendung, als wir das Schicksal der Eltern im letzten Weltkrieg in die Überlegungen und Deutungen einbezogen.«[11] Das »Schicksal« der Eltern und dieses bezogen nur auf den »Weltkrieg« – damit ist die aktive Beteiligung an politischer Unterdrückung, Holocaust, Welteroberung ausgeblendet. Und so geht es weiter: »die grauenvollen Erlebnisse der Eltern«[12], »wie unsinnig diese Schuldgefühle sind«, »Schuld (!)«, »ehemalige Kriegskinder«[13], »Kriegserlebnisse«, »Zusammenbruch«, »Grauen der Bombardierungen«, »die schwersten, verwirrenden Zeiten der Eltern«.[14]

Offensichtlich war die Autorin so mit diesen »Kriegskindern« identifiziert, daß sogar sie noch der Täter-Opfer-Verwirrung von deren Eltern aufgesessen ist. Nur an einer einzigen Stelle überhaupt spricht sie von Tätern, doch dann mit Blick allein auf den Vietnam-Krieg.[15] Die seelische Situation von Nazi-Opfern wird dagegen kompetent wiedergegeben, besonders anhand der Bücher von Vegh und Epstein. Die Opfer sind offensichtlich für Miller nicht so bedrohlich wie selbst noch die Nachkommen der Täter und »Mitläufer«, mit denen sie zu tun hatte. Das ist ein überdeutliches Beispiel für Gegenübertragung, für sozialen Druck, für Komplizenschaft. Sein Ergebnis bestand darin, daß Alice Miller die in so manchem sexuellen Mißbrauch sich zeigende Kontinuität von verbrecherischen Nazi-Tendenzen völlig außerhalb des auch nur Denkbaren ließ, und dies trotz ihres ansonsten so scharfen Blicks für die Tradierung von Unmenschlichkeit.

Ähnliches gilt für das Buch *Seelenmord* von Wirtz. Die erfahrene Psychotherapeutin erwähnt darin die auffälligen Parallelen in den seelischen Folgen von sexuellem Mißbrauch und des Holocaust, beides bezogen auf die Opfer. Daß aber direkte Zusammenhänge zwischen diesen Bereichen bestehen könnten, nämlich zwischen Tätern von damals und Mißbrauchern seitdem, diesen Punkt bedenkt sie nicht im geringsten. Dabei stehen die beiden entsprechenden Kapitel auch hier unmittelbar nebeneinander. Der Schluß läge so nahe – doch die Verleugnung steht dagegen. Auch das macht deutlich, wieviel an Angst in den

Nachgeborenen steckt, wieviel Druck und Drohungen sie von ihren Eltern und anderen Autoritäten erfahren haben: »Du sollst nicht merken«.

Frau Burgfeld erhielt einen Brief von ihrem Vater. Er sei fassungslos, wenn er zurückdenke an den Krieg, nämlich daß er das alles lebend überstanden habe. Er appellierte also wieder einmal an ihr Mitgefühl. Meine Klientin aber wurde hellhörig angesichts dieses Wortes. Fassunglos, das bedeute doch, die Fassung los zu sein, ohne Fassung zu sein. Dann aber ist alles möglich und gerade bis hin zum sexuellen Mißbrauch. Es kam ihr der Verdacht so deutlich wie nie zuvor, daß es genau dies sein könnte, was der Vater von Anfang an mit ihr gemacht hätte, von jenen Waldspaziergängen an. »Fassungslos«, dieses Wort in der von Frau Burgfeld akzentuierten Bedeutung, gibt viel wieder von deutscher Realität, während des Nazi-Reichs, danach und auch schon davor.

Die Wahrheit ist oft viel konkreter, als wir meinen. Ich denke an den Satz von Frau Gerlicher: »Die beiden großen Horrorkapitel meines Lebens: die kollektive Geschichte und der individuelle Mißbrauch, in beiden Kapiteln der gleiche Haupttäter, dieselben Mittäter und Verdränger.«

Männer und Frauen vor dem Hintergrund des Nazi-Reichs – das ist wesentlich auch eine Geschichte des Mißbrauchs und damit einer Kontinuität von Verbrechen.

Doch vergesse ich darüber keineswegs die Komplizenschaft. Und hier spielen eher die Frauen die Hauptrolle.

Es dauerte lange, bis Frau Gerlicher es erfuhr oder aushalten konnte: Der Stiefgroßvater hat bereits ihre Mutter als Kind mißbraucht. Trotzdem schickte diese später sie und ihre Schwester zu ihm »in die Ferien«! Muß ich näher erklären, wie zusätzlich bodenlos dies ist?

Frau Sartorius träumte: Die ganze Familie war in einem Raum, so wie nach dem Krieg in Realität, der Großvater ging hinaus, sie wußte, was dies zu bedeuten hatte, der Vater machte sich fertig, sie ihm zuzuführen, und da blickte sie der Mutter ins Gesicht, und sah in ihren Augen den Schmerz und das Wissen, die Mutter begriff »es«, und sie schaute schnell weg. Dies war ein Traum, der die Wirklichkeit in aller Klarheit wiedergab, den Alptraum der Wirklichkeit.

Als Frau Marein vom Vater mißbraucht wurde, waren die Eltern immer noch nicht verheiratet, sie wünschte es sich so sehr, die Mutter auch – war die »Verführung« der Preis für die dann doch stattfindende Hochzeit? Und als sie mit 17 Jahren ihrerseits den – schon wieder geschiedenen – Vater »verführte« und es zu Hause erzählte, unternahm die Mutter nicht das Geringste, nicht einmal gegen ihren zweiten Mann, der trocken meinte, er selber hätte auch schon überlegt, mit ihr zu schlafen. Frau Marein aber fing mit Drogen an und schaffte die Schule nicht mehr.

Und immer wieder, in diesen Familien und in manchen anderen, wurden Nazi-Bezüge auch der Frauen sichtbar – vorausgesetzt, ich fragte aktiv in dieser Richtung nach. Einiges von dem Nebel ließ sich auflösen.

Komplizinnen sind nicht Täter. Aber sie können nicht ihre »Unschuld« beteuern, weder hinsichtlich des Mißbrauchs noch mit Blick auf politische Zusammenhänge. An anderer Stelle[16] wie auch immer wieder in diesem Buch habe ich die Komplizenschaft über die Generationen hinweg beschrieben, also zwischen Eltern und Kindern oder auch noch Enkeln. Dem füge ich hier also die Perspektive zwischen Männern und Frauen, zwischen Vätern und Müttern hinzu. Sie haben im Nazi-Reich in außerordentlich effektiver Rollenverteilung gewirkt, und sie tun es bis heute in vielen Bezügen, die mit Verbrechen zu tun haben. Das sind Traditionen im Verborgenen.

Ich hatte einen Traum, der solche Komplizenschaft bildhaft ausdrückte. Ich befand mich in einer großen Veranstaltungshalle, ein Festzug oder ähnliches marschierte an uns Zuschauern vorbei, alles Paare, und plötzlich reckten die Männer die rechten Arme hoch zum Hitlergruß – und die Frauen hängten sich an diese Arme, suchten sie herunterzudrücken, schauten sich ängstlich um, denn »das« sollte doch niemand bemerken. Ich war erschrocken bei diesem Anblick und fragte verwirrt meine Frau, ob sie das auch sehe. Sie bejahte.

Dieser Traum zeigte mir auf deutliche Weise, was wir in der Generation der Nachgeborenen doch mitbekommen haben an fortdauernden Nazi-Bezügen unserer Eltern. Und dazu gehört die Komplizenschaft zwischen ihnen: die Männer in der Regel eher »forsch« voranpreschend, »für Deutschland«, aber doch auch »für die Familie«, »für die Frauen«, und diese mehr vorsichtig, sich umschauend, aber die Männer meist nicht hindernd, eben Komplizinnen.

Dieser Traum hat noch eine andere Dimension: Ich frage erschreckt meine Frau, ob sie »das« auch sehe, und sie bestätigt die Wahrnehmung. Das ist etwas, dessen Bedeutung wir gar nicht hoch genug einschätzen können, gerade angesichts der Nazi-Abgründe: das Teilen, Bestätigen, gemeinsame kritische Anschauen von Wahrnehmungen.

Bei dem Ehepaar Temmler war es ausnahmsweise einmal der Mann gewesen, der sich an unsere Beratungsstelle gewandt hatte, eine Seltenheit im »Sozialen Brennpunkt« München-Hasenbergl und Umgebung. Er war seit drei Jahren geschieden und kämpfte darum, sein Besuchsrecht für die beiden Kinder ausüben zu können. Seine geschiedene Frau werfe ihm einen Knüppel nach dem anderen zwischen die Beine.

Ähnlich wie Frau Sartorius sah Herr Temmler sich zunächst vor allem in der Rolle des Opfers. Die geschiedene Frau setzte ihm zu. Auch hinsichtlich der Herkunftsfamilie herrschte dieser Blickwinkel vor: ausgebombt und insbesondere die Mutter und die älteren Geschwister als Leidende. Er selber wurde 1950 geboren, berichtete also aus dem Hörensagen. Nur ganz nebenbei erwähnte er am Anfang und dann erst viel später, daß sein Vater bei der Waffen-SS gewesen war. Er vermittelte von diesem das ausgesprochen positive Bild eines zwar etwas distanzierten, aber insgesamt sehr freundlichen und eher nachgiebigen Mannes. Es wirkte so, als könnten seine eigenen Schwierigkeiten während der ganzen Jugendzeit nichts mit dem Vater zu tun haben, sondern allenfalls mit der großen Unterschiedlichkeit zwischen den beiden Eltern, norddeutsch und bayerisch, protestantisch und katholisch, temperamentvoll und zurückhaltend. Herr Temmler sah eigentlich nichts bei seiner Herkunftsfamilie, worin er eine wesentliche Ursache hätte entdecken können für sein besonderes Problem, sich gegenüber der geschiedenen Frau zu behaupten, sich abzugrenzen, im guten Sinne aggressiv zu sein. Dabei war es ihm bereits seit seiner Jugendzeit ausgesprochen schwer gefallen, nach außen hin zu zeigen, wie es in ihm aussah. Allgemein hielt man ihn für »stoisch ruhig«, »durch nichts zu erschüttern«, »ein Bollwerk«. Innen und Außen waren zwei Welten.

Wie sich allmählich herausstellte, gab es von seiten des Vaters doch einiges an eher Verborgenem, das zur Ausbildung seiner Blockierungen beigetragen hatte. Herr Temmler überraschte mich eines Tages mit der beiläufig hingeworfenen Bemerkung, der Vater sei für manche Kinder so etwas wie eine Schreckensgestalt gewesen. Das klang, als berichte er eine Anekdote. Ich mußte erst näher nachfragen. Daß ich so überrascht war, lag an dem mir bisher vermittelten Bild über diesen Vater. Dieser war Schulleiter, dort offensichtlich allseits beliebt und anerkannt. Was ich jetzt so nebenbei erfuhr, war eigentlich eine »Kleinigkeit«: Wenn Lehrer Disziplinschwierigkeiten hatten, genügte es in aller Regel, mit dem Herrn Direktor zu drohen – obwohl dieser nie auch nur eine einzige Ohrfeige verteilt hätte. Was war so bedeutsam an dieser eher unscheinbaren Mitteilung? Werden denn nicht auch anderswo Schuldirektoren als Respektspersonen eher gefürchtet?

Hier scheint aber etwas anderes vorgelegen zu haben. Es gab im Vater eine bedrohliche Seite, die von den Schülern intuitiv wahrgenommen wurde und sie vorsichtig werden ließ, ebenso wie unbewußt auch Herrn Temmler selber. Es war eine Seite, die einen scharfen Gegensatz bildete zur sonstigen menschenfreundlichen Haltung des Vaters. Wir konnten uns allmählich einen Eindruck davon machen, daß auch für Herrn Temmler der Vater einiges von jener Schreckensgestalt dargestellt hat, nur wurde das frühzeitig und gründlich verdrängt. Die Bedrohung schwebte in der Luft. Aufbegehren, Aggression, Streit stellten für Herrn Temmler deshalb etwas Unerträgliches dar. Er wurde zum freundlich lächelnden »Bollwerk«. Es brauchte längere Zeit, bis er mitteilen konnte, daß der Vater bis heute an antisemitischen und militaristischen Einstellungen festhält. Offensichtlich war demnach seine Zugehörigkeit zur Waffen-SS, über die er nie sprach, doch etwas gewesen, das einen persönlichen Bezug zu verborgenen Schattenseiten hatte, zu seiner Aggressivität, zu wie auch immer gearteten Gewalttendenzen.

So wurde es allmählich klarer, wie Herr Temmler entsprechend diesem Vorbild seines Vaters und unter dem Eindruck einer diffusen Bedrohung von früh an eigene aggressive Anteile abspaltete, dies um den Preis, daß er dann seine innere Welt nicht nach außen tragen konnte. Zu zeigen, wie es wirklich in ihm aussah, wäre ja so etwas wie ein aggressiver Akt gewesen. So wurde er zum »freundlichen Bollwerk«. Von daher steht beispielsweise zu vermuten, daß er einiges von seiner abgewehrten Aggressivität an die frühere Ehefrau delegiert hatte.

Hier lagen die zentralen Bereiche, an denen wir während der Therapie arbeiteten. Die innere Welt wurde mitteilbarer, auch in ihren dunkleren Seiten. Aggressiv zu sein, erwies sich entgegen seinen Befürchtungen als hilfreich für wichtige Klärungen, beruflich und privat. Seine reale Lebenssituation konnte er tiefgreifend umgestalten.

Insgesamt läßt sich im Zusammenhang dieses Kapitels vor

allem sagen, daß hier also eine diffuse Bedrohung aus dem Vater-Sohn-Verhältnis zu der schweren Beeinträchtigung in der Beziehung zur Ehefrau beigetragen hatte. Dies ist nach meinem Eindruck häufig vorgekommen in der Nach-Nazi-Generation. Herrn Temmlers Anteil am Scheitern der Ehe bestand wohl besonders darin, daß er durch seine abgewehrte Aggressivität mitgeholfen hatte, eine erstickende Atmosphäre zu schaffen, was wiederum die Partnerin, sicherlich vor entsprechenden eigenen Hintergründen, dazu veranlaßte, ihn aggressiv zu attackieren.

Zu einem bedeutsamen Thema in dieser Therapie wurde die neue Partnerbeziehung. Herr Temmler war sich seiner eigenen Anteile beim Scheitern der früheren Ehe immer klarer geworden, und so bedeutete es jetzt eine beglückende Erfahrung für ihn, daß nichts Furchtbares passierte, wenn er, ganz anders als bisher, nicht mit seinen wirklichen Gefühlen hinter dem Berg hielt, und mochten ihm diese auch zunächst noch so »unmöglich« erscheinen. Im Gegenteil, so erst konnten er und seine Partnerin sich wirklich begegnen.

Sie heirateten, er beendete die Therapie und fragte an, ob seine Frau ebenfalls zu mir kommen könne. Sie brauche Hilfe, weil sie vom Großvater sexuell mißbraucht worden war.

Frau Temmler berichtete mir im Erstgespräch, daß sie bis heute weitgehend ohne Erinnerung an ihre Kindheit und Jugend sei und erst mit über 30 Jahren auf den Gedanken kam, ihre Schwierigkeiten in verschiedenen Partnerschaften könnten ein Hinweis auf sexuellen Mißbrauch sein. Durch eine Freundin fand sie Zugang zu einer Selbsthilfegruppe, und mit deren Hilfe gingen ihr allmählich die wahren Verhältnisse ihrer Kindheit auf. Der Vater hatte die Mutter trotz der Schwangerschaft nicht geheiratet, wurde daraufhin verteufelt, die Mutter war eiskalt, auch zu ihr, am wärmsten noch die Großmutter väterlicherseits, während die andere unter dem Diktat ihres Mannes stand, eben jenes Großvaters, der das kleine Mädchen bei Besuchen und in den Ferien mißbrauchte. Die folgende Erinnerung war dank der

Selbsthilfegruppe wieder in Frau Temmler hochgekommen: Mit etwa sechs Jahren hatte sie den Mut aufgebracht, zu Mutter und Großmutter zu sagen, der Großvater mache etwas mit ihr. Entrüstet hätten die beiden Frauen sie angefahren, so etwas tue der Großvater auf keinen Fall, sie würde lügen und solle sich schämen! Komplizenschaft der Frauen mit dem Täter war das also, Verkehrung der Wirklichkeit, Schuldzuschreibung an das Kind, massives Imstichlassen, Verstärken von dessen Verlassenheitsgefühlen, Verwirrung, Vertrauensverlust, dies nicht nur in Männer, sondern ebenfalls also Frauen gegenüber, zu Menschen überhaupt – und als typische Folge auch gegenüber der eigenen Person. Diese existentielle Verunsicherung fand sich hinter dem Äußeren einer beruflich recht erfolgreichen Frau. Es war nur zu verständlich, daß sie kaum über Erinnerungen an ihre Kindheit verfügte.

Wenn sie inzwischen aber mehr und mehr ihren Wahrnehmungen zu trauen lernte, so wurde ihr bewußt, daß insgesamt in ihrer Familie eine Atmosphäre von Lüge und Täuschung herrschte. Dahinter lagen Vernichtungsdrohungen. Insbesondere der Großvater hatte etwas Mörderisches an sich.

Frau Temmlers Entwicklungsweg war ungewöhnlich auch dadurch, daß sie sich gleichzeitig in mehreren grundlegend neuen Erfahrungsfeldern befand. Mit ihrer Ehe erlebte sie erstmals, wirklich getragen zu sein. Und dies war wechselseitig für sie beide so. Außerdem war sie parallel zu der Therapie bei mir noch bei einer Kollegin, war also gleichzeitig bei einem Mann und einer Frau. Dies alles zusammen verstärkte den Boden, auf dem die Traumatisierungen ausgebreitet und in vielen kleinen Schritten relativiert werden konnten.

Was war es gewesen, das ihr die Kraft gegeben hatte, so viel an Mißbrauch und Verlassensein auszuhalten und mit großer Beharrlichkeit nach neuen Wegen zu suchen, sobald sich dazu Möglichkeiten auftaten? Von klein auf hätte es einen Gedanken in ihr gegeben: »Trotzdem – es muß da noch etwas anderes geben.« Dies hielt sie am Leben, ließ sie nicht in Resignation oder in selbstdestruktiven Aktionen versinken. Sie beharrte auf diesem Kern von Autonomie und hielt trotz aller Bedrohungen an ihrem Glauben fest, nicht wirklich zerstört werden zu können.

In dieser Weise zu sich selber zu stehen, darin liegt wohl bei Frau Temmler wie bei ihrem Mann die wesentliche Voraussetzung, um sich wirklich zu begegnen. Und umgekehrt ist ihre Liebesbeziehung der Boden für das weitere Wachsenkönnen persönlicher Autonomie. Gerade in dieser wechselseitigen Verbundenheit aber haben wir doch die entscheidenden Möglichkeiten zwischen Frauen und Männern vor uns. Das jedoch ist oft bis zur Unkenntlichkeit verstellt in diesem Jahrhundert von Gewalt und Mißbrauch.

Es gibt ein Buch, von dem ein amerikanischer Journalist völlig zu Recht gesagt hat, es sei die Liebesgeschichte des Jahrhunderts: *Eine Handvoll Staub* von Lina Haag. Die Verfasserin, eine »einfache« Frau, und ihr Mann, Landtagsabgeordneter in Württemberg, wurden von den Nazis verfolgt wegen ihrer aufrechten politischen Haltung, die sie auch nach 1933 nicht verleugneten, auch nicht unter Folter, Gefängnis und KZ. Lina Haag kam nach Jahren des Martyriums frei, und was tat sie? Sie unternahm auch dann noch alles, um ihren Mann vor dem Tod im KZ zu bewahren, den die Gestapo längst über ihn beschlossen hatte: »Rückkehr unerwünscht«. Und sie erreichte die Entlassung!

Dies ist übrigens kein Einzelfall. So weiß ich von Resi Grünwiedl aus München, daß sie ihren Mann zweimal aus dem KZ Dachau freibekam. Die Gestapo-Leute waren so entnervt angesichts ihrer Beharrlichkeit, daß einer von ihnen sagte: »Wenn alle Frauen so wären wie Sie, dann wäre das Lager leer.«

Das Buch von Lina Haag schildert das Leiden und zugleich die Verbundenheit zwischen ihnen beiden in einer Weise, die sich nicht wiedergeben läßt. Man muß dieses Buch lesen.

Aber: Es ist vergriffen seit zwei Jahren. Ist es ein Zufall, daß die Liebesgeschichte des Jahrhunderts nicht mehr erhältlich ist?

Doch auch mit diesem Superlativ hat es noch eine besondere Bewandtnis. Der amerikanische Journalist und sein Verlag lockten »mit der Bestsellerliste, wenn ich wunschgemäß auf dem ›Waschzettel‹ vermerken würde, daß meine und meines Mannes Parteizugehörigkeit einer ›besseren Einsicht‹ gewichen sei. Ich schmiß diesen Vertreter hinaus.«[17] Lina Haag und ihr Mann Fred waren Kommunisten, vor 1933, während des Hitler-Reichs, und sie sind es nach 1945 geblieben.

Dann bedeutet es wohl keinen Zufall, wenn dieses Buch im vereinigten Deutschland vergriffen ist. Die Liebesgeschichte des Jahrhunderts von einem kommunistischen Paar?

IV Widerspruch und Verbundenheit

So sehr mir daran lag, in diesem Buch möglichst klare Linien herauszuarbeiten, in den Therapieberichten, in den thematischen Kapiteln: Es abschließend zusammenfassen, auf einen »gemeinsamen Nenner« oder in eine Aufzählung der »wichtigsten Punkte« bringen zu wollen, kann nicht gelingen. Die hier beschriebene Wirklichkeit ist viel zu zerrissen. Wenn sie sich uns ein wenig erschließt, dann nur in ihrer Widersprüchlichkeit. Darin allenfalls liegt die mögliche Klarheit.

Das Verhältnis von Tätern und Opfern ist der fundamentale Widerspruch. Worte versagen, Gefühle, Sicherheiten, Beziehungen verschwimmen. Wie konnten Menschen so etwas tun, so etwas planen, anordnen, mittragen?

Wenn ich als Nachgeborener ausgerechnet dieser Leute so frage, dann setze ich mich in Widerspruch zu meinen Loyalitätsbindungen ihnen gegenüber.

Andererseits stehe ich mit Blick auf die Opfer vor der Frage, ob ich aus solcher Erbschaft nicht chronisch verharmlose.

Diesen Spannungen kann ich nicht entgehen.

Blicke von außen sind wichtig. Der niederländische Schriftsteller Harry Mulisch sagte bei der Eröffnung der Frankfurter Buchmesse 1993: »Das Dritte Reich liegt nicht schon, sondern erst fünfzig Jahre hinter uns. Hitler hat sich und das deutsche Volk unsterblich gemacht. Er wollte ja das Tausendjährige Reich und hat es bekommen… Auch die Untaten eines Nero leben weiter, und die liegen fast 2000 Jahre zurück.«[1]

Das ist ein nüchterner Blick auf die Wirklichkeit.

Es gibt die Berichte der Überlebenden und eine umfangreiche historische Forschung, Bücher, Filme, Dokumentationen, Gedenkstätten, Museen. Und doch gelten die Worte von Elie Wiesel: »Jene, die es nicht erlebt haben, werden nie wissen, wie es war; jene, die es wissen, werden es nie sagen; nicht wirklich, nicht alles. Die Vergangenheit gehört den Toten, und die Überlebenden erkennen sich nicht in den Bildern und Ideen, die man sich von ihnen macht. Auschwitz, das ist der Tod, der totale, absolute Tod des Menschen, aller Menschen, der Sprache und der Vorstellungskraft, der Zeit und des Geistes.«[2]

Es liegt aber ein großer Unterschied darin, ob wir uns nicht zureichend vorstellen können, was dort gemacht wurde, oder ob wir uns nicht genügend vorstellen, *daß* es gemacht wurde. Letzteres erst recht ist Verleugnung, und sie reicht auf der Täterseite weit in die Nachkommenschaft hinein. Ich denke an den Satz von Frau Gerlicher: »Wissen Sie, wie es ist, durch diese Stadt zu laufen und das faschistische Potential jedes einzelnen zu spüren?« Sein Hintergrund ist die immer noch so verbreitete Verleugnung der Nazi-Wirklichkeit, der wirklichen Taten unserer Vorgängergenerationen.

Mit Verleugnung haben wir es auch zu tun, wenn die Fakten zwar bekannt sind, deren Bedeutung aber nicht wahrgenommen wird. Lange Zeit schon wußte ich manches über die Nazi-Verbrechen, ohne aber den Bezug zu meinem persönlichen Leben und dem meiner Klienten zu sehen.

Verleugnen kann (zeitweilig) das Leben retten und kann das anderer und das eigene zerstören. Das ist die eigene Widersprüchlichkeit in der Verleugnung.

Es macht einen fundamentalen Unterschied aus, ob ein ohnmächtig Ausgelieferter kein anderes Mittel mehr hat, als die bedrohliche Wirklichkeit zu verleugnen, oder ob Menschen leugnen, was sie oder ihre »Volksgenossen« anderen angetan haben.

Hierin liegt der Grund, warum ich die Folgen der Nazizeit in zwei getrennten Bereichen sehe: bei den Opfern und ihren Nachkommen – bei den Tätern und ihren Nachkommen. Verleugnen und Schweigen lassen sich auf beiden Seiten feststellen, aber in ganz verschiedenen Gesamtzusammenhängen. Das verliert seine Gültigkeit auch dann nicht, wenn Täter ebenfalls gelitten haben und wenn umgekehrt Opfer ebenfalls Unrecht begangen haben.

Genaues Differenzieren ist so wichtig, weil Verleugnung, Lüge, und Täuschung, diese Widersacher der Wahrheit, »einfach« sind, wie Wurmser es ausgedrückt hat.[3] Sie wollen die Welt in ihr Schema pressen und schon gar nicht sich dem nähern, was hinter Wiesels Worten steht.

Ich bin 1946 geboren und in einer Welt der Verleugnung aufgewachsen. Das ging mir erst nach vielen Jahren auf – im »Lernort« Dachau.

Die Täter als »Opfer«, das ist eine sehr konkrete und wirksame Leugnung der Nazi-Verbrechen. Die Täter haben sich auch noch an die Stelle der Opfer zu setzen versucht, erst recht in ihren Monologen mit den »eigenen« Kindern. »Es waren schwere Zeiten damals …«

»Silvester 1943, da gab es nur Dosenwurst und Fusel« – dies im Beisein einer KZ-Überlebenden, so gesagt im Jahre 1991.

In diese Welt sind wir Nachgeborenen hineingewachsen, und manches davon ist zu einem Teil von uns selber geworden. Frau Sartorius, einerseits so sehr das Opfer ihrer Eltern, hat gleichzeitig von früh an auch Anteile von Täterhaftigkeit übernommen, hat »sexuelle Aufklärung« mit anderen Kindern betrieben, in Ansätzen also sich verhalten wie ihr Vater bei ihr.

Auch an diesem Punkt der Angleichung an die Peiniger ist es ein Unterschied, ob ein KZ-Häftling sich in seinem totalen Ausgeliefertsein mit den Aggressoren identifizierte und diesen »Mechanismus« eventuell sein ganzes Leben lang nicht mehr ganz losgeworden ist, oder ob es das Kind dieser Aggressoren selber getan hat, tun mußte, aber doch auf der Grundlage einer anderen Beziehung und einer speziellen Loyalität. »Wir waren die Juden unserer Eltern«, wie es nicht nur bei Frau Sartorius verschiedentlich angeklungen ist, bedeutet deshalb ein Mitmachen in der Täter-Opfer-Umkehrung, verleugnet die eigenen Nazi-Bezüge.

Dem Standardvorwurf der Älteren an uns Nachgeborene und unser Nachfragen, wir hätten damals nicht gelebt und könnten es uns nicht vorstellen, ist zu widersprechen: Wir haben uns eher viel zu sehr in die Eltern, Lehrer usw. eingefühlt. Ich erinnere nur an Frau Burgfeld.

Moralische Besserwisserei mag vorgekommen sein, aber der entsprechende Vorwurf an unsere Adresse lenkt ab. Sich darüber zu streiten, wie wir »damals« gehandelt hätten, verhindert den Blick auch noch darauf, wie die Angehörigen der Nazi-Generationen sich nach 1945 verhalten haben. Denn hier jedenfalls hatten und haben sie die Möglichkeit freier Entscheidung. Wenn sie schon »nichts gewußt hatten«, stellten sie sich dann wenigstens nachher entschieden dagegen? In meiner Familie war ganz selbstverständlich eine Sauciere mit Hakenkreuz in täglichem Gebrauch – bis etwa 1965. Mir ging das als Jugendlichem auf, meine Mutter erwiderte: »Aber sie ist doch so schön!« Das Ding war klobig und alles andere als schön, aber eben von Erinnerungswert, »Reliquienverehrung« im bürgerlich-demokratischen Haushalt, stille Einladung zur Komplizenschaft.

Ob jemand auf seiten der Täter war oder ist, entschied sich auch vor 1933 und nach 1945. Das gilt nicht nur für die Gefolgsleute von damals, sondern auch für uns Nachkommen.

Ein wirksames Motiv bei uns Nachgeborenen, der Erforschung familiärer und eigener Nazi-Verstrickungen auszuweichen, ist die Befürchtung, dann »ganz und gar als Nazi« dazustehen. Zum Beispiel könnte in diesem Sinne Frau Sartorius wegen jener Aktionen »sexueller Aufklärung« als genauso nazihaft und mißbrauchend gelten wie ihr Vater. Es wird daran deutlich, wie absurd solche pauschalen Selbstverdächtigungen sind und wie sie zugleich der Entlastung der Eltern dienen. Ich sehe in ihnen die Kehrseite der totalen Weißwaschung der Täter und Tatbeteiligten. Und sie sind selbst Ausdruck von totalisierenden, vergewaltigenden Tendenzen in uns Nachgeborenen. In aller Regel nämlich werden wir allenfalls so etwas wie Anteilen begegnen, »Täter-Anteilen«, »Nazi-Anteilen« vielleicht. Hierfür ist schwer ein passendes Wort zu finden, auch das sicherlich kein Zufall.

»Ganz und gar ein Nazi zu sein«, diese Befürchtung verweist auch auf unsere für selbstverständlich genommenen Vorstellungen von »Identität«. Mit Absicht habe ich diesem Thema kein eigenes Kapitel gegeben. Aber es durchzieht das ganze Buch. Das beginnt bei der Frage, wer denn »ich« eigentlich bin, wenn ich mein Leben so sehr in den Schienen meiner Eltern und von sonstigen Autoritäten verbringe. Und es führt zu der Frage, wie es möglich ist, daß eine Frau Gerlicher oder ein Ehepaar Temmler sich doch einen anderen Weg erhalten haben. Was war es, das sie der Übermacht entgegenzuhalten vermochten? Der »Traum« von Frau Gerlicher, die »Wahrheit« von Frau Sartorius oder ähnlich bei Frau Burgfeld, das »Trotzdem« von Frau Temmler und das »Nein« von Frau Marein, darin wird etwas ganz Persönliches angesprochen. Als Identität aber möchte ich es nicht festlegen.

»Identität« wird heute beschworen, im psychologischen Bereich und besonders im politischen: »Deutschland, Deutschland!« Im Widerspruch dazu werden in diesem Buch andere Identitäten sichtbar, nämlich solche zwischen »damals« und »heute« – Effizienz, Ordnung, Sauberkeit, Minderwertigkeitsempfinden, Fremdenhaß, Gewaltbereitschaft, Polarisierung, Identifikation mit der Macht, Pflichterfüllung.

»Identität« wird gar so oft verstanden im Sinne einer festgefügten Einheit, eines starr nach außen abgegrenzten Gebildes. Dem begegnen wir tatsächlich, vor allem bei Menschen, die so sehr eins geworden sind mit den »höheren Mächten«, daß »sie selber« nicht mehr vorkommen. Doch das ist Identität nur in einem negativen Sinne, ist »falsches Selbst«.[4]

Aber es hat sich auch anderes bei uns in Deutschland entwickelt. Ich erinnere an den Satz, der meinem argentinischen Freund in Deutschland so auffiel und mit dem ich dieses Buch begann: »Das lasse ich mir nicht gefallen!« Er enthält etwas anderes: Identität im Widerspruch, Identität als einen ständigen Entwicklungsprozeß.

Was Wiesel als den »absoluten Tod des Menschen« benannte, schließt auch das Ende von »Identität« im herkömmlichen Sinn ein. Die Nazis haben damit Schluß gemacht. Seit damals ist auch die Welt des Subjekts nicht mehr dieselbe. Die völlig übersteigerte »Identität« der »nordischen Rasse« und die daraus abgeleitete angebliche Nichtigkeit aller als ihr nicht angehörend erklärten Menschen bezeichnen das Ende hergebrachter Identität. Sie wurde zum Propaganda- und Kampfmittel degradiert. Und wenn heute Verbrechen begangen werden hierzulande gegen

»Fremde« – die zum Teil schon länger im Lande sind als die Täter selber -, dann hat das Kontinuität zu damals, auch im Sichberufen auf »Identität« – »Hauptsache: deutsch«.[5]

Der Sozialpsychologe Heiner Keupp untersucht Identität in der heutigen Gesellschaft. In Einklang mit verschiedenen anderen Forschern sieht er den Zerfall der klassischen Identitätsmuster, ohne daß damit aber das Thema jeglicher Form von Identität aufgegeben wäre. Die starren Festlegungen gelten nicht mehr, das erzeugt Unsicherheit und Angst, doch bestehen vielfältige Chancen zu kreativem Entwickeln von Lebensperspektiven und Verbindungen. Er faßt dies unter der Metapher einer »Patchworkidentität« zusammen und sieht keinen Grund zu Pessimismus: »Wir haben es nicht mit ›Zerfall‹ oder ›Verlust der Mitte‹ zu tun, sondern eher mit einem Zugewinn kreativer Lebensmöglichkeiten, denn eine innere Kohärenz ist der Patchworkidentität keineswegs abhanden gekommen.«[6]

Was aber heißt das konkret für uns als Nazi-Nachgeborene? Sind meine wie auch immer zustandegekommenen »Nazi-Anteile« also nur ein paar kleine Stücke im Durcheinander dieses »Fleckerlteppichs« und damit letztlich bedeutungslos? Vielleicht ja, vielleicht auch gerade nicht.

Mir schwebt bei diesen Fragen ein anderes Bild vor als das der Patchworkarbeit. Ich sehe das aus vielen Teilen bestehende Mosaik eines Gesichtes; viele Steinchen lassen sich herausnehmen oder verändern, ohne daß der Gesamteindruck wesentlich leidet – aber nur ein oder zwei bestimmte Elemente, entfernt an einer sensiblen Stelle, etwa an den Augen, und schon ist es ein ganz anderes.

Es mag jemand »nazihaft« hart und unduldsam sein, doch darin wenigstens klar sichtbar, während jemand anderes den besten

Eindruck vermittelt, doch dann, in einer Situation, wo es darauf ankäme, wo vielleicht ein anderer in Not und ihm ausgeliefert ist, da zeigt er oder sie ein ganz anderes Gesicht, völlig unerwartet und deshalb um so gefährlicher. Eine einzige Handlung kann unter Umständen aus einem »aufrechten Demokraten« einen »Nazi« machen, kann alles Vorherige und Nachfolgende umwerten. Gerade wenn wir uns den Nazi-Abgründen nähern, sind die größten Überraschungen möglich, auch bei Menschen, die wir gut zu kennen meinten.

Doch das gilt ebenfalls umgekehrt, in positiver Richtung.

Ich denke an Otto-Ernst Duscheleit, einen Waffen-SS-Mann, der einen anderen Weg gewählt hat als der Vater von Frau Burgfeld. Er hat darüber ein paar Seiten geschrieben. Ich zitiere ihn:

»Nach einem schrecklichen Traum vor einigen Jahren, in dem ich als Kriegsverbrecher und Nazischwein beschrien wurde, begann ich, über meine Vergangenheit im ›Dritten Reich‹ zu schreiben... Lange, sehr lange hat es gedauert, bis ich anfing, über meine Vergangenheit nachzudenken. Sechzig Jahre alt mußte ich werden... Wieviel Bücher mußte ich lesen, wie viele Gespräche führen. Der Traum kam ja nicht von ungefähr. Er war ein Meilenstein in einem Prozeß aus vielen einzelnen, mich verändernden Erkenntnissen und Schritten...«

Es gibt immer die Möglichkeit, sein Leben grundlegend zu verändern, im Guten und im Schlimmen.

Otto-Ernst Duscheleit hat nachgedacht und sein Leben verändert. Es ist nie zu spät, dies zu versuchen. Doch viele wollen das nicht. Was schallte ihm entgegen bei einem Vortrag vor großem Publikum: »Verräter!«

Ich begegnete ihm bei einem Treffen von »Face to face«, einer von Mona Weismark und Ilona Kuphal in den USA und in Deutschland gegründeten Begegnungs- und Gesprächsgruppe für Nachkommen von Überlebenden und von Tätern. Beide Seiten waren beeindruckt von ihm. Hier waren Abgründe ein wenig aufgefüllt.

Ein »einfacher«, sehr lebenserfahrener Mann in einem kleinen italienischen Dorf sagte mir in einem Gespräch ganz unvermittelt über seine Nachbarin, eine Frau von mehr als 80 Jahren: »Gestern habe ich die Anna auf ihrem Balkon beten sehen. Ein Gebet, ein wirkliches Gebet kann ein ganzes Leben verändern.« So wie er das sagte, mit Bezug gerade auf diese Frau, die viel Schuld auf sich geladen hat, war das von herausgehobener Bedeutung. Deshalb denke ich immer wieder daran.

Wenn ich in meiner Erinnerung nach weiteren Beispielen suche wie dem von Otto-Ernst Duscheleit, dann finde ich leider nicht viel.

Deshalb muß ich sagen: Typisch sind Leute wie der Vater von Frau Gerlicher. Er ist inzwischen gestorben. Vieles spricht dafür, daß er es vorgezogen hat zu sterben, um sich nicht der Tochter und einem wirklichen Eingeständnis seiner Schuld zu öffnen. Er hat, in den Worten meines italienischen Bekannten, das »Gebet« nicht gewagt, hat sein Leben nicht verändert. An Frau Gerlicher aber lag das nicht. Im Gegenteil, sie hat sich nicht abgewandt von ihm, ist ihm nicht mit Vorwürfen begegnet, sondern war bei ihm während seiner Krankheit und hat gewartet. Sie schrieb anschließend: »Ich hätte meinen Frieden lieber mit einem lebenden Vater gemacht. Was hat er sich da selber genommen, ich hätte ihm verzeihen können, ehrlich. Nicht so leicht dahin und ohne irgendwas, sondern ehrlich. Danach habe ich beschlossen, sein Photo aufzustellen, ein sehr gutes von ihm und von mir, es strahlt Ratlosigkeit von meiner Seite und Verschlossenheit seinerseits aus.«

Dabei also blieb es bis zum Tod. Und das scheint typisch zu sein für viele ältere Menschen in Deutschland. Es ist zuallererst ihre Entscheidung. Wir Nachkommen mögen manches Mal einen Anteil daran haben, aber allenfalls in nachgeordneter Bedeutung. Jenes »Gebet« kann immer nur von denjenigen selber kommen, die sich zu Schuldigen gemacht haben.

Was bleibt angesichts solchen Beharrens auf Verschlossenheit? Daß wenigstens wir Nachkommen klarer sehen.

Nazi-Täter, wer ist das eigentlich? Wir denken »unwillkürlich« an »KZ-Schergen«, die Peitsche in der Hand, blutrünstig, »mittelalterlich«. Es gab sie, sogar in großer Zahl – aber viel typischer für das Nazi-Reich waren die anderen, die Pflichterfüller.

»Die Deutschen in ihrer Pünktlichkeit haben immer nur bis zwei Uhr geschossen.«[7] Diese Mitteilung von Erika Landau über unsere Väter wiegt schwer.

Lina Haag hat es im KZ erkannt: »Unbegreiflich ist uns nur, daß es so viel Sadisten gibt. Sind es wirklich Sadisten, Verbrecher von Grund auf, Mörder? Ich glaube es nicht, und Doris glaubt es auch nicht. Es sind Spießbürger. Nur sind sie zufällig nicht beim Finanzamt, sondern bei der Polizei, zufällig keine Magistratsschreiber oder Metzgermeister oder Kanzleigehilfen oder Bauarbeiter oder Standesbeamte, sondern Gestapoangestellte und SS-Männer« (S. 136 f).

Aber der SS-Mann Duscheleit war möglicherweise vor und nach 1945 weit weniger Nazi als jemand wie der Vater von Frau A.[8], der sich damit brüstete, nicht einmal in der Partei gewesen zu sein, aber erfüllt davon war: »ich und der Führer ...«

Auf solchen Leuten wie Herrn A. beruhte entscheidend der frappierende Erfolg des »Dritten Reichs«. Sie waren die gefährlichsten – und sind es bis heute.

Die Vorstellung von den prügelnden SS-Männern, die sich zu Hause nur von der liebevollsten Seite zeigten, halte ich für eine

Legende. Sie dient der Verschleierung der Wirklichkeit. Vieles spricht gerade hier für Kontinuitäten, sogar für »Identität« zwischen beiden Bereichen. Frau Burgfeld, Frau Sartorius, Frau Gerlicher, Frau A., Herr Temmler und viele andere sind Zeugen dafür. Nur wenn wir sie für verrückt erklären oder sie das selber schon tun mußten, werden jene Kontinuitäten zwischen Nazi-Täterschaft und mißhandelnder, mißbrauchender, verwirrender Täterschaft in den Familien nach 1945 verdeckt. Ich weiß nicht, welches Ausmaß das alles hat, aber ich weiß, daß es weitaus häufiger ist, als allgemein angenommen.

Wir Psychotherapeuten, unsere Ausbildungsgänge und Institutionen, unsere Supervisionen und Fachkongresse sind hinsichtlich der Nazi-Verstrickungen keine Inseln im Meer der Verleugnung, sondern selber voll davon.

Das wichtigste Mittel, um die Verleugnung bemerken zu können, ist die Öffnung für Menschen anderer Bezüge, für Historiker, Arbeiter, Soziologen, Kinder und vor allem für ehemals Verfolgte, für Zeugen der Nazi-Verbrechen, für Menschen, die Widerstand geleistet haben oder deren Angehörige ermordet wurden.

Der polnisch-britische Soziologe Zygmunt Bauman hat brillant-nüchterne Analysen zur Entwicklung der Moderne vorgelegt und sieht dabei – wie auch andere Forscher – das Nazi-Reich integriert in diesen Zusammenhang, nämlich als etwas überhaupt nur im Rahmen des Projekts der Moderne Mögliches. Der »Rückfall ins Mittelalter« fand nicht statt, ist bloße Legende, dient der Verleugnung.[9]

Widerspruch: Wenn das Nazi-Reich und insbesondere auch der Holocaust so ausschließlich in die Moderne gehören, eben nicht im Sinne eines »Zivilisationsbruchs«[10] herausfallen – sind dann wir Deutschen nicht entlastet? Was bedeutet es, wenn jemand wie ich, ein Nazi-Nachkomme, Baumans Analysen zustimmt? Die richtigste Aussage kann falsch werden, wenn sie am falschen Ort zur falschen Zeit von der falschen Person zu falschen Zielen verwendet wird.

Baumans Analysen können tatsächlich zu einer Relativierung beitragen – aber nicht zu der des Nazi-Reichs, wie im »Historikerstreit« thematisiert, sondern umgekehrt zu der unserer »Normalität«. Das wiederum ist Voraussetzung für ein möglichst konkretes Begreifen der *Geschichte in uns.*

Bauman hat das Vorwort zu seinem Buch *Dialektik der Ordnung – die Moderne und der Holocaust* begonnen mit den Worten: »Nachdem Janina ihre Erinnerungen an die Zeit im Ghetto und im Untergrund niedergeschrieben hatte, dankte sie mir, ihrem Ehemann, für das Verständnis während ihrer langen Abwesenheit in den zwei Jahren, in denen sie an ihrem Buch schrieb und die sie in eine Welt zurückführten, die ›nicht die seine‹ war. Mir war es gelungen, dem Schrecken und der Unmenschlichkeit zu entkommen, als sie in die fernsten Winkel Europas vordrangen. Und wie viele meiner Zeitgenossen unternahm ich später niemals den Versuch, das Geschehene zu ergründen, sondern überließ es den Alpträumen und den niemals heilenden Wunden jener, die ihre Angehörigen verloren hatten oder ihrer Persönlichkeit beraubt worden waren.«[11]

Diese Erfahrung mit seiner Frau und durch sie mit sich selber und der eigenen Verleugnung war der Anstoß, in einer für ihn und für viele andere Soziologen neuen, weniger verleugnenden Sichtweise den Holocaust nicht mehr als ein »Krebsgeschwür am Körper der zivilisierten Gesellschaften«[12] zu betrachten, sondern im untrennbaren Zusammenhang gerade dieser »Zivilisation«, zentral im Zusammenhang mit deren Ambition, die Gesellschaft nach dem Bild eines streng geordneten Gartens zu gestalten.[13]

Welzer, der auf ähnlicher Linie wie Bauman analysiert, stellt der Aussage Wiesels über die Unvorstellbarkeit von Auschwitz folgendes Ergebnis seiner Überlegungen gegenüber: »Ich vermute, daß der Schrecken, der von Auschwitz ausgeht, weniger der der Unvorstellbarkeit des Geschehenen ist, als zutiefst der, daß dies alles unter Menschen und Umständen möglich war, die – in einem lebensweltlichen Sinne – so sehr nicht verschieden sind von denen, unter denen wir heute leben.«[14]

In diesem Widerspruch befinden wir uns, ob wir das nun wahrnehmen oder nicht.

Widerspruch gilt aber auch hier: Wie ist das Wort »weniger« des ersten Satzes zu verstehen?

Solche Analysen auf einer abstrakteren Ebene wie die von Bauman oder Welzer sind außerordentlich wichtig. Klärend können sie aber immer nur wirken im Zusammenhang mit dem Blick auf die konkreten Taten unserer Eltern und Lehrer.

Lina Haag wußte, was ihrem Mann in Dachau angetan wurde, auch wenn er nach seiner Befreiung nicht darüber gesprochen hat. Und sie hat es mitgeteilt: »Man hat dich, hat mir Robert Ditter erzählt, zweimal ausgepeitscht. Man hat dich an den Daumen stundenlang an den sogenannten Baum gehängt. Man hat dich krummgeschlossen, das heißt, Hände und Beine auf dem Rücken derart zusammengebunden, daß du nur noch ein winselndes Bündel blutabgeschnürter Gliedmaßen warst. Man hat dich ausgepeitscht und... so mit den Händen an die Wand gekettet, daß du tagelang auf den Zehenspitzen an der Mauer lehnen mußtest. Man hat dich auf dem Rücken, der vom Kohlentragen völlig vereitert war, vollständig nackt durch Brennesselhecken gezogen.«[15]

Was kann gegen Sätze wie diese bestehen, gegen diese Realität des 20. Jahrhunderts?

Lina Haag und ihr Mann haben alles dagegengesetzt, was sie hatten, ihre Liebe, ihre Klarheit, ihr Wissen, ihren Kampf, ihr Leben.

Lina Haag, wie durch ein Wunder und gegen den Willen der Gestapo aus dem KZ freigekommen, war verzweifelt angesichts der Erfolglosigkeit ihres Kampfes für die Entlassung auch ihres Mannes. Sie irrte durch die Straßen Berlins, es war Sommer 1939, und sie drückte sich in eine Ecke der Empfangshalle eines Luxushotels, betrachtete die eleganten Leute.

»Sind die Menschen, die hier herumstehen und in den Sesseln liegen, besser als wir? Nein. Sie haben nicht an andere gedacht, sondern an sich. Sie haben nicht vor Hitler gewarnt, sondern an ihm verdient... Mein Gesicht paßt nicht hierher, es ist mager und verhärmt, es stört hier, es ist eine Anklage... Plötzlich packt mich eine unheimliche Wut. Nicht weil diese Leute hier Geld haben und wir nicht, das ist gleichgültig. Nein – weil sie uns nicht einmal leben lassen wollen. Haben sie mehr Recht zu leben als wir, bloß weil sie sich weniger Gedanken über dieses Recht zu leben machen als wir? Das wollen wir doch sehen! Der Teufel soll mich holen, wenn ich diesen Kampf um dein und damit um mein Leben nicht bis zum letzten durchkämpfe. Ich bin nicht mehr verzweifelt... Ich bin entschlossen, dich aus dem KZ herauszuholen, koste es, was es wolle.«[16]

Es ist ihr gelungen, gegen jede Wahrscheinlichkeit ihren Mann freizubekommen.

Davon können gerade wir Nazi-Nachkommen viel lernen. Es kann uns Mut machen, »Nein« zu sagen, den »höheren Mächten« etwas entgegenzusetzen, uns selbst ernstzunehmen, den »Traum«, die »Wahrheit«, die innere Stimme. Darum ging es bei all den Menschen, deren Ablösung vom Terror ihrer Familien ich in diesem Buch beschrieben habe.

So, wie die Welt weiterhin ist, braucht sie noch sehr oft unser Nein.

Mir scheint, wir haben uns in der psychotherapeutischen Literatur erstaunlich wenig Gedanken über diese Kraft in uns Menschen gemacht. Selbst bei Wurmser fand ich nur eine kurze Bemerkung dazu. Er hat immer wieder festgestellt, daß seine Patientinnen und Patienten der Welt ihrer Eltern etwas entgegensetzten. Was dies im einzelnen sein könnte, beschreibt er aber nicht. Er spricht stattdessen nur, und das ist wohl etwas verkürzt, von einer »Gegenidentität«[17], deren Vorhandensein bei schweren Loyalitätskonflikten zu beachten sei, nämlich daß »man zu einem bedeutenden Teil die Loyalität verweigert und das Gegenteil sein, sich also desidentifizieren will«.

Das reicht aber nicht, läßt zu leicht an Gegenidentifikation denken, also an ein trotziges Beharren auf dem Gegenteil des von den Autoritäten Gewünschten, was bedeutet, daß man in der Abhängigkeit von ihnen bleibt. Das aber markiert nur einen Zwischenschritt bei der Lösung aus destruktiven Loyalitätsbindungen.

Doch das Neinsagen, das Widersprechen ist etwas anderes. Es hat viel zu tun mit Verbundenheit. Frau Gerlicher schrieb seinerzeit: »Wenn ich jetzt mit dieser Hilfe, die mir Ihr Vortrag, Ihr Buch und Brief waren, versuche, das alles wirklich noch mal anzuschauen, aber eben nicht allein, sondern im Kontakt mit Menschen, dann bekommt alles noch einmal so eine ungeheure Dimension, da wird auf jede Situation meines Lebens noch einmal ein anderes Licht geworfen.«

Hermann Langbein, Mitorganisator des internationalen Widerstands im KZ Auschwitz, hielt einen Vortrag bei unserem Verein »Zum Beispiel Dachau«. Darin wies er darauf hin, daß dieser Widerstand, der vielen das Leben rettete und Nachrichten bis nach London brachte, nur möglich war durch das tiefe Vertrauen unter den vier tragenden Männern, insbesondere zu seinem Freund Ernst Burger. Ich sprach ihn nachher auf diese Verbundenheit an. Sofort ergänzte er: »Das ist etwas Schönes, die Verbundenheit, aber es reicht noch nicht. Es muß noch etwas hinzukommen, das sich vielleicht als ›Kontrolle‹ bezeichnen läßt«, nämlich der ständige und intensive Austausch, die gegenseitige Prüfung, ein sich Halten und Kritisieren. »Kontrolle« klingt vielleicht hart im ersten Moment, wir denken an Lenins berühmten Satz, und doch: Erst dadurch wird Verbundenheit zu etwas menschlich Verbindlichem.

Solche Verbundenheit zwischen Menschen suchen die Gewaltherrscher und ihre Komplizen zu zerstören, und die Nazis wollten das erst recht. Verbundenheit zwischen Partnern, zwischen Eltern und Kindern, zwischen Nachbarn, Freunden, Kollegen, zwischen Gläubigen und ihren Kirchen, unter Arbeitern und zwischen Völkern …

So bin ich nach langem Nachdenken über die Frage, was denn nun heute »Nazi-Anteile« in uns sein könnten, zu dieser Einsicht gekommen: »Nazi-Anteile« haben erst in zweiter Linie zu tun mit »nazihaft« wirkender Brutalität, Schärfe, Gefühllosigkeit usw. – entscheidend ist das Zerschneiden von Verbundenheit zwischen Menschen.

Das allerdings ist zugleich ein Maßstab der Orientierung, der über die Verhältnisse in Deutschland hinausweist, der nicht nur auf das »Dritte Reich« und seine direkten Aus- und Fortwirkungen bezogen ist. Er gilt dem »Projekt der Moderne« insgesamt, mit der darin enthaltenen Individualisierung und Isolierung der Menschen, mit der Atomisierung und gleichzeitigen Unüberschaubarkeit gar so vieler Lebensbezüge.

Das vielleicht erleichterte Aufatmen, endlich gehe es also

nicht mehr »immer nur um uns«, verwandelt sich allerdings sofort wieder in Beklemmung, denn im Hinblick auf Modernität steht Deutschland auch heute weit vorn in der Welt, erst recht nach der Vereinigung. Haben wir genug Abstand zu unserer Vergangenheit, um den übergeordneten Wert von Verbundenheit zu achten?

Natürlich ist das nicht nur Thema in Deutschland. Meine uruguayischen Freunde Maren und Marcelo Viñar stellen in ihrer Arbeit *Exilio y tortura* die diametral unterschiedlichen Reaktionen zweier junger Männer gegenüber, die schwer gefoltert wurden. Der eine ergab sich schließlich seinen Peinigern, nahm deren Bild in sich auf, wurde wie sie, während der andere trotz allem widerstehen konnte. Was war der Grund? Im Zustand endlos wirkender körperlicher Schmerzen und extremer sensorischer Deprivation, im Verlust von Selbstwahrnehmung und Kontrolle waren ihm in seinen Halluzinationen seine Freunde aus dem Studium erschienen: »um mit ihm das Examen im Gefoltertwerden abzulegen; seine Schmerzen verschwanden«, und es gelang ihm im Schutz dieser Verbundenheit, »die teuflische Maschinerie des Feindes zu besiegen.«[18]

Bauman beendet beide Bücher mit dem Hinweis auf Solidarität. Das ist die hoffnungsvolle Perspektive, unter der er »Postmoderne« sieht. Er hebt mit Verweis auf den französischen Philosophen Lévinas hervor: »Da Verantwortung der existentielle Modus des menschlichen Subjekts ist, stellt Moral die primäre Struktur der intersubjektiven Beziehung dar, und zwar in ihrer ursprünglichen... Form... Die Wurzeln der Moral reichen daher tiefer als die soziale Ordnung.«[19]

Hier sehe ich äußerst wichtige Aufgaben für die Psychologie und die Psychotherapie. Einige Forschungen der letzten Jahre deuten grundlegende Veränderungen in dieser Richtung an. Ich denke an die sehr gewandelte Sicht der frühen Eltern-Kind-Beziehung.[20]

Die zwischenmenschliche Verbundenheit ist noch weitaus bedeutsamer, als bisher angenommen.

Ich frage mich allerdings, warum das in Deutschland auch heute noch versteckt werden muß. Der Titel eines der wichtigsten Bücher auf diesem Gebiet, nämlich *The interpersonal world of the infant* von David Stern, heißt in der deutschen Übersetzung eigentümlich neutral: *Die Lebenserfahrung des Säuglings*.

Dem halte ich entgegen, worauf ich in diesem Buch aufbaue: Seine Grundlage ist zwischenmenschliche Verbundenheit und gerade nicht bloße »Lebenserfahrung« oder »professionelle Erfahrung« eines sich in »Selbstgewißheit« befindlichen Therapeuten. Wir haben uns gegenseitig weitergeholfen, in unterschiedlichen Positionen, mit unterschiedlichen Vorerfahrungen, in Distanz und Kontrolle – hier paßt genau Langbeins Hinzufügung hinsichtlich der notwendigen Kontrolle – und gerade dadurch erst recht in einer zwischenmenschlichen Verbundenheit, in Vertrauen.

Die Widersprüchlichkeit menschlichen Lebens ist unaufhebbar. Die »Ambition von der Gesellschaft als Garten« aber sucht das zu beseitigen. Die Übersteigerung dieses Projekts hat – besonders in Deutschland, aber nicht nur da – zu Gewaltherrschaft und kalt geplantem Massenmord geführt. Der Kampf gegen unsere Widersprüchlichkeit hat eine Tendenz zur Vernichtung der Menschen, in Teilen ihrer Existenz oder insgesamt. Das gilt von der Politik bis in den konkreten Alltag von Familie, Ausbildung, Beruf – auch heute.

Deshalb ist eines wohl lange noch unerläßlich: lebenserhaltendes und lebensförderndes Widersprechen.

Anmerkungen

Einleitung

1 Fischer (1992)
2 Siehe Teile II und IV
3 Siehe Giordano (1993)
4 Siehe Zabel
5 Siehe Buber; Herzka
6 Siehe Spitz
7 Siehe Stierlin (1982 a); Müller-Hohagen (1988)
8 Wurmser (1989), S. 514
9 Siehe Kap. III 2

I Zur Übermittlung der Geschichte zwischen den Generationen

1 Was wir als Kinder alles mitbekommen haben

1 Siehe u.a. Bergmann und Jucovy; Grubrich-Simitis; Epstein
2 Epstein, S. 9 ff
3 Siehe Müller-Hohagen (1988)
4 Ebd., S. 21 f
5 Miller, S. 225 f

2 In fremden Schienen

1 S. Freud (1914), S. 130
2 Lichtenstein (1961), S. 203
3 Lichtenstein (1964), S. 51
4 Ebd.
5 Siehe besonders Stern; Lichtenberg
6 Lorenzer, S. 42
7 Ebd.

8 Ebd., S. 43

9 Ebd.

10 Ebd.

11 Ebd., S. 45

12 Stierlin (1971)

13 S. Freud (1917), S. 295

14 Siehe Sperling und Mitarbeiter

15 Siehe in ähnlicher Weise Familie A. im folgenden Kapitel

16 Siehe zu dieser Thematik Müller-Hohagen (1993)

17 Siehe Kap. III 2

3 Loyalität lebenslänglich

1 Wurmser (1987), S. 318

2 Ebd., S. 317

3 Boszormenyi-Nagy und Spark, S. 84

4 Ebd., S. 73

5 Ebd., S. 75

6 Kap. III 2

7 Boszormenyi-Nagy und Spark, S. 76

8 Ebd., S. 57

9 Ebd., S. 81

10 Ebd., S. 32

11 Ebd., S. 72

12 Stierlin (1982)

13 Hinzufügung Müller-Hohagen

14 Stierlin, S. 24 f

15 Ebd., S. 27

16 Stierlin (1975)

17 Ebd., S. 65

18 Richter (1963), S. 73

19 Müller-Hohagen (1988), S. 200 ff

20 Siehe A. und M. Mitscherlich (1967)

4 Die Täter als »Opfer« und die Verwirrung der Nachkommen

1 Landau, S. 149 f
2 Ebd., S. 152
3 Richardi, persönliche Mitteilung
4 Kap. III 1
5 Siehe Müller-Hohagen (1987), S. 118; Müller-Hohagen (1988), S. 135
6 Müller-Hohagen (1993)
7 Weiteres siehe Müller-Hohagen (1992)
8 Bauriedl, S. 24
9 Ebd., S. 25
10 Siehe Brumlik; Treplin: Briefwechsel mit Bauriedl 1989
11 Feingold (1983), zitiert nach Welzer (1993 a), S. 112; Weiteres siehe Aly und Heim sowie Schneider
12 Welzer (1993 a), S. 108
13 So lautete der Ausruf einer Passantin angesichts einer Mahnwache in Wien ein Jahr nach der Wahl Waldheims zum österreichischen Bundespräsidenten. (Wodak, S. 9)
14 Wüllenweber, S. 224
15 Siehe Teile II und IV
16 Siehe Kap. I 2

5 Identifikation mit der Macht

1 A. Freud, S. 85 f
2 Siehe weiter unten sowie Teil IV
3 Müller-Hohagen (1993)
4 Siehe auch Kapitel I 7
5 A. Freud, S. 92
6 Müller-Hohagen (1993)
7 Siehe ausführlicher in Müller-Hohagen (1993)
8 Siehe Müller-Hohagen (1988), S. 149 ff
9 Siehe der Vater von Frau A. in Kap. I 3
10 Buchheim, Bd. 1, S. 242
11 Siehe Kap. III 2

6 Rechtsradikalismus heute: Ausblick vom Hasenbergl

1 Morshäuser, S. 13
2 Sinus-Studie, S. 78
3 Ebd., S. 9
4 Ebd., S. 8
5 Ebd., S. 9
6 Ebd.
7 Ebd.
8 Ebd., S. 10
9 Ebd., S. 12
10 Vergleiche auch Eitner; Falter; Reichel
11 Assheuer und Sarkowicz, S. 214

7 Kontinuitäten – Abgründe im Alltag

1 Fischer (1992), S. 174
2 Ebd., S. 179
3 Fischer (1967), S. 14
4 Siehe Kap. I 5
5 Fischer (1967), S. 219
6 Stirner, S. 131
7 Peck, S. 142
8 Siehe Müller-Hohagen (1992)
9 Chasseguet-Smirgel, S. 135 ff
10 Reemtsma: Persönliche Erklärung. In Hamburger Stiftung, ohne Seitenangabe
11 Reemtsma (1989)
12 Hamburger Stiftung: Empfehlung an die Kulturbehörde, ohne Seitenangabe
13 »Reden, die die Welt bewegten« (1989, 10. Auflage), S. 664
   In diesem Buch aus dem Mundus Verlag sind – ohne jede Angabe von Herausgebern – Reden aus den letzten 900 Jahren gesammelt. Was mag es bedeuten, wenn dies ausgerechnet mit der Jenninger-Rede endet? Geht »Aktualität« über alles?
14 Günther Schwarberg: Ein Mann und sein ganzes Herz. »Die Zeit«, 23. 10. 1992, S. 90

II Psychotherapie im 20. Jahrhundert

1   S. Freud (1917), S. 294 f
2   Müller-Hohagen (1987), S. 120 f
3   Müller-Hohagen (1993)
4   Giordano (1993)
5   Kap. III 2
6   Bauman (1992), S. 8
7   Bauman (1992 a), S. 69
    Allerdings: Gar so neu sind diese Einsichten nicht. Bei Adorno finden sie sich schon Jahrzehnte früher, etwa in diesen Sätzen von 1966: »Man spricht von drohendem Rückfall in die Barbarei. Aber er droht nicht, sondern Auschwitz war er; Barbarei besteht fort, solange die Bedingungen, die jenen Rückfall zeitigten, wesentlich fortdauern. Das ist das ganze Grauen ... Wenn im Zivilisationsprozeß selbst die Barbarei angelegt ist, dann hat es etwas Desparates, dagegen aufzubegehren« (in Adorno 1971, S. 88).
8   Kap. I 5
9   Kap. I 7
10 Kap. III 3
11 Kap. III 1
12 Kap. III 2
13 Siehe Wurmser 1989
14 Bauman (1992), S. 221
15 Ebd.

III Lebensläufe im Spannungsfeld von Komplizenschaft und Ablösung

1   »... ihm sein Kreuz zurückgeben«

1   Siehe Kapitel I 4
2   Siehe Müller-Hohagen (1993)
3   Siehe Kap. I 4 und I 5

3 »Das Elend« – »Der Horror« – »Das absolut Böse« –
  »Die Vergötterung«

1 Siehe U. Benz, S. 146 f
2 Haarer, S. 148 f, zitiert nach U. Benz

4 Männer und Frauen:
  Verbrechen – Komplizenschaft – Liebe

1 Müller-Hohagen (1988), S. 149 ff
2 Siehe Gravenhorst und Tatschmurat; Knapp
3 Peukert, S. 122; siehe auch Teil II
4 Politische Akademie Tutzing, Fachtagung »Sozialisation und Traumatisierung«, 22.–23. 11. 1990
5 Kap. I 1
6 Kap. I 7
7 Kap. I 5
8 z. B. Miller; Spring; Steinhage; Casey; Besems und van Vugt;
  Enders; Wirtz
9 Siehe Kap. I 1
10 Miller, S. 226
11 Ebd.
12 Ebd.
13 Ebd., S. 228
14 Ebd., S. 229
15 Ebd., S. 216
16 Müller-Hohagen (1993)
17 Haag, Einleitung, S. 6

IV Widerspruch und Verbundenheit

1 »Süddeutsche Zeitung«, 5. 10. 1993
2 Elie Wiesel, S. 15
3 Siehe Einleitung
4 Laing; Winnicott
5 Siehe Morshäuser

6   Keupp, S. 146

7   Siehe Kap. I 4

8   Siehe Kap. I 3

9   Siehe Teil II

10 Diner

11 Bauman (1992), S. 7

12 Ebd., S. 8

13 Bauman (1992 a), S. 46 ff

14 Welzer (1993 a), S. 108

15 Haag, S. 172

16 Ebd., S. 158 f

17 Wurmser (1987), S. 317

18 Viñar, S. 63

19 Bauman (1992), S. 198

20 Lichtenberg; Stern; Papousek; Grossmann und Mitarbeiter

Literatur

Adorno, Theodor W. (1951): Minima Moralia. Reflexionen aus dem beschädigten Leben. Frankfurt

Adorno, Theodor W. (1969): Stichworte. Frankfurt

Adorno, Theodor W. (1971): Erziehung zur Mündigkeit. Frankfurt

Adorno, Theodor W. und Max Horkheimer (1947): Dialektik der Aufklärung. Philosophische Fragmente. Amsterdam

Aly, Götz und Susanne Heim (1991): Vordenker der Vernichtung. Auschwitz und die deutschen Pläne für eine europäische Ordnung. Reinbek

Améry, Jean (1977, Neuausgabe): Jenseits von Schuld und Sühne. Bewältigungsversuche eines Überwältigten. Stuttgart

Anders, Günther (1979): Besuch im Hades. München

Arendt, Hannah (1986): Eichmann in Jerusalem. Ein Bericht von der Banalität des Bösen. München

von Arnim, Gabriele (1989): Das große Schweigen. Von der Schwierigkeit, mit den Schatten der Vergangenheit zu leben. München

Assheuer, Thomas und Hans Sarkowicz (1992²): Rechtsradikale in Deutschland. München

Bachmann, Ingeborg (1979): Der Fall Franza. Requiem für Fanny Goldmann. München

Bar-On, Dan (1993): Die Last des Schweigens. Gespräche mit Kindern von Nazi-Tätern. Frankfurt

Bauman, Zygmunt (1992). Dialektik der Ordnung. Die Moderne und der Holocaust. Hamburg

Bauman, Zygmunt (1992 a): Moderne und Ambivalenz. Das Ende der Eindeutigkeit. Hamburg.

Bauriedl, Thea (1989): Die Wiederkehr des Verdrängten und die Veränderung gegenwärtiger Beziehungen. Psychosozial 11, Heft 36, S. 23–29

Beck, Ulrich (1986): Risikogesellschaft. Auf dem Weg in eine andere Moderne. Frankfurt

Beck, Ulrich (1988): Gegengifte. Die organisierte Unverantwortlichkeit. Frankfurt

Beland, Hermann und andere (1986): Podiumsdiskussion. Psychoanalyse unter Hitler – Psychoanalyse heute. Psyche 40, S. 423–443

Benz, Ute (1988): Brutstätten der Nation. »Die deutsche Mutter und ihr erstes Kind« oder der anhaltende Erfolg eines Erziehungsbuches. In Dachauer Hefte 4. Dachau

Benz, Ute und Wolfgang Benz; Hg. (1992): Sozialisation und Traumatisierung. Kinder in der Zeit des Nationalsozialismus. Frankfurt

Benz, Wolfgang (1991): Zwischen Hitler und Adenauer. Studien zur deutschen Nachkriegsgesellschaft. Frankfurt

Bergmann, M.S. und M.E. Jucovy (1982): Generations of the Holocaust. New York

Besems, Thijs und Gerry van Vugt (1990): Wo Worte nicht reichen. Therapie mit Inzestbetroffenen. München

Bettelheim, Bruno (1960): Aufstand gegen die Masse. Die Chance des Individuums in der modernen Gesellschaft. München

Bettelheim, Bruno (1982): Erziehung zum Überleben. Zur Psychologie der Extremsituation. München

Borowski, Tadeusz (1982, Neuausgabe): Bei uns in Auschwitz. München

Boszormenyi-Nagy, Ivan und Geraldine Spark (1981): Unsichtbare Bindungen. Stuttgart

Broder, Henryk M. (1986): Der ewige Antisemit. Frankfurt

Brückner, Peter (1986): »Wie die Leute vom Krieg reden, hat für mich immer eine gewisse Bedeutung.« Psychosozial 9, Heft 24, S. 7–26

Brumlik, Micha (1989): Zur aktuellen Diskussion um den Nationalsozialismus. In R. Cogoy u.a.

Buber, Martin (1962): Das Dialogische Prinzip. Gerlingen

Buchheim, Hans (1967): Anatomie des SS-Staates. München

Casey, Joan Frances (1992): Ich bin viele. Eine ungewöhnliche Heilungsgeschichte. Reinbek

Chasseguet-Smirgel, Janine (1988): Zwei Bäume im Garten. Zur psychischen Bedeutung der Vater- und Mutterbilder. München

Cogoy, Renate, Irene Kluge, Brigitte Meckler (1989): Erinnerung einer Profession. Erziehungsberatung, Jugendhilfe und Nationalsozialismus. Münster

Craig, Gordon A. (1985): Über die Deutschen. München

Denzler, Georg und Volker Fabricius (1984): Die Kirchen im Dritten Reich. Frankfurt

van Dijk, Lutz (1993): Als Nazi geboren wird keiner. Gegen Fremdenhaß und Gewalt in Schule und Elternhaus. Düsseldorf

Diner, Dan; Hg. (1988): Zivilisationsbruch. Denken nach Auschwitz. Frankfurt

Eckstaedt, Anita (1989): Nationalsozialismus in der »zweiten Generation«. Psychoanalyse von Hörigkeitsverhältnissen. Frankfurt

Edvardson, Cordelia (1986): Gebranntes Kind sucht das Feuer. München

Eissler, K.R. (1963): Die Ermordung von wievielen seiner Kinder muß ein Mensch symptomfrei ertragen können, um eine normale Konstitution zu haben? In H.-M. Lohmann

Eitner, Hans Jürgen (1991): Hitlers Deutsche. Das Ende eines Tabus. Gernsbach

Elias, Ruth (1988): Die Hoffnung erhielt mich am Leben. Mein Weg von Theresienstadt und Auschwitz nach Israel. München

Enders, Ursula (1990) (Hg.): Zart war ich, bitter war's. Sexueller Mißbrauch an Mädchen und Jungen. Köln

Epstein, Helen (1987): Die Kinder des Holocaust. Gespräche mit Söhnen und Töchtern von Überlebenden. München

Fallend, Karl, Bernhard Handlbauer, Werner Kienreich (1989) (Hg.): Der Einmarsch in die Psyche. Wien

Falter, Jürgen W. (1991): Hitlers Wähler. München

Feuchtwanger, Lion (1981): Die Geschwister Oppermann. Frankfurt

Fischer, Fritz (1967): Griff nach der Weltmacht. Die Kriegszielpolitik des kaiserlichen Deutschland 1914/18. Düsseldorf

Fischer, Fritz (1992): Hitler war kein Betriebsunfall. München

Focke, Harald und Uwe Reimer (1979): Alltag unterm Hakenkreuz. Reinbek

Frank, Niklas (1987): Der Vater. Eine Abrechnung. München

Frankl, Victor E. (1982): ...trotzdem Ja zum Leben sagen. Ein Psychologe erlebt das Konzentrationslager. München

Freud, Anna (1936): Das Ich und die Abwehrmechanismen. Frankfurt 1984

Freud, Sigmund (1900): Die Traumdeutung. Gesammelte Werke, Bd. II/III. Frankfurt

Freud, Sigmund (1914): Erinnern, Wiederholen und Durcharbeiten. Gesammelte Werke, Bd. X. Frankfurt

Freud, Sigmund (1915): Zeitgemäßes über Krieg und Tod. Gesammelte Werke, Bd. X. Frankfurt

Freud, Sigmund (1917): Vorlesungen zur Einführung in die Psychoanalyse. Gesammelte Werke, Bd. XI. Frankfurt

Freud, Sigmund (1920): Jenseits des Lustprinzips. Gesammelte Werke, Bd. XIII. Frankfurt

Freud, Sigmund (1921): Massenpsychologie und Ich-Analyse. Gesammelte Werke, Bd. XIII. Frankfurt

Freud, Sigmund (1927): Die Zukunft einer Illusion. Gesammelte Werke, Bd. XIV. Frankfurt

Freud, Sigmund (1930): Das Unbehagen in der Kultur. Gesammelte Werke, Bd. XIV. Frankfurt

Fried, Erich (1988): Gedanken in und an Deutschland. Wien, Zürich

Friedrich, Jörg (1984): Die kalte Amnestie. NS-Täter in der Bundesrepublik. Frankfurt

Fürstenau, Peter (1987): Der sentimentale Psychotherapeut und die Aufgabe der Gegenübertragungsauswertung. Vortrag am 17.7.87 vor der Münchener Arbeitsgemeinschaft für Psychoanalyse

Giordano, Ralph (1987): Die zweite Schuld oder: Von der Last, Deutscher zu sein. Hamburg

Giordano, Ralph (1989): Wenn Hitler den Krieg gewonnen hätte. Die Pläne der Nazis nach dem Endsieg. Hamburg

Giordano, Ralph; Hg. (1990): »Wie kann diese Generation eigentlich noch atmen?« Briefe zu dem Buch: Die zweite Schuld oder: Von der Last, Deutscher zu sein. Hamburg

Giordano, Ralph (1993): Deutschland – ewig Opfer der Geschichte? Berliner Zeitung, 30./31. 1. 1993, S. 63

Glaser, Hermann (1985): Spießer-Ideologie. Von der Zerstörung des deutschen Geistes im 19. und 20. Jahrhundert und dem Aufstieg des Nationalsozialismus. Frankfurt

Görres, Albert und Karl Rahner (1982): Das Böse. Wege zu seiner Bewältigung in Psychotherapie und Christentum. Freiburg

Graumann, Carl Friedrich (1985): Psychologie im Nationalsozialismus. Berlin, Heidelberg

Gravenhorst, Lerke und Carmen Tatschmurat; Hg. (1990): Töchter-Fragen. NS-Frauen-Geschichte. Freiburg

Grossmann, Klaus E. und Mitarbeiter (1989): Die Bindungstheorie. Modell und entwicklungspsychologische Forschung. In Heidi Keller (Hg.): Handbuch der Kleinkindforschung. Berlin, Heidelberg

Grubrich-Simitis, Ilse (1979): Extremtraumatisierung als kumulatives

Trauma. Psychoanalytische Studien über seelische Nachwirkungen der Konzentrationslagerhaft bei Überlebenden und ihren Kindern. In H.-M. Lohmann

Gruen, Arno (1987): Der Wahnsinn der Normalität. München

Grünberg, Kurt (1987): Folgen nationalsozialistischer Verfolgung bei jüdischen Nachkommen Überlebender in der Bundesrepublik Deutschland. Psyche 41, 493–507

Haag, Lina (1977): Eine Handvoll Staub. Frankfurt

Haarer, Johanna (1934): Die deutsche Mutter und ihr erstes Kind. München

Hamburger Institut für Sozialforschung; Hg. (1987): Nie wieder. Ein Bericht über Entführung, Folter und Mord durch die Militärdiktatur in Argentinien. Weinheim

Hamburger Stiftung zur Förderung von Wissenschaft und Kultur (1989): Industrie, Behörden und Konzentrationslager 1938–1945. Ausstellungsdokumentation. Hamburg

Hardtmann, Gertrud; Hg. (1992): Spuren der Verfolgung. Seelische Auswirkungen des Holocaust auf die Opfer und ihre Kinder. Gerlingen

Hauer, Nadine (1993): Die Mitläufer. Oder die Unfähigkeit zu fragen. Leverkusen

Heenen-Wolff, Susann (1989): Offene Fragen zur Psychoanalyse des Nationalsozialismus und seiner Nachwirkungen. Psychosozial 12, Heft 38, S. 81–89

Heenen-Wolff, Susann (1992): Im Hause des Henkers. Gespräche in Deutschland. Frankfurt

Heidenreich, Gert (1989): Die Gnade der späten Geburt. Sechs Erzählungen. München

Heimannsberg, Barbara und Christoph J. Schmidt; Hg. (1988): Das kollektive Schweigen. Nazivergangenheit und gebrochene Identität in der Psychotherapie. Heidelberg

Herzka, Heinz Stefan, A. von Schumacher, S. Tyrangiel (1989): Die Kinder der Verfolgten. Die Nachkommen der Naziopfer und Flüchtlingskinder heute. Göttingen

Herzka, Heinz Stefan (1992): Dialogische Psychotherapie. In Gerd Biermann (Hg.): Handbuch der Kinderpsychotherapie V. München

Hilberg, Raul (1990): Die Vernichtung der europäischen Juden. Frankfurt

Hilberg, Raul (1992): Täter, Opfer, Zuschauer. Die Vernichtung der Juden 1933–1945. Frankfurt

Jonas, Hans (1987): Der Gottesbegriff nach Auschwitz. Frankfurt

Kalmar, Rudolf (1946): Zeit ohne Gnade. Wien

Keilson, Hans unter Mitarbeit von H.R. Sarphatie (1979): Sequentielle Traumatisierung bei Kindern. Stuttgart

Keupp, Heiner (1988): Riskante Chancen. Heidelberg

Kielar, Wieslaw (1982): Anus Mundi. Fünf Jahre Auschwitz. Frankfurt

Kilian, Hans (1971): Das enteignete Bewußtsein. Neuwied, Berlin

Klee, Ernst (1989): »Die SA Jesu Christi«. Die Kirche im Banne Hitlers. Frankfurt

Klüger, Ruth (1992): weiter leben. Eine Jugend. Göttingen

Knapp, Gudrun-Axeli (1993): Frauen und Rechtsextremismus: »Kampfgefährtin« oder »Heimchen am Herd«? In H. Welzer

Kogon, Eugen (1974): Der SS-Staat. Das System der deutschen Konzentrationslager. München

Krämer-Badoni, Rudolf (1988): Judenmord, Frauenmord, heilige Kirche. München

Laing, Ronald D. (1987): Das geteilte Selbst. München

Landau, Erika (1989): Interview in Herlinde Koelbl: Jüdische Porträts. Frankfurt

Langbein, Hermann (1946): Die Stärkeren. Wien

Langbein, Hermann (1972): Menschen in Auschwitz. Wien

Langbein, Hermann (1980): ... nicht wie die Schafe zur Schlachtbank. Widerstand in den nationalsozialistischen Konzentrationslagern. Frankfurt

Lanzmann, Claude (1986): Shoah. Düsseldorf

Levi, Primo (1961): Ist das ein Mensch? München

Lévinas, Emmanuel (1986): Ethik und Unendliches. Graz, Wien

Lévinas, Emmanuel (1989): Die Zeit und der Andere. Hamburg

Lichtenberg, Joseph D. (1989): Psychoanalysis and Motivation. Hove, London

Lichtenberg, Joseph D. (1991): Psychoanalyse und Säuglingsforschung. Berlin, Heidelberg

Lichtenstein, Heinz (1961): Identity and Sexuality: A Study of their

Interrelationship in Man. Journal of the American Psychoanalytic Association 9, S. 179–260

Lichtenstein, Heinz (1964): The Role of Narcissism in the Emergence and Maintenance of a Primary Identity. International Journal of Psychoanalysis 45, S. 49–56

Lockot, Regine (1985): Erinnern und Durcharbeiten. Zur Geschichte der Psychoanalyse und Psychotherapie im Nationalsozialismus. Frankfurt

Lohmann, Hans-Martin (1984): Psychoanalyse und Nationalsozialismus. Beiträge zur Bearbeitung eines unbewältigten Traumas. Frankfurt

Lorenzer, Alfred (1986): Tiefenhermeneutische Kulturanalyse. In Ders. (Hg.): Kultur-Analysen. Frankfurt

Mann, Heinrich (1918): Der Untertan. München, 1964

Marx, Karl und Friedrich Engels (1846): Die deutsche Ideologie. In Karl Marx und Friedrich Engels: Werke, Bd. 3. Berlin, 1969

Massing, Almuth und Ulrich Beushagen (1986): »Bis ins dritte und vierte Glied« – Auswirkungen des Nationalsozialismus in den Familien. Psychosozial 9, Heft 24, S. 27–42

Menzel, Susanne (1988): Offener Dialog oder Familiengeheimnis? Kommunikation in der Familie über die Nazizeit. Psychologische Diplomarbeit. München

Miller, Alice (1981): Du sollst nicht merken. Frankfurt

Mitscherlich, Alexander und Fred Mielke (1960): Medizin ohne Menschlichkeit. Dokumente des Nürnberger Ärzteprozesses. Frankfurt

Mitscherlich, Alexander und Margarete Mitscherlich (1967): Die Unfähigkeit zu trauern. Grundlagen kollektiven Verhaltens. München

Mitscherlich, Margarete (1987): Erinnerungsarbeit. Zur Psychoanalyse der Unfähigkeit zu trauern. Frankfurt

Mommsen, Wolfgang J. (1990): Der autoritäre Nationalstaat. Verfassung, Gesellschaft und Kultur im deutschen Kaiserreich. Frankfurt

Morshäuser, Bodo (1992): Hauptsache Deutsch. Frankfurt

Müller, Ingo (1987): Furchtbare Juristen. Die unbewältigte Vergangenheit unserer Justiz. München

Müller-Hohagen, Jürgen (1987): Psychotherapie mit behinderten Kindern. München

Müller-Hohagen, Jürgen (1988): Verleugnet, verdrängt, verschwiegen. Die seelischen Auswirkungen der Nazizeit. München

Müller-Hohagen, Jürgen (1992): Gleichschaltung und Denunziation. Disziplinierung der Eltern über die Kinder. In U. und W. Benz

Müller-Hohagen, Jürgen (1992 a): Psychotherapeutische Erfahrungen bei der Behandlung von psychischen Störungen in der dritten und vierten Generation. In H. Schreier und M. Heyl

Müller-Hohagen, Jürgen (1993): Komplizenschaft über Generationen. In H. Welzer

Müller-Meiningen jr., Ernst (1987): Das Jahr Tausendundeins. Eine deutsche Wende? Basel, Frankfurt

Niederland, William G. (1980): Folgen der Verfolgung. Das Überlebenden-Syndrom Seelenmord. Frankfurt

Papousek, Mechthild und Hanus Papousek (1990): Intuitive elterliche Früherziehung in der vorsprachlichen Kommunikation. Sozialpädiatrie 12, S. 521–528, 579–583

Parin, Paul (1987): Subjekt im Widerspruch. Frankfurt

Peck, M. Scott (1990): Die Lügner. Eine Psychologie des Bösen und die Hoffnung auf Heilung. München. (Original 1983: People of the Lie. The Hope for Healing Human Evil. New York)

Peukert, Detlev (1989): Rassismus als Bildungs- und Sozialpolitik. In R. Cogoy u. a.

Reden, die die Welt bewegten; ohne Hg. (1989[10]). Stuttgart

Reemtsma, Jan Philipp (1989): Aus diesem Grunde daher. Konkret 10/89, S. 67–74

Reemtsma, Jan Philipp; Hg. (1991): Folter. Hamburg

Reichel, Peter (1991): Der schöne Schein des Dritten Reiches. Faszination und Gewalt des Faschismus. München

Remarque, Erich Maria (1987): Im Westen nichts Neues. Köln

Richardi, Hans-Günter (1983): Schule der Gewalt. Das Konzentrationslager Dachau 1933–1934. München

Richardi, Hans-Günter (1991): Hitlers Hintermänner. Neue Fakten zur Frühgeschichte der NSDAP. München

Richardi, Hans-Günter (1993): Das Zeugnis der Verfolgten. Verein »Zum Beispiel Dachau«. Dachau

Richardi, Hans-Günter, S. Andrä, D. Mittler, J. Müller-Hohagen

(1990): Lebensläufe. Schicksale von Menschen, die im KZ Dachau waren. Verein »Zum Beispiel Dachau«. Dachau

Richter, Horst-Eberhard (1963): Eltern, Kind und Neurose. Stuttgart

Rosenkötter, Lutz (1981): Die Idealbildung in der Generationenfolge. Psyche 35, S. 593–599.

Rosh, Lea und Eberhard Jäckel (1991): »Der Tod ist ein Meister aus Deutschland.« Deportation und Ermordung der Juden. Kollaboration und Verweigerung in Europa. Hamburg

Rottgardt, Elke (1993): Elternhörigkeit. Nationalsozialismus in der Generation danach. Hamburg

Saña, Heleno (1989): Die verklemmte Nation. Zur Seelenlage der Deutschen. München

Sauzay, Brigitte (1986): Die rätselhaften Deutschen. Die Bundesrepublik von außen gesehen. Stuttgart

Schneider, Wolfgang; Hg. (1991): »Vernichtungspolitik«. Eine Debatte über den Zusammenhang von Sozialpolitik und Genozid im nationalsozialistischen Deutschland. Hamburg

Schomers, Michael (1990): Deutschland ganz rechts. Sieben Monate als Republikaner in BRD & DDR. Köln

Schreier, Helmut und Mathias Heyl; Hg. (1992): Das Echo des Holocaust. Pädagogische Aspekte des Erinnerns. Hamburg

Sichrovsky, Peter (1985): Wir wissen nicht, was morgen wird, wir wissen wohl, was gestern war. Junge Juden in Deutschland und Österreich. Köln

Sichrovsky, Peter (1987): Schuldig geboren. Kinder aus Nazifamilien. Köln

Sinus-Studie (1981): 5 Millionen Deutsche: »Wir sollten wieder einen Führer haben ...« Reinbek

Sperling, Eckhard und Mitarbeiter (1982): Die Mehrgenerationen-Familientherapie. Göttingen

Spitz, René (1976): Vom Dialog. Stuttgart

Spring, Jacqeline (1988): Zu der Angst kommt die Scham. Die Geschichte einer sexuell mißbrauchten Tochter. München

Staub, Ervin (1989): The Roots of Evil. The Origins of Genocide and Other Group Violence. New York

Steinhage, Rosemarie (1989): Sexueller Mißbrauch an Mädchen. Ein Handbuch für Beratung und Therapie. Reinbek

Stern, Daniel N. (1985): The Interpersonal World of the Infant. New York

Stern, Daniel N. (1992): Die Lebenserfahrung des Säuglings. Stuttgart

Stierlin, Helm (1971): Das Tun des Einen ist das Tun des Andern. Frankfurt

Stierlin, Helm (1975): Adolf Hitler. Familienperspektiven. Frankfurt

Stierlin, Helm (1980): Eltern und Kinder. Das Drama von Trennung und Versöhnung im Jugendalter. Frankfurt

Stierlin, Helm (1982): Delegation und Familie. Frankfurt

Stierlin, Helm (1982 a): Der Dialog zwischen den Generationen über die Nazizeit. Familiendynamik 7, S. 31–48.

Stirner, Max (1968): Der Einzige und sein Eigentum. Herausgegeben von H.G. Helms. München

Teweleit, Klaus (1980): Männerphantasien. Reinbek

Treplin, Vera (1992): Eine Auseinandersetzung mit dem Buch von A. Eckstaedt: »Nationalsozialismus in der ›zweiten Generation‹. Psychoanalyse von Hörigkeitsverhältnissen«. Luzifer-Amor, Zeitschrift zur Geschichte der Psychoanalyse 5, Heft 9, S. 165–188.

Vegh, Claudine (1983): Ich habe ihnen nicht auf Wiedersehen gesagt. Gespräche mit Kindern von Deportierten. München

Viñar, Maren und Marcelo Viñar (1993): Fracturas de memoria. Crónicas para una memoria por venir. Montevideo. (Französische Ausgabe 1989: Exil et Torture. Paris)

Wagner, Hilde (1990): Der Kapo der Kretiner. Karlsruhe

Watzlawik, Paul (1985[20]): Anleitung zum Unglücklichsein. München

Welzer, Harald; Hg. (1993): Nationalsozialismus und Moderne. Tübingen

Welzer, Harald (1993 a): Männer der Praxis. Zur Sozialpsychologie des Verwaltungsmassenmordes. In Welzer (1993)

von Westernhagen, Dörte (1987): Die Kinder der Täter. Das Dritte Reich und die Generation danach. München

Wiesel, Elie (1975): For some measure of humility. Sh'ma, Okt. 1975. Zit. nach Grubrich-Simitis

Winnicott, David (1974): Reifungsprozesse und fördernde Umwelt. München

Wirtz, Ursula (1989): Seelenmord. Inzest und Therapie. Zürich

Wodak, Ruth u.a. (1990): »Wir sind alle unschuldige Täter«. Diskurshistorische Studien zum Nachkriegssemitismus. Frankfurt

Wulf, Joseph (1963): Aus dem Lexikon der Mörder. »Sonderbehandlung« und verwandte Worte in nationalsozialistischen Dokumenten. Gütersloh

Wüllenweber, Hans (1990): Sondergerichte im Dritten Reich. Vergessene Verbrechen der Justiz. Frankfurt

Wurmser, Léon (1987): Flucht vor dem Gewissen. Berlin, Heidelberg

Wurmser, Léon (1989): Die zerbrochene Wirklichkeit. Berlin, Heidelberg

Wurmser, Léon (1990): Die Maske der Scham. Berlin, Heidelberg

Zabel, Hermann (1986): Verschwiegen – vergessen – verdrängt: Altes und Neues vom Heimatverein. Frankfurt

Zwerenz, Gerhard (1988): »Soldaten sind Mörder.« Die Deutschen und der Krieg. München